AF603522

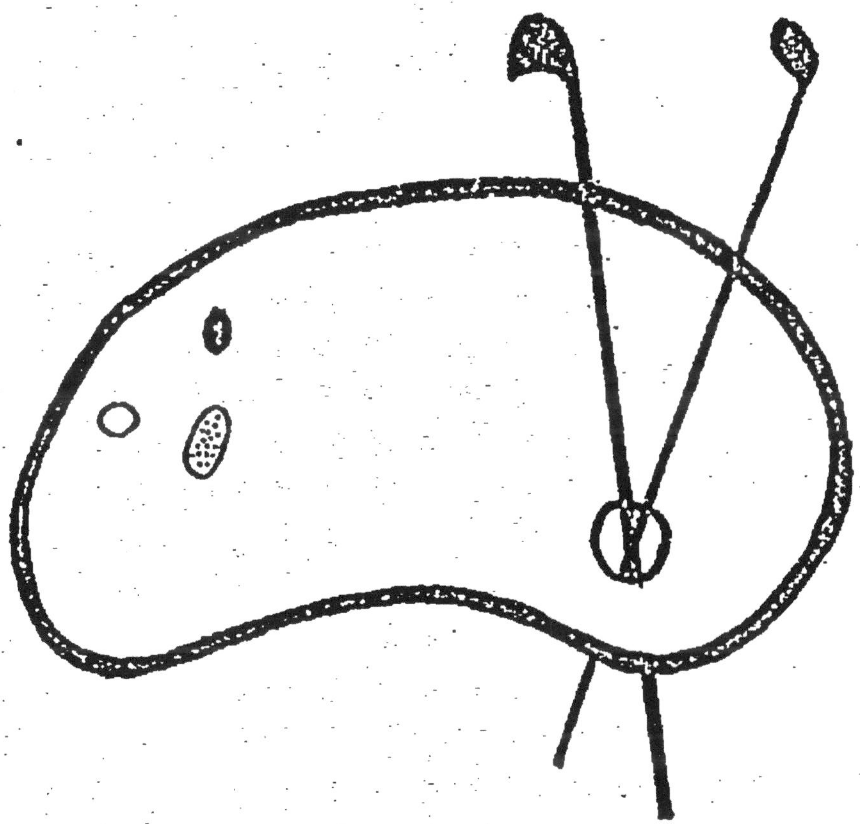

LA QUESTION

DU

PAUPÉRISME

RÉSOLUBLE

PAR UN ENSEMBLE DE MOYENS PRATIQUES

PAR L.-J. ALLARD,

ANCIEN PRÉSIDENT DE LA CHAMBRE DES NOTAIRES

A PARTHENAY (DEUX-SÈVRES).

LIBRAIRIE H. OUDIN, ÉDITEUR

PARIS	POITIERS
51, RUE BONAPARTE, 51	4, RUE DE L'ÉPERON, 4

1882

LA QUESTION

DU

PAUPÉRISME

POITIERS. — IMPRIMERIE OUDIN.

LA QUESTION

DU

PAUPÉRISME

RÉSOLUBLE

PAR UN ENSEMBLE DE MOYENS PRATIQUES

PAR L.-J. ALLARD,

ANCIEN PRÉSIDENT DE LA CHAMBRE DES NOTAIRES

A PARTHENAY (DEUX-SÈVRES).

LIBRAIRIE H. OUDIN, ÉDITEUR

PARIS	POITIERS
51, RUE BONAPARTE, 51	4, RUE DE L'ÉPERON, 4

1882

Le travail que nous livrons à la publicité a été déposé le 23 février 1881 pour figurer au Concours ouvert par M. Isaac Péreire et inscrit à cette date sous le n° 268. N'ayant pas été classé parmi les sept mémoires jugés dignes des prix et ayant été au contraire condamné à partager le sort de plus de 400 concurrents, il y a témérité à lui faire affronter l'opinion publique, mais lorsqu'il s'agit, comme dans ce cas, d'apporter sa pierre à l'édifice qui doit s'élever pour améliorer la condition des pauvres. et quand il est naturel de croire que les ouvrages couronnés ne puissent pas être la synthèse intuitive de toutes les idées exprimées dans les autres, il n'y a pas à hésiter. Il suffit d'être convaincu que la divulgation de son œuvre soit susceptible de faire un peu de bien pour n'avoir pas le droit de reculer.

Avril 1882.

LA QUESTION

DU

PAUPÉRISME RÉSOLUBLE

PAR

UN ENSEMBLE DE MOYENS PRATIQUES.

Découvrir la vérité, la réaliser au dehors, dans les faits extérieurs, au profit de la société; la faire tourner au dedans de nous en croyances capables de nous inspirer le désintéressement et l'énergie morale, qui sont la force et la dignité de l'homme en ce monde : voilà notre triple tâche, voilà où notre travail doit aboutir; travail difficile et lent, et qui s'étend, au lieu de prendre fin, par le succès. Mais en aucune chose, peut-être, il n'est donné à l'homme d'arriver au but; sa gloire est d'y marcher.

(GUIZOT, *Histoire de la civilisation en France*, p. 27.)

I

Le *paupérisme* est une des plaies qui ne peuvent pas se guérir radicalement; les racines qui avivent, entretiennent ou accroissent son développement dans les sociétés, plongent en permanence dans des sources qu'il est impossible de tarir. L'orgueil (1), la paresse, l'envie,

(1) M. Renouard, dans un mémoire lu à l'Académie des sciences morales et politiques, a dit : « Recherchez les causes de la misère; la meilleure liste que vous en trouverez est celle des sept péchés capitaux ».

la gourmandise, les débauches, les souffrances physiques, sont des causes principales (1) qui survivront, à des degrés divers, à toutes espèces d'élévation de digues pour en arrêter les effets. Du moment que la religion, avec son influence moralisatrice et ses promesses divines, a toujours été, pour un grand nombre de sujets, impuissante à enrayer le débordement des passions humaines, les règles posées par la société civile ne doivent guère apporter, par des mesures multiples et sagement établies, que le décroissement plus ou moins général et manifeste d'un état de chose déplorable.

Malgré tout ce qu'il y a de décevant à entreprendre de traiter une question à la fois si complexe et si vaste, et à la mesurer à nos humbles facultés, nous ne devons pas hésiter, par paresse ou timidité, à émettre nos idées sur ce point et à joindre l'étincelle de nos méditations au

(1) Sans viser à donner toute la nomenclature, nous pouvons en ajouter d'autres : le décès d'un chef, le départ d'un soutien de famille, la perte des forces ou des facultés mentales ; les infirmités ; l'abandon des parents par les enfants, des femmes par leurs maris ; le manque de travail, l'insuffisance des salaires, la suppression des industries, les faillites et déconfitures, la rigueur des saisons, l'insalubrité des climats, la cherté des vivres par suite des mauvaises récoltes ; les calamités de la guerre, la fortuité des incendies, des inondations et des accidents.

Outre les causes précédentes qui sont accidentelles, il y a les causes permanentes, qui sont ainsi énumérées dans le rapport en date du 1er décembre 1874 des inspecteurs généraux des établissements de bienfaisance :

« L'ivrognerie, la fréquentation des cabarets, des cafés, qui ruinent la santé et font perdre l'amour du travail, ressortent unanimement de l'enquête comme la cause principale, essentielle du paupérisme. La paresse, le chômage du lundi, l'inconduite, le désordre, le jeu, le goût du luxe, le besoin de bien-être, de jouissance sans travail, sont presque partout constatés. »

« L'imprévoyance, souvent volontaire et calculée, le peu de sagesse dans l'emploi du salaire, le défaut d'ordre dans la direction du ménage ; le manque d'activité, d'énergie morale, et l'absence de dignité qui fait préférer l'aumône au travail, la certitude du secours, la distribution d'aumône sans entente, sans contrôle, amènent rapidement l'ouvrier à demander l'aide de l'assistance publique et le maintiennent ensuite dans une indigence presque incurable. »

« L'ignorance, le défaut d'éducation morale et religieuse, l'inaptitude professionnelle sont des causes certaines de misère, auxquelles on peut remédier, et qui doivent éveiller toute la sollicitude des pouvoirs publics. »

faisceau des lumières qui devront briller au concours généreusement ouvert par M. Péreire.

Nous occupant d'une matière si grave et ne visant que l'actualité du but à atteindre, consistant à arriver le plus prochainement possible à une amélioration efficace du sort des malheureux, nous ne chercherons pas à faire de l'érudition et à rapporter ici le résumé de tout ce qui s'est fait dans le passé et de tout ce qui se fait encore aujourd'hui, chez tous les peuples, dans la poursuite de la solution du problème toujours proposé et toujours à résoudre de l'extinction de la mendicité et de l'anéantissement des misères humaines. Nous nous en tiendrons tout bonnement à prendre les choses dans l'état où elles sont dans notre pauvre France, et à indiquer les moyens qui nous semblent de nature à produire un bien réel et une amélioration très sensible. Nous ne nous dissimulons pas, par exemple, les obstacles qu'ils doivent rencontrer pour leur mise en œuvre. Il va sans dire que des moyens à appliquer à la destruction d'une espèce des calamités sociales relèvent pour une grande part (1) du gouvernement et du parlement, et que, par suite, il faut supposer un courant d'opinion capable de les faire admettre, alors

(1) Nous attribuons une grande part à l'Etat, malgré les critiques signalées en ces termes par M. Siegfried, pour les temps anciens, dans son ouvrage *La Misère :*

« Le Christ vient renverser les idées étroites et égoïstes de ses contemporains et inaugurer l'ère de la fraternité universelle. Il résume la loi et les prophètes, c'est-à-dire toute la morale, dans cette parole : « Tu aimeras ton prochain comme toi-même », et, au lieu de chercher, comme le monde païen l'avait fait, le remède contre la misère dans l'intervention unique et directe de l'Etat, laquelle corrompait les masses et encourageait l'oisiveté, il le cherche à sa vraie source, dans l'amour de chaque homme pour son semblable et dans le dévouement personnel. »

Il est vrai que nous n'admettons point son intervention unique et directe, attendu qu'il a été surabondamment prouvé en 1848 que, dans l'accomplissement des devoirs moraux, l'Etat ne doit pas se substituer à l'individu et à la famille, parce qu'il l'amoindrirait, ce qui serait, en effet, corrompre les masses et encourager l'oisiveté.

La part de l'Etat nous paraît bien comprise dans ce qui suit :

« Sans doute l'Etat a son rôle, mais l'individu doit avoir le sien ; la charité publique ne peut pas absorber la charité privée. Peut-on remplacer auprès du malheureux les douces paroles et les consolations religieuses données par cette femme dévouée qui

que des intérêts, des idées, des utopies, des préventions et des passions politiques et autres peuvent se produire pour en paralyser l'établissement.

Pour parvenir à des fins comme celles que nous nous proposons, il importerait qu'un élan de patriotique humanité s'emparât des représentants de la nation et qu'ils prissent à cœur de donner un bon résultat. Nous ne serions pas charitable si nous ne croyions pas à un pareil mouvment de générosité de leur part.

L'extinction du paupérisme étant la question posée, il convient de fixer l'étendue que comportent le *mot* et la *chose*. Il ne peut entrer dans notre esprit de penser que le *paupérisme* doive être envisagé comme étant l'opposé de *divitisme*, et qu'il s'agisse de trouver le secret de rendre tout le monde riche, ce qui serait créer une sorte de paupérisme général résultant de la richesse égale et momentanée de tous, paupérisme qui disparaîtrait par le prompt retour du paupérisme actuel dérivant de l'inégalité physique, intellectuelle et morale des personnes. Il nous semble qu'il y a lieu de chercher, dans la mesure du raisonnable, les moyens de pourvoir à l'amélioration de la condition malheureuse ou précaire des individus dans la société. Nous sommes porté à croire que l'expression *paupérisme* doit être prise ici dans son sens le plus large, et comprendre par conséquent tout ce qui est *pauvreté*, *indigence*, *misère*, *mendicité*, *disette*, *besoin*, *nécessité* ou *gueuserie*. C'est par une suite de cette conviction que nous regardons comme utile de reproduire ici la valeur de chacun de ces termes, d'après M. Guizot.

« La *pauvreté* est une situation de fortune opposée à celle de richesse, dans laquelle on est privé des commodités de la vie et dont on n'est pas toujours maître de sortir ; c'est pourquoi l'on dit que *pauvreté n'est pas*

va trouver le pauvre chez lui ? Ce patronage bienveillant de l'ami du pauvre qui, par amour de son prochain, s'efforce de faciliter sa vie, de placer ses enfants, d'en faire des hommes utiles et instruits, peut-il se faire par une administration ? Non, la charité individuelle ne sera jamais remplacée ; elle est nécessaire, d'autant plus que, suivant Alexandre Vinet, « la charité est pour le chrétien la raison, le but, l'objet, l'intérêt de la vie, mais son action peut être facilitée et rendue efficace. »

vice. L'*indigence* enchérit sur la pauvreté ; on y manque des choses nécessaires ; elle est, dans l'état de fortune, l'extrémité la plus basse, ayant à l'autre bout pour antagoniste la supériorité que fournissent les biens immenses ; il n'y a point d'homme qui ne puisse s'en tirer, à moins qu'il ne soit hors d'état de travailler. La *disette* est un manque de vivres, dont l'opposé est l'abondance ; elle semble venir d'un accident ou d'un défaut de provisions, plutôt que d'un défaut de biens-fonds. Le *besoin* et la *nécessité* ont moins de rapport à l'état et à la situation habituelle que les trois mots précédents ; mais ils en ont davantage au secours qu'on attend ou au remède que l'on cherche ; avec cette différence entre eux deux, que le *besoin* semble moins pressant que la *nécessité*. »

« Une heureuse étoile ou d'heureux talents tirent de la *pauvreté* ceux qui y sont nés, et la prodigalité y plonge les riches. Un travail assidu est le remède contre l'*indigence* ; si l'on manque d'y avoir recours, elle devient une juste punition de la *fainéantise*. Les sages précautions préviennent la *disette* ; les consommations superflues et immodérées la causent quelquefois. Quand on est dans le besoin, c'est à ses amis qu'il faut demander de l'aide ; mais il faut aussi s'aider soi-même, de peur de les importuner. Le moyen d'être secouru dans une extrême *nécessité* est d'implorer les personnes vraiment charitables. »

« *Je ne suis point pauvre*, disait un bon paysan qui n'avait pour tout bien que ses bras, et sur ses bras une famille, mais à qui l'on offrait la charité quand il demandait du travail. Il y a le *pauvre* qui demande du travail pour vivre, et le *pauvre* qui demande l'aumône et qui en vit. Le premier est un homme *pauvre* ; le second est ce que l'on appelle un *pauvre*, un *mendiant*, un *gueux*. Pauvre de profession, il fait le métier de *mendiant*, et communément avec la livrée du *gueux*, il mendie, il gueuse. Pauvreté n'est pas vice, sans doute, mais la *mendicité* est l'abus et la honte de la *pauvreté*. Je ne dis pas que le mendiant soit coupable, et encore moins punissable ; je dis seulement que c'est ou sa faute ou celle d'autrui d'en être réduit là. »

« Le *pauvre* n'a qu'une existence précaire ; il est exposé au besoin. L'*indigent* est dans le besoin, il éprouve la souffrance. Le *nécessiteux* est dans une extrême détresse ; il manque des nécessités de la vie. Le *mendiant* professe, pour ainsi dire, la misère ; il va sollicitant la charité publique. Le *gueux*, gueusant, étale la nudité ou le dénuement de la misère ; il mendie avec l'appareil le plus dégoûtant et le plus révoltant. »

« La *pauvreté* est une condition laborieuse ; l'*indigence*, une dangereuse crise ; la *nécessité*, une maladie mortelle ; la *mendicité*, une profession infâme ; la *gueuserie*, prise pour le métier fainéant de *gueuser*, est la plus vile et la plus odieuse mendicité. »

Après nous être bien expliqué sur la tâche qui paraît nous incomber et que nous ne cherchons point à circonscrire dans d'étroites limites, nous allons nous efforcer de trouver des remèdes à des situations intéressantes et diverses, et de mettre en relief des mesures que la société peut, d'après nous, facilement utiliser dans un but de grande amélioration. Pour en faire mieux apprécier la portée, il nous semble logique de rapporter à des individus des deux sexes, pris dès la naissance, ce qui s'appliquerait à tous ceux qui se laissent dominer par des passions mauvaises et qui en sont les premières victimes. Aussi c'est parce que la répression de ces passions constitue un devoir de s'en préoccuper que nous les signalerons.

II

On ne voit guère d'enfant au berceau qui ne montre bien la détermination fixe et précoce de dominer son entourage ; c'est à ce moment qu'il faudrait commencer, puis continuer à donner à son caractère, dans cet âge enfantin, un certain degré de souplesse nécessaire pour le disposer à écouter, dans l'adolescence et la jeunesse, les conseils de l'âge mûr et à suivre pour son honneur, pour celui de sa famille et pour l'avantage de la société, une bonne direction ; mais malheureusement la tendresse et l'irréflexion des père et mère ne servent que trop souvent son dessein d'exercer sans obstacle sa volonté d'être obéi. Lorsqu'il a reçu de la nature de bonnes dispositions, ou lorsque ses père et mère, le ministre de son culte, son éducateur, son instituteur, ses condisciples, ses camarades, et ses interlocuteurs fortuits ont changé dans les meilleures conditions et par d'excellents avis ou réflexions ses inclinations nullement favorables, il est évident que, dans ces deux cas, son enfance est devenue affectueuse, soumise, studieuse, laborieuse et circonspecte, et que, dans l'adolescence, il est devenu adroit, travailleur et économe ; c'est ainsi qu'il sera un citoyen utile à son pays et à lui-même, en améliorant sa position par le fait seul de la possession de ces triples et dernières qualités, sans lesquelles on n'arrive à rien, sinon à la détresse. L'action bienfaisante de la volonté d'un tel individu ne peut être entravée que par des maladies ou des malheurs immérités.

L'hypothèse, telle que nous venons de la présenter, ne ressemble point à la réalité. Si les misères se sont développées sur une grande échelle, cela tient à l'éducation que reçoivent les enfants et les adolescents, et aux tristes exemples dont ils sont tous les jours les témoins. En nous exprimant ainsi, nous ne voulons pas dire que l'immoralité des mauvaises idées et des passions les plus dégoûtantes soit enseignée dans les écoles ; nous reconnaissons au contraire que les principes de morale inculqués par les maîtres et les ministres du culte sont bons, mais nous disons qu'ils sont impuissants à combattre ceux qui tous les jours sont formulés devant les enfants par des parents, par des étrangers, et que propagent les livres et les journaux.

Si donc, comme nous le pensons, et comme tout le monde peut le croire, on ne doit parvenir à *améliorer la situation des individus*, en les rendant adroits, travailleurs et économes, et en leur mettant ainsi entre les mains l'outil de la fortune, qu'en *moralisant leurs personnes* (1),

(1) D'après Locke et un bon nombre d'économistes français, le paupérisme vient, non de la rareté des denrées et du manque d'emploi, mais de la corruption des mœurs ; non de l'insuffisance des salaires, mais de leur mauvais emploi. Le salaire élevé d'une façon subite n'est pas autre chose qu'une excitation à la débauche, lorsque la moralité ne sert pas de sauvegarde.

Dans son ouvrage *Patrons et ouvriers*, M. A. Fougerousse nous dit « que le remède (aux malaises sociaux) n'est point contenu

c'est dès l'enfance qu'il faut s'en occuper, c'est sur toute la vie que la petite société, appelée la famille, et que la grande société, dite la nation, doivent exercer leur sollicitude en les édifiant par tout ce que la prévoyance humaine est capable de mettre au service des meilleures intentions.

III

Ceci étant bien établi et paraissant incontestable, voyons d'abord ce qui, pour nous, rentre dans les devoirs de la famille. En premier lieu, il importe que le père et la mère soient des êtres moraux. On en trouve bien quelquefois qui ne sont rien moins que cela et qui cependont veulent leurs filles pures et leur garçons pudiques, et les éloignent, dans le but de les garder tels, d'un toit paternel tout imprégné d'une odeur éventée d'immoralité; mais c'est là une toute petite exception, et d'ailleurs nous nous occupons ici des seuls cas où la cohabitation des père, mère, enfants, existe. Ce qui est vrai en cette matière, c'est que des parents dépravés et se vautrant dans les débauches, au vu et au su de leurs enfants, en se livrant, le mari, à la paresse et à l'ivrognerie, et la femme, à l'in-

dans une formule unique; il consiste en une série de progrès à réaliser dans l'état matériel et moral de la société ».

M. Jules Simon, dans *l'Ouvrière*, proclame que « le mal social est un mal moral » ; que cette société périt de scepticisme ; « qu'il n'y a pas de liberté sans mœurs ».

M. Leroy-Beaulieu, dans la *Question ouvrière au XIXe siècle*, déclare que « la crise actuelle tient beaucoup plus à l'état moral qu'à l'état matériel de notre société ; qu'il n'y reste plus qu'une masse d'individus vivant côte à côte, dans les destinées les plus inégales, demeurant étrangers les uns aux autres et ne nourrissant, à l'égard du prochain, que des sentiments d'indifférence, de mépris ou d'envie ».

M. Siegfried, dans son livre *La Misère*, émet ce sage conseil : « Améliorer moralement l'individu sera toujours le grand remède du paupérisme, et le meilleur moyen de l'appliquer sera de commencer par la femme. N'est-ce pas la femme qui fait l'éducation de l'homme, qui le forme, qui le guide dès son jeune âge ? Les défauts et les vices, ces causes morales (de la misère) qui sont si nombreuses et qui s'étendent si loin, ne peuvent être combattues que par des remèdes moraux ; mais on peut les attaquer par les grandes ressources de la charité préventive, par l'instruction, la moralisation, la religion ».

conduite, au lieu de travailler d'une manière exemplaire, ne sont pas propres à bien élever leurs enfants, attendu qu'ils ne seront que trop souvent imités par des êtres qui, élevés par d'autres, eussent eu des chances de se créer des positions honorables.

La famille, telle que nous l'entendons ici, au point de vue de ce qu'il serait possible d'en obtenir de salutaire, ne se compose pas pour nous uniquement des père, mère, enfants et parents; nous y incorporons les alliés; nous ne voudrions pas que cette famille ainsi accrue, sur laquelle rejaillissent les torts et méfaits de ses membres, malgré tout ce que chacun dit ordinairement pour se dégager de la moindre atteinte ou responsabilité, fût exclue du droit de donner des avertissements et de prendre des décisions sur des actes immoraux, alors que la loi la fait continuellement intervenir pour des délibérations sur les questions beaucoup moins graves des intérêts matériels. Il nous semble souverainement injuste que des enfants puissent être condamnés, de par le respect de la puissance paternelle, et au mépris des aspirations honnêtes de leurs parents et alliés, à rester au milieu de la corruption. Aussi c'est par une suite naturelle d'un pareil état de chose que la moralité du foyer domestique s'abaisse au lieu d'augmenter, avec cette condition très regrettable que le fait trop général de savoir ou d'apprendre qu'il en est ainsi ne cause plus dans les classes instruites autant d'indignation qu'autrefois; on s'est même tellement accoutumé à cette idée que les conversations actuelles, sans distinction de sociétés, d'âge ou de sexe, et les discours anciennement solennels, se caractérisent par un laisser-aller déplorable. Nous pourrions, à l'appui de cette opinion, relever des cas très nombreux où, à notre époque, au grand jour de la tribune et même dans le sanctuaire de la justice, des orateurs voués à l'impartialité ont pris parti dans les séparations de corps et les attributions ou gardes d'enfants, sous l'influence d'une atmosphère viciée, pour celui des époux dont l'inconduite était notoire ou pour des doctrines en tous points détestables.

Nous ne saurions donc trop insister pour que l'autorité des père et mère sur leurs enfants fût ramenée à une puissance de protection et de moralisation, comme cela existait dans un passé lointain. Un grand nombre de monuments de notre ancienne jurisprudence attestent, en effet, que, sous l'ancien droit, la magistrature intervenait comme pouvoir modérateur et de haute surveillance pour maintenir la puissance paternelle dans les bornes de justice et de moralité dont elle ne devait jamais s'écarter.

En second lieu, il faudrait que l'action de la famille pût s'étendre jusqu'à appuyer les père et mère honnêtes, mais manquant d'énergie, à prendre, au besoin, l'initiative qui répugnerait aux faiblesses ou aux funestes idées de ces derniers pour empêcher l'inconduite de leurs enfants en les arrêtant sur la pente fatale ou, après la chute, pour les amener à un prompt repentir. L'importance serait que la famille fût revêtue d'un droit de surveillance et de répression paternelle à l'instar de celui que la loi a mis vainement entre les mains des père et mère. Qui sait combien de mille individus des deux sexes ainsi avertis en temps propice seraient préservés de l'opprobre et de la misère par cette mesure sage et préventive ? qui sait aussi combien de milliers d'époux pourraient lui devoir leur bonheur ?

Ce moyen n'aurait, d'ailleurs, rien que de parfaitement conforme à l'idée dont on doit poursuivre l'accomplissement en civilisation, et qui consiste à perfectionner le monde moral ; d'autant plus que l'inconduite peut être considérée comme une folie particulière, dont les conséquences sont infiniment plus lamentables que celles de l'aliénation d'esprit, où il n'y a jamais que des cas imprévus et sporadiques.

Enfin le *rôle des père et mère* dans la famille ou de ceux qui les remplacent est d'une extrême importance. Tout ce qu'il y a de félicité à être vertueux, tout ce qu'il y a de contentement à jouir du plaisir intellectuel, et tout ce qu'il y a de bonheur à prospérer par les succès éclatants de la conduite et du travail, gisent ordinairement dans la manière dont il s'est accompli ; il n'y a rien à prescrire à ce sujet, puisqu'il ne peut y avoir de sanction légale que dans les cas de grands écarts ; mais il y a un juge plus éclairé, plus sévère et plus juste que les lois, c'est le sentiment intérieur qui s'appelle la conscience. Or, la conscience parle à tous les parents, comme à tous les hommes qui ne se sont pas, à force de dépravation, rendus indignes de l'entendre. Du moment que les père et mère ont le sentiment de ce qui est *bien* et de ce qui est *mal*, ils doivent s'appliquer à former pour le *bien* le cœur, l'esprit et les mœurs de leurs enfants. Quant aux moyens à prendre pour y mieux réussir, il ne peut entrer dans notre dessein d'en parler, si ce n'est pour désirer qu'ils entraînent une sanction ; il faut que les parents soient juges de ceux à mettre en œuvre, et qu'ils ne puissent pas être recherchés pour avoir eu recours à des châtiments modérés, suite inévitable de n'avoir pas su, dès la plus tendre enfance, inspirer la crainte filiale qui naît de l'amour et du respect.

Ce qui soutient la plupart des parents dans la tâche importante qu'ils ont à remplir, c'est leur grand amour pour leurs enfants ; c'est l'ambition naturelle d'assurer le sort de ces derniers par les procédés rudimentaires des excitations à la docilité, à la décence, à la délicatesse, au travail, à l'épargne et aux privations, en cherchant à développer en ceux-ci, et selon les sujets, d'abord l'émulation, puis la rivalité, et après, si l'intelligence n'y est pas rebelle, les idées d'élévation et de fortune, et en réprimant, au besoin, les mauvais penchants susceptibles de faire sombrer leurs projets. A la faveur de la bonne direction de ces louables parents ou de quelques bienfaiteurs, il y a en France un nombre immense d'individus partis des conditions les plus infimes qui sont aujourd'hui parvenus, par un travail opiniâtre et une économie bien entendue, à des positions diverses et si belles qu'elles font envie à tous les paresseux. Combien ces derniers seraient impressionnés et maudiraient leur nonchalance, si quelqu'un, pour le pays de chacun d'eux, se donnait la peine de faire la statistique, avec commentaire et réflexion, de tous ceux qui, au su de tout le monde, ont de la sorte réussi !

Ce n'est pas une exception particulière à notre époque que de pouvoir admirer ainsi la splendeur des succès d'une génération laborieuse ; les causes qui les produisent entraîneront toujours les mêmes effets. La sentence latine, devenue commune et vulgaire : *Labor improbus omnia vincit*, sera toujours vraie.

A côté des enfants qui répondent à la tendre sollicitude et au zèle éclairé des parents, il y en a qui ne procurent que des regrets amers et de tristes déceptions ; l'éducation paternelle n'ayant pu corriger les défauts de la nature dans ces sujets indomptables, ou seulement indociles, il n'y a souvent d'espérance à concevoir que sur les secours fermes et indiscutables dont disposent les maisons de correction, à moins que la religion ne les touche ou qu'ils ne se soumettent d'eux-mêmes à l'influence de bons conseils étrangers. Ces insoumis se classent parmi les enfants qui n'ont pas eu de père et mère soucieux de leur avenir.

Les parents qui ne sont pénétrés ni d'un profond amour, ni d'ambition pour leurs enfants, ou qui sont assombris par l'insouciance ou le découragement, ou qui, ayant des âmes abjectes, sont adonnés à des passions honteuses, n'attachent qu'un médiocre intérêt à voir prospérer leurs enfants ; c'est principalement dans cette catégorie de personnes que naissent, s'étendent et se perpétuent la misère et l'inconduite. Sous prétexte qu'il est impossible à des gens dénués de ressources d'améliorer leur condition par le travail, la bonne conduite et l'économie, ils ne font aucun effort pour cela ; ils se cantonnent dans leurs habitudes plus ou moins vicieuses; leurs enfants sont abandonnés à leurs propres inspirations, sinon excités à la débauche. C'est cette partie importante de l'humanité qui constitue le paupérisme; c'est à celle-ci que des moyens sages par leur objet et énergiques par leurs conséquences doivent être appliqués.

Sur ce point, il est facile de voir qu'il n'y a pas à attendre un changement salutaire et spontané chez des père et mère qui manquent de ressort, encore moins chez ceux qui sont dépravés. Les enfants grandissant auprès de pareils protecteurs ne peuvent pas non plus devenir d'eux-mêmes parfaitement bien. C'est donc par des interventions publiques ou particulières, clairvoyantes et secourables, comme nous espérons le démontrer, qu'ils peuvent être tirés de la misère et promus à des situations tolérables.

Parmi les parents uniquement impuissants à diriger leurs enfants et surtout leurs filles, et que le manque d'énergie n'a pas rendus mauvais, il en est un grand nombre qui déplorent avec amertume, même certains avec rage, le régime légal qui permet de séduire impunément leurs filles à seize ans révolus, et de les plonger ainsi dans la honte, pour mieux les préparer à la misère ; ils se désolent à bon droit qu'elles puissent être alléchées avec mauvaise foi, compromises sous d'ignobles prétextes, puis achetées comme des instruments, au mépris de l'autorité et des protestations paternelles, alors que, pour l'acte honnête du mariage, leur consentement est à tout âge demandé ; ils s'étonnent que cette chasse à la corruption puisse être faite avec sécurité, souvent avec scandale, sous les yeux de nos législateurs et des hommes qui se proclament encore les défenseurs de la morale, par ceux qui peuvent se la payer, et que cette manière artificieuse de faire d'innocentes victimes par l'audace dans le libertinage puisse, à l'ombre de l'indifférence, être tolérée jusqu'à laisser croire à la rupture méditée de la société conjugale par l'exercice d'un pareil abus de la fortune.

Il est facile de voir à quel degré d'avilissement les filles pauvres peuvent être amenées par les funestes suites des mœurs progressivement dissolues de la nation (1) ;

(1) Nous ne sommes pas le premier à signaler ce déplorable état de choses :

« J'ai vu souvent, dit M. Le Play, dans le cours de mes voyages, les tortures morales qu'inflige aux mères pauvres la situation de leurs filles, attirées hors du foyer par les nécessités du travail; j'ai eu la confidence des haines que soulève la séduction (des filles du peuple) exercée par les riches, et, depuis lors, je me suis promis de réclamer sans relâche la répression de ce honteux désordre ».

On lit dans le livre *Patrons et ouvriers* de M. A. Fougerousse : « Bien d'autres erreurs pèsent encore lourdement sur la vie des pauvres gens ; l'honneur de la fille du peuple est tenu pour marchandise de peu de valeur et semble la proie fatalement sacrifiée à ce cruel préjugé de nos mœurs relâchées : il faut bien que jeunesse se passe. C'est ainsi que le père le plus rigide, qui s'indignerait violemment s'il voyait son fils chercher à séduire une fille bien née, ferme complaisamment les yeux sur ses désordres, quand sa maîtresse n'est qu'une petite ouvrière.

« L'homme qui a fait la loi, l'a faite à son profit : il a mis sous la protection du code les engagements qu'il prend envers son semblable, mais la femme ne peut invoquer le même code pour faire respecter les serments qui ont triomphé de sa résistance. Le

dès l'instant qu'elles ne comprennent pas ce qu'il y aurait d'honneur et de sécurité pour elles à se confier à l'institution du mariage et à se garder pures pour de jeunes hommes en position d'être les artisans de leur bonheur, elles sacrifient le présent et l'avenir, pour devenir méprisables et courir les chances de se rendre criminelles. Les premières fautes sont, en effet, par trop souvent suivies d'infanticides, dont les séducteurs se lavent les mains quand ils n'en sont pas les conseillers ou les complices ; celles qui, après avoir prévariqué dans le célibat, réussissent à se faire épouser, mènent ordinairement des vies de dévergondage, que les maris adoptent quelquefois par insouciance ou fainéantise, mais que d'autres subissent le plus souvent dans la pauvreté, l'ivrognerie, les sévices et les injures, jusqu'à la séparation de corps volontaire ou forcée, qui tôt ou tard devient le couronnement de l'infidélité conjugale (1). Nous laissons à penser ce que peut être l'éducation des

séducteur jouit d'une scandaleuse impunité ; la fille trompée, déshonorée, repoussée de sa famille, dépouillée de tout, tombe dans l'infanticide, la prostitution ou le suicide, tandis que l'amant rentre dans le monde, bien abrité par la loi sur la recherche de la paternité, la tête haute, le cœur léger, et la société lui ouvre les bras, ajoutant par manière d'absolution : voilà un homme positif. »

« Ce sont les classes pauvres qui sentent plus particulièrement ces abus, ce sont leurs filles qui servent de proie à la séduction. Pour empêcher de tomber les pauvres gens, il importe au plus haut point de défendre la fille de l'ouvrier contre les entreprises du fils de famille désœuvré et libertin, et, d'une manière générale, de protéger la femme contre l'homme. »

Il y a longtemps que la plaie de la séduction des filles pauvres s'étale dans des ouvrages ; tous les auteurs qui les ont écrits sont honnêtement attristés par l'état de corruption qui y pousse les générations successives par de funestes exemples ; quelques-uns se bornent à faire des vœux platoniques pour un changement salutaire ; d'autres laissent entrevoir qu'une répression pourrait être appliquée ; il y en a qui demandent plus ou moins explicitement qu'une disposition légale autorise la recherche de la paternité. Il nous a semblé qu'en toute occurrence il n'y avait pas lieu de rester dans le vague, et que, pour espérer réussir auprès de nos législateurs, il fallait proposer un autre moyen que celui de la recherche de la paternité ; c'est en tenant compte des ménagements qu'il est nécessaire de garder que nous en allons signaler de possibles et d'efficaces.

(1) On connaît l'opinion de M. Léon Faucher sur les suites de l'inconduite de la femme : « Partout, dit-il, où la femme se corrompt, la famille se dégrade et se dissout. » (Elle est exprimée

enfants dans de tels milieux, et ce que la société accumulerait de responsabilité en n'employant pas ce qui serait de nature à extirper le plus de germes possible de l'affreuse maladie qui s'appelle l'*immoralité* et de celle qu'elle entretient par contagion, et qui se nomme le *paupérisme*.

Avant de dire comment, suivant nous, le gouvernement doit agir par lui-même en ces matières, nous allons retracer les *devoirs que la religion revendique* et *ceux que s'imposent les amis de l'humanité.*

IV

A contempler ce qui existe aujourd'hui et ce qui s'est passé dans l'antiquité, où l'impression de la divinité a toujours été si naturelle aux hommes et si profondément gravée dans leur cœur qu'ils n'ont perdu la connaissance du seul et vrai Dieu qu'en lui en substituant d'autres tels qu'ils se les forgèrent ou d'après ce qui leur était resté d'idée de la vérité, il est impossible de nier l'empire considérable que la religion exerce sur les consciences ; nous admettons donc, sans être théologien, l'heureuse influence que, dans tous les temps, elle a mise au service de la moralisation. Nous ne faisons, en cela, que conformer notre manière de voir à celle des gouvernements qui, successivement, ont reconnu l'utilité et même la nécessité de la religion dans un Etat. Pour ne pas rester en retard de démonstration sur le point de la sagesse de leur pratique, nous citons bien volontiers le texte des paroles de l'illustre Portalis, qui nous semblent de nature à porter, même dans des esprits prévenus, un certain degré d'ébranlement, sinon de conviction :

« L'utilité ou la nécessité même de la religion ne dérive-t-elle pas de la nécessité même d'avoir une mo-

dans l'*Étude sur le caractère et le mouvement de la criminalité en Angleterre.*)

« L'expérience a appris que toutes les fois qu'une enfant du sexe féminin est, par quelque malheureuse circonstance, remise à une mère indigne, elle ne tarde pas à suivre son exemple. » (A. Fougerousse.)

rale? L'idée d'un Dieu législateur n'est-elle pas aussi essentielle au monde intelligent que l'est au monde physique celle d'un Dieu créateur et premier moteur de toutes les causes secondes ? L'athée qui ne reconnaît aucun dessein dans l'univers, et qui semble n'user de son intelligence que pour tout abandonner à une fatalité aveugle, peut-il utilement prêcher la règle des mœurs en desséchant par ses désolantes opinions la source de toute moralité ? Les lois et la morale ne sauraient suffire. Les lois ne règlent que certaines actions ; la religion les embrasse toutes ; les lois n'arrêtent que le bras ; la religion règle le cœur. Les lois ne sont relatives qu'au citoyen ; la religion s'empare de l'homme. La morale sans préceptes positifs laisserait la raison sans règle ; la morale sans dogmes religieux ne serait qu'une *justice sans tribunaux*.

« C'est en pratiquant les choses qui mènent à la vertu ou qui du moins en rappellent l'idée, qu'on apprend à aimer et à pratiquer la vertu même. Comme dans l'ordre politique la justice ne peut être garantie que par des formes réglées qui préviennent l'arbitraire, dans l'ordre moral la vertu ne peut être assurée que par l'usage et la sainteté de certaines pratiques qui préviennent la négligence et l'oubli. La vraie philosophie respecte les formes autant que l'orgueil les dédaigne. Il faut une discipline pour la conduite comme il faut un ordre pour les idées ; nier l'utilité des rites et des pratiques religieuses en matière de morale, ce serait nier l'empire des notions sensibles sur des êtres qui ne sont pas de purs esprits ; ce serait nier la force de l'habitude... Une religion purement naturelle ou abstraite pourrait-elle jamais devenir nationale et populaire ? une religion sans culte public ne s'affaisserait-elle pas bientôt ? S'il faut juger du culte par la doctrine, ne faut-il pas conserver la doctrine par le culte ? Si rien ne réunissait ceux qui professent la même croyance, n'y aurait-il pas en peu d'années autant de systèmes religieux qu'il y a d'individus ?... S'il y a quelque chose de stable et de convenu sur l'existence et l'unité de Dieu, sur la nature et la destination de l'homme, n'est-ce pas au milieu de ceux qui professent un culte et qui sont unis entre eux par les liens d'une religion positive ? »

La religion n'aurait pas une origine surnaturelle, qu'il

nous paraîtrait contraire au sens commun de ne pas considérer comme absolument satisfaisant pour le cœur des enfants ainsi que pour celui des adultes d'avoir *foi* en Dieu, entendant et voyant tout, qui scrute les consciences et les dispose, par la crainte secrète qu'il leur inspire, à l'attrition. à la contrition et au ferme propos de s'amender; il est également incontestable que les innocents, de même que les endurcis, n'ont rien à perdre et ont au contraire tout à gagner à entretenir au fond de leurs âmes cette compagne fidèle de nos faiblesses qu'on appelle *l'espérance* en la miséricorde divine; enfin la plus parfaite des trois vertus théologales, en comptant les deux précédentes, la *charité* (1), consistant à aimer son prochain comme soi-même pour l'amour de Dieu, ne peut pas être envisagée raisonnablement comme de nature à irriter même les plus misanthropes, et à plus forte raison ceux qui ont de bons sentiments pour autrui et veulent réellement pratiquer la *fraternité.*

C'est par l'enseignement des quatre vertus cardinales, la *justice*, la *prudence*, la *tempérance* (2) et la *force*, que la religion prépare les hommes à rendre à chacun ce qui lui appartient; à faire ce qu'il faut faire et à éviter ce qu'il ne faut pas faire pour se bien conduire; à retenir et régler leurs passions et presque toutes leurs actions,

(1) Dans les ouvrages d'illustres économistes, nous trouvons cet aphorisme: que l'homme sent la nécessité de satisfaire ses besoins, notamment de générosité, de charité, de religion.

(2) On met généralement la religion au premier rang pour triompher de l'*intempérance*; en parlant au cœur et à l'esprit des fidèles, elle réussit à leur inspirer des idées de conduite, de travail, d'ordre et d'économie, et à les éloigner des jouissances bestiales, où ils compromettent leur dignité. C'est dans les termes suivants que M. Baudrillart s'est exprimé sur ce point: « A la religion et à la morale de montrer que cette abdication de toute dignité, que cet effacement volontaire de la conscience, que cette perte de tout empire sur soi-même, que cette dégradation des facultés, sont de vrais crimes, comme tout ce qui tend à détruire chez l'homme l'image du vrai, du beau, du bien, le sentiment de ses devoirs envers lui-même, envers Dieu, envers ses semblables. A elles de montrer que ce plaisir empoisonné n'est pas même l'ombre du bonheur, dont il tarit les sources vives et pures, car il y a des sources de bonheur cachées dans l'homme, qui veulent être ménagées avec soin, sources que les plaisirs excessifs et malsains épuisent et souillent à la fois ». (Séances et travaux de l'Académie des sciences morales et politiques, 1864, 394.)

et enfin à pratiquer l'énergie dans les épreuves et les tentations; elle veut que ces vertus servent de base à toutes les autres.

En regard des avertissements continuels qui embrassent les vertus énoncées, les ministres de la religion ne cessent pas de sermonner les humains, du sortir du berceau jusqu'à la tombe, et de leur fournir les raisons les plus convaincantes pour qu'ils admirent et observent les habitudes de l'âme qui portent à aimer et à faire le bien, comme à abhorrer et à fuir le mal, notamment en recommandant, avec les explications les plus délicates, la discrétion, la chasteté, la pudeur, la modestie, l'humilité, la probité, l'honnêteté, l'équité, le pardon, la loyauté, la fidélité conjugale, l'obéissance, le respect. Ils font d'incessants et louables efforts pour relever moralement les malheureux, en mettant sous leurs yeux les cas de conscience qui découlent du dégoût, du découragement, du désespoir, et les avantages incommensurables de leur soumission à la volonté de l'Être suprême.

C'est dans le cercle des infractions aux lois divines et primordiales, que la religion exerce la plus incontestable prépondérance dans l'efficacité des devoirs qui s'accomplissent au profit de l'humanité. Sans s'arrêter aux adorations que les croyants ont pour la divinité et qui sont prescrites par trois de ses commandements, il nous paraît impossible de ne pas trouver admirable, comme figurant au nombre de ses meilleures et de ses plus minutieuses prescriptions, d'honorer ses père et mère, de respecter la vie humaine et le bien d'autrui, et de s'abstenir, entre autres pensées, paroles et actions plus ou moins blâmables, de la haine, de la vengeance, de la médisance, de la calomnie, des faux témoignages, des injures, des mensonges, des mauvaises lectures, des fréquentations et liaisons dangereuses, des conversations imprudentes. En se rendant un compte exact de ce que l'orgueil, l'envie, l'avarice, l'impureté, la gourmandise, la colère et la paresse enfantent de maux irréparables, nul, parmi les sceptiques et les athées, ne pourrrait s'étonner qu'elle en ait fait, à juste raison, des péchés capitaux. En utilisant une perspicacité incomparable dans la recherche et la correction de tous les travers de l'espèce humaine, et en révélant, en même temps que l'offre du pardon, des châtiments impressifs, elle fait envisager des peines d'autant plus redoutables qu'elles produisent leur effet sur les âmes des coupables. Aussi il ne nous semble point téméraire de croire que la société civile, en enseignant la même morale, avec assaisonnement des explications les plus raisonnables, sera toujours impuissante, sans le secours de l'esprit religieux, à inculquer aux enfants tous les principes solides d'une excellente éducation, et entretenir chez les grandes personnes le feu sacré de leurs heureuses conséquences. Comment s'y prendrait-elle, en effet, pour corriger ou réprimer, de son autorité propre, la plupart des vices dont nous allons parler ?

1° L'*orgueil*, qui fait qu'un individu, plein et bouffi de lui-même, uniquement occupé de sa personne et s'élevant au degré de *superbe*, devient arrogant, insolent, dédaigneux, en affectant sur les autres, par son air et ses manières, une supériorité humiliante, peut se trouver dans toutes les conditions, dans toutes les âmes ; le pauvre lui-même peut être orgueilleux ; fin et subtil, l'orgueil se déguise de mille manières. C'est une de ses métamorphoses que Socrate révélait lorsqu'il apostrophait Antisthène, le chef des cyniques, en ces termes : « Je vois ta vanité à travers les trous de ton manteau ». Bossuet dit que tout, jusqu'à l'humilité, lui sert de pâture. Pourtant il y a toujours dans son fait de la sottise. Il se confond souvent avec le sentiment outré de l'intérêt personnel ou de l'égoïsme. La religion entreprend toujours la cure radicale de l'orgueil, tandis que la société civile ne peut guère que faire tourner ce vice en cet autre s'appelant la *vanité*, qui permettrait de rendre l'individu avide d'estime et désireux d'occuper, par de bonnes actions, la pensée de tout le monde. Mais cette manière d'opérer ne pourrait s'appliquer qu'à l'âge mûr, et nullement à l'enfance, à laquelle il sera toujours nécessaire de faire apprécier les inconvénients de la vanité, conduisant infailliblement à la misère. Il serait donc mieux d'imiter la religion qui proscrit ces vices au même degré, et qui à leur place met en pratique les plus purs avantages de la charité.

2° L'*envie*, qui est un sentiment bas, une fureur rongeant et tourmentant l'envieux, fait qu'un individu ne peut souffrir le bien des autres, et cela d'autant moins que l'envie et la haine s'unissent toujours et se fortifient l'une l'autre dans le même sujet.

Nous serions curieux de savoir comment un gouvernement pourrait s'y prendre pour extirper l'envie et la haine, alors que la religion ne se flatte pas de toujours réussir. En attendant, elles absorbent au grand préjudice des sociétés, des familles et des individus, la pensée de la plupart de ceux qui n'ont pas le courage de travailler assez ardemment pour se tirer de la misère, et qui se laissent niaisement séduire par les promesses funestes et irréalisables de ceux qui font profession d'exploiter ainsi l'envie et la haine dont ils sont animés.

3° L'*avarice*, qui est cette passion sordide et jalouse de posséder, sans aucun dessein d'en faire usage, des biens qu'on a ou qu'on se procure par l'énergie du travail et de l'épargne, enraie les dons et les dépenses dont les pauvres pourraient profiter, et par suite, ces derniers, s'ils ne sont pas pourvus d'ouvrage ou secourus par d'autres, sont exposés à mourir de faim à côté des avares qui sont insensibles aux souffrances de leurs voisins, et qui se laissent ordinairement extorquer ce qu'ils tirent de leur bourse.

Nous sommes très perplexe pour désigner un moyen pratique pour un gouvernement de combattre l'avarice, lorsqu'elle s'est enracinée au mépris de la religion, car nous ne pencherons jamais, directement ou indirectement, pour les spoliations. Il faut dire d'ailleurs que les ressources entassées pour cause d'avarice sont de plus en plus rares et peuvent être considérées comme constituant utilement la réserve d'un temps futur, car le proverbe : *A père avare enfant prodigue*, finit toujours par être vrai, quoique ne se réalisant pas pour tous les individus de toutes les générations. Puis enfin, nous trouvons dans les savants ouvrages de nos économistes la doctrine en matière d'avarice et de prodigalité. « La pire espèce d'avares (dit l'un d'eux) est encore plus utile à la société que la meilleure espèce de prodigues. Si la prodigalité est plus aimable et s'allie à plusieurs qualités extérieures, elle est nuisible à la société, car toutes les fois qu'un capital se dissipe, il y a dans quelque coin du monde une quantité équivalente d'industrie qui s'éteint. Le prodigue qui perd un capital augmente la première année le revenu de ses fournisseurs, souvent peu recommandables, mais il détruit, pour les années suivantes, le salaire des hommes laborieux dont son revenu eût alimenté le travail. »

4° L'*impureté*, qui est le contraire de la chasteté, de la pudeur, de la pudicité, peut constituer un tel état de dissolution des mœurs qu'on ne saurait trop faire pour en préserver la société. En cette occurrence, le gouvernement et la religion ont un intérêt manifeste et réciproque à se prêter un appui constant pour y mettre un frein. Sur ce point nous croyons qu'il y a d'importantes mesures à prendre dont nous ferons l'exposé plus loin.

5° La *gourmandise*, qui est l'intempérance dans le manger, offre de graves inconvénients physiques et moraux. Tous les jours on entend dire à ceux qui mangent avec avidité ou excès qu'ils peuvent de la sorte causer des dérangements à leurs santés. De plus, l'habitude de faire son Dieu de son ventre, comme on dit vulgairement, contribue à plonger dans l'indigence ceux qui ne sont pas riches. Par ces considérations il n'est jamais trop tôt de s'accoutumer à manger de tous les aliments et à les prendre avec modération. Si la religion ne s'occupait pas de ce vice, et s'il ne s'agissait que de la partie solide des aliments, nous demanderions comment un gouvernement pourrait se mêler de ce détail de la vie des citoyens. L'Etat au contraire pourrait apporter un puissant concours à la diminution de ce vice, s'il se manifestait dans les lieux publics dont il a la surveillance et alors que l'intempérance se produirait à l'occasion de la partie liquide des aliments.

6° La *colère*, qui est la passion par laquelle l'âme se sent vivement émouvoir contre qui la blesse, peut être apaisée lorsqu'on s'adresse directement au cœur de l'offensé, ou lorsqu'on lui donne satisfaction, ou lorsque la douleur éprouvée s'envole sur les ailes du temps. Cette agitation impatiente contre quelqu'un qui s'obstine ou qui offense, rentre évidemment dans le domaine exclusif de la religion cherchant, par précaution habituelle, à prévenir tous les dangers des emportements. Il n'y aurait que les suites, en voies de fait et paroles injurieuses, qui pussent relever du pouvoir temporel. La colère aggrave la condition plus ou moins précaire de ceux qui y sont enclins, car il ne convient à personne d'occuper et de garder longtemps les ouvriers connus pour s'emporter à la moindre observation.

7° La *paresse*, qui est ici un mot générique, comprend la *fainéantise*, la *nonchalance*, l'*indolence* et la *négligence*. L'*indolent* craint la peine, il n'aime que la tranquillité ; le *nonchalant* craint la fatigue, il n'aime qu'un doux loisir. Le *négligent* craint l'application, il n'aime que la dissipation. Le *paresseux* craint l'action, il n'aime rien tant que le repos ; le *fainéant* craint le travail, il n'aime que l'oisiveté. Sans nous attarder à dire si ces divers états de la paresse prennent distinctement leurs sources dans l'apathie, l'indifférence, la froideur du tempérament, la langueur des organes, l'insouciance, la légèreté d'esprit, l'inertie, la mollesse, la lâcheté d'âme, les défauts d'une éducation et une vie oiseuses, toutes conditions très difficiles à combattre, sinon dans l'enfance, nous admettons, d'après de grands penseurs, que l'indolence peut être vaincue par l'amour porté sur un être actif ; la nonchalance par la crainte du mal ; la paresse par l'ambition ; la négligence par des intérêts personnels considérables ; la fainéantise par la nécessité de travailler pour vivre. Nous ajoutons qu'on triompherait de ces mauvaises dispositions d'esprit chez les enfants par des punitions sagement appliquées, par le travail imposé et par des promesses de récompenses. Mais qui est-ce qui sera chargé d'inspirer tous ces paresseux ? Est-ce le gouvernement ? Sont-ce les ministres du culte ? Nous croyons que le concours des autorités civiles et religieuses n'a jamais été plus indispensable qu'en pareil cas (1).

Les *devoirs que la religion revendique* ne consistant pas uniquement à enseigner aux enfants les principes d'une éducation solide et morale, ses ministres se regardent comme divinement chargés d'instruire tous les âges et d'exercer sur les besoins spirituels et temporels des hommes une sollicitude constante. C'est ce qui expli-

(1) Dans son *Précis de morale rationnelle*, un savant nous donne des *péchés capitaux* une description des plus intéressantes.

que pourquoi ils ont eu si longtemps le monopole (1) de l'instruction de la jeunesse et de la fondation des œuvres de charité. En acceptant cette tâche, il était naturel qu'ils se préoccupassent sans cesse et au suprême degré de la fragilité des hommes pour leur expliquer, en toutes occasions, les connaissances utiles à retenir, les vérités à croire, les vertus à pratiquer, les faiblesses à éviter, et pour adoucir leurs souffrances même les plus méritées.

Nous dirons peu de chose ici de l'instruction donnée par les délégués religieux sous les noms de frères, sœurs, pères ou abbés, se confondant avec l'éducation qui, par l'effet évident d'un sacrifice volontaire et présent, d'une perfection poursuivie suivant des règles invariables et uniformes et d'une récompense promise et éternelle, est pour eux un triomphe continuel de contentement en ce monde au milieu même des persécutions. Nous allons

(1) Les doctrines de l'économie politique veulent que ce monopole soit remplacé par la libre concurrence et non pas qu'il change de mains; elles sont exprimées dans les termes les plus formels d'un passage d'un excellent ouvrage: « Nous n'avons pas à aborder ici ces questions nombreuses et délicates portant sur la nature des connaissances à répandre de préférence, sur les méthodes d'enseignement, sur les devoirs des pères de famille, sur l'obligation et l'intervention de l'Etat et des communes, sur la liberté des établissements d'instruction érigés soit par la libre initiative des citoyens, soit par des corporations politiques et religieuses. Ces questions sont vivement débattues en divers pays par les partis politiques et religieux, qui voudraient s'assurer l'influence sur les populations par la direction de l'instruction et qui aspirent à un monopole plus ou moins exclusif. Tout porte à croire qu'ils se font une fausse idée des résultats qu'ils obtiennent, quand ils triomphent, au point de vue de leurs principes; en outre, l'expérience démontre que leur monopole conduit toujours à un enseignement relativement arriéré ou en désaccord avec les besoins publics, et que sous ce rapport l'enseignement stimulé par l'aiguillon de la libre concurrence est bien plus favorable aux progrès des lumières et à l'avancement des sciences. Sous ce rapport, le travail de l'enseignement ne diffère pas des autres branches de l'activité sociale. »

« Nous donnerons, dit M. Jules Simon, plus de précision à la pensée d'Aristote en disant que les droits de l'Etat naissent uniquement de la nécessité sociale et doivent être strictement mesurés sur cette nécessité; de telle sorte qu'à mesure que cette nécessité diminue par le progrès de la civilisation, le devoir de l'Etat est de diminuer sa propre action et de laisser plus de place à la liberté ». (*La Liberté*, p. 41.)

seulement rapporter succinctement leurs œuvres charitables.

Sur tous les points de la France, des sœurs de différents ordres s'occupent des enfants naissants, des enfants trouvés, abandonnés et assistés ; elles apportent dans les maisons de maternité, les hospices, les crèches, les salles d'asile, une sollicitude toute maternelle. Les frères et les sœurs, qui sont livrés à l'enseignement primaire, font marcher de front l'instruction morale et religieuse et les autres éléments prescrits par les règlements civils ; les abbés et les prélats peuvent revendiquer l'honneur et l'initiative de très nombreuses et belles fondations d'œuvres favorables à l'enfance ; ils prennent dans l'existence des orphelinats, pour les garçons et pour les filles, la part la plus considérable, en même temps que les ordres les plus divers de sœurs et de frères éprouvent les meilleures satisfactions en concourant à leur utile fonctionnement.

Tous ces mêmes bienfaiteurs entourent de leur attention inquiète et prévoyante les adultes des deux sexes qui sortent ou non de leurs écoles professionnelles ou autres, mais qui sont dans les voies salutaires de la religion et de la morale. Par des œuvres de patronage ils les suivent à l'apprentissage pour régler les conditions du contrat, pour en surveiller l'exécution, pour récompenser leur assiduité au travail et leur bonne tenue.

Ils font tout ce qui est en leur pouvoir pour soustraire les adolescents masculins aux excitations dangereuses des mauvaises connaissances ; pour leur faire passer agréablement les dimanches et fêtes ; ils multiplient dans ce but, sur les points les plus divers, les jeux d'adresse et les récréations. Ils disposent pour eux des abris, entièrement ou presque gratuits, nécessaires pour les recevoir durant l'activité des ateliers comme pendant le chômage ; ils leur fournissent des vêtements et les renouvellent, ils leur distribuent les meilleurs enseignements de toutes sortes et leur procurent soins, secours, médecins et médicaments en cas de maladie.

Ils offrent leur appui et des lieux de réunion aux cercles d'ouvriers ayant pour but l'instruction morale et intellectuelle de leurs adhérents, ainsi que l'amélioration de leur sort ; ils y font faire des cours professionnels ; ils y fondent des caisses de secours mutuels et établissent toutes sortes d'œuvres et institutions utiles à leurs protégés.

Pour les jeunes filles, les directions des bienfaitrices ont pour but et pour résultat de les accoutumer au travail, à l'ordre, à la simplicité, à l'économie, et de conserver en elles les habitudes d'une conduite morale ; elles leur procurent les moyens de faire, dans des conditions favorables, aux points de vue professionnel et chrétien, leur apprentissage d'un état et de mener une bonne vie ouvrière ; elles font les plus grands efforts pour que ces jeunes adolescentes arrivent à pouvoir embrasser utilement les diverses carrières de l'industrie et du commerce.

Elles fondent des asiles où les apprenties et ouvrières, travaillant dans des établissements industriels ou dans des magasins, peuvent loger et prendre leurs repas, soit gratuitement, soit pour une légère rétribution, et trouvent, en cas de maladie, les soins des sœurs, les secours médicaux et pharmaceutiques.

Elles favorisent les associations des ouvrières ou employées de commerce en leur offrant toutes facilités de se réunir en des lieux propices pour se distraire, se soutenir et s'encourager dans le bien, et pour former entre-elles des sociétés d'assistance mutuelle.

Elles fournissent aux personnes en service, le plus souvent éloignées de leurs parents, des centres où elles retrouvent les bons conseils de la famille absente et des asiles où elles sont reçues malades ou sans place.

Ces mêmes bienfaiteurs entretiennent des bureaux gratuits, pour favoriser le placement des apprentis, ouvriers, commis et employés de toutes sortes et des ouvrières et employées qui font partie des associations relevant de leurs patronages ; ils répandent les bons livres dans les écoles et les familles.

Ils procurent aux jeunes gens des amitiés sûres ; des chambres et des pensions dans des établissements spéciaux ; des salons de conversation pour les délassements de l'esprit ; des salons de travail pour les études ; des bibliothèques pour les lectures et les recherches ; des leçons et des conférences pour toutes les matières du plus haut enseignement ; des variétés de distractions et amusements honnêtes; ils leur offrent ainsi les moyens de persévérer dans les habitudes studieuses, morales et religieuses d'une bonne éducation ; ils les disposent aux sentiments et pratiques de la charité en les faisant admettre comme membres des œuvres qui sont de nature à les maintenir dans les devoirs d'une vie honorable.

Ces mêmes bienfaiteurs ont en grand nombre des écoles, des pensionnats, des institutions, des orphelinats ; des œuvres pour les enfants des deux sexes idiots, arriérés, épileptiques, aveugles, paralytiques et sourds-muets; ils les patronnent, les protègent, les moralisent, les instruisent, les mettent en apprentissage, les surveillent et les assistent sous les plus diverses formes ; il ont également des œuvres pour les femmes épileptiques ou idiotes.

Les très nombreuses œuvres fondées pour réaliser les divers buts déjà exprimés sont loin d'avoir absorbé le zèle de ceux qui, plus que personne, doivent aimer leur prochain comme eux-mêmes et pour l'amour du créateur. Aussi ils ont établi des refuges pour préserver les jeunes filles, légères mais non encore perverties, des dangers auxquels elles sont exposées, soit par leur caractère, soit par leur pauvreté ; pour réhabiliter les filles coupables d'une première faute, qui veulent rentrer dans les voies de l'honneur et de la vertu ; pour corriger les filles égarées et les femmes de mauvaise vie ayant la volonté de se repentir; pour soustraire aux entraînements du vice les femmes et les filles qui ont fait, dans le monde, des fautes ou qui craignent d'en faire, et qui demandent à la religion de réformer leur nature et de fortifier leur âme ; pour maintenir dans la bonne voie les femmes libérées sortant des maisons centrales où elles se sont converties et veulent vivre dans la pénitence.

Des sœurs portent des secours à domicile aux indigents, aux malades et aux blessés ; d'autres soignent les malades pauvres à domicile le jour et la nuit ; d'autres se livrent seulement à leurs pansements ; d'autres les soignent, préparent leurs medicaments, apprêtent leurs repas et leur distribuent des secours ; d'autres leur procurent des vêtements ; quant à celles qui font un service dans les hôpitaux et les hospices, il faut les avoir vues journellement à l'œuvre ou en avoir reçu les soins pour comprendre tout ce qu'il y a de dévouement dans les cœurs religieusement voués à la pratique de la plus parfaite charité ou fraternité.

L'*Œuvre du Mont-de-Piété* met les familles malheureuses et principalement les pauvres honteux en mesure de retirer les objets de première nécessité déposés dans l'établissement de ce nom.

V

De tous les *amis de l'humanité* qui ont consacré leur zèle à l'amélioration du sort des pauvres, nous ne citerons ici que les principaux fondateurs des œuvres ou institutions qui fonctionnent aujourd'hui. A l'honneur de leur ardente charité et de celle de leurs successeurs ou imitateurs, nous n'en connaissons pas qui aient disparu autrement que pour se transformer ou se fondre dans des œuvres plus importantes ; les différents âges et les plus touchantes situations n'ont pas cessé d'en profiter.

On ne pouvait pas s'occuper de l'enfance avec des soins plus hâtifs et mieux entendus qu'en créant l'*Association des mères de famille* venant en aide aux pauvres femmes en couches, domiciliées à Paris, qui ne sont pas dans les conditions exigées par les bureaux de bienfaisance, et la société de Charité maternelle ; c'est ce qu'a fait Mme Badenier. La *Société protectrice de l'enfance*, présidée par M. le docteur Marjolin, encourage les mères à nourrir elles-mêmes leurs enfants, fait surveiller par des médecins les enfants envoyés en nourrice et donne des secours aux mères indigentes, mariées ou non mariées, sans distinction de religion.

La première crèche, ayant pour but d'aider les ouvrières à nourrir et élever elles-mêmes leurs enfants, a été fondée par M. Marbeau ; puis cet excellent citoyen a créé la *Société des crèches*, afin de propager l'institution; poussant ensuite la prévoyance jusqu'à fournir, par l'*Œuvre de la crèche à domicile*, des secours de diverses natures aux mères gardant leurs enfants nouveau-nés, il a réuni dans l'*Œuvre maternelle de Sainte-Madeleine* la crèche et l'asile gratuit, ainsi que l'ouvroir pour les femmes morales et pauvres.

La première salle d'asile pour recevoir les enfants pendant que leurs parents travaillent a été fondée par M. Denys Cochin. Mmes Mallet et Cochin distribuent, par l'*Œuvre des dames patronnesses des salles d'asile*, des vêtements, des chaussures et des aliments ; M. Piault, par la *Société charitable*, paie l'apprentissage des enfants les plus méritants des écoles de son arrondissement ; la *Société d'adoption* pour les enfants trouvés, abandonnés ou orphelins, présidée par M. Blanche, recueille des petits garçons pour les occuper, instruire et placer à la campagne. M. le marquis de Gouvello a fondé la *Société de patronage des orphelinats agricoles*. Mme de Barthélemy et Mme la baronne Dubois ont créé deux *orphelinats de jeunes filles*. Mme la comtesse de la Bouillerie pourvoit gratuitement, par l'*Œuvre Sainte-Anne*, aux besoins matériels et moraux des jeunes filles pauvres abandonnées ou orphelines de la ville de Paris. Mme la comtesse de Carcado fait adopter gratuitement, par l'*Œuvre des enfants délaissées*, les jeunes orphelines de mère, sans protection et sans appui, et M. le comte de Nouailles, par l'*Œuvre Saint-Nicolas*, fait diriger par d'habiles contre-maîtres l'apprentissage des professions les plus diverses. L'heureuse initiative de ce dernier, datant de 1827, a été le point de départ de la fondation en France de très nombreux orphelinats pour toutes sortes d'industries ; tous se font remarquer par la bonne éducation et les progrès des élèves en instruction primaire et industrielle.

Au sortir de l'enfance, les mineurs, garçons et filles, ayant besoin de la protection étrangère, la trouvent dans le patronage de nombreux amis de l'humanité se distinguant sous l'anonymat par les œuvres les plus diverses; ce sont notamment celles dites : *Associations de jeunes gens*, présidée par M. le comte de Melun ; *Patronages des jeunes ouvrières*, présidés par Mme la baronne de Ladoucette ; *Société de protection des apprentis et des enfants employés dans les manufactures*, présidée par M. Dumas ; *Société des amis de l'enfance pour l'éducation et l'apprentissage des jeunes garçons pauvres de la ville de Paris*, présidée par M. le comte de Béthune ; *Société d'apprentissage de jeunes orphelins*, présidée par M. Dubail ; *Association pour le placement en apprentissage et le patronage des enfants des deux sexes*, présidée par M. Ducholet ; *Œuvre de Saint-Jean pour l'apprentissage des jeunes garçons*, présidée par M. le comte de Lambel ; *Patronages des jeunes apprentis et des jeunes ouvriers de la Société de Saint-Vincent de Paul.*

Lorsque la première éducation n'a pas pu corriger les mauvaises inclinations des enfants, on est obligé de recourir aux moyens de correction qui sont employés, pour les garçons, dans les colonies pénitentiaires et quartiers correctionnels, et, pour les filles, dans d'autres établissements spéciaux.

La *colonie agricole et pénitentiaire de Mettray*, fondée par M. de Metz et M. le vicomte de Bretignières de Courteilles, est le premier établissement de son genre créé en France. Les jeunes délinquants, durant leur séjour, sont sous le patronage de la *Société paternelle*, qui s'occupe de leur éducation morale, religieuse, agricole et professionnelle, et qui, après leur sortie, exerce sur eux une tutelle bienveillante. A côté se trouve une *Maison paternelle* destinée à recevoir les fils de famille indisciplinés et les élèves paresseux qui sont à redresser dans leur caractère et à réformer dans leurs habitudes, tout en leur faisant continuer leurs études. Les peines de la première colonie en ont fait établir beaucoup d'autres.

Il existe sous la présidence du docteur Désormeaux une *Société de patronage pour les jeunes détenus et les jeunes libérés du département de la Seine*, cherchant à maintenir dans les habitudes d'une vie honnête et laborieuse les jeunes garçons sortant des maisons d'éducation correctionnelle du département de la Seine et les délinquants remis auparavant par l'autorité administrative; complétant leur éducation morale et religieuse ; leur procurant un placement et les confiant au patronage de certains des membres de la société.

M. de Lamarque a fondé la *Société générale pour le patronage des libérés*, ayant pour but de procurer du travail et ramener aux habitudes d'une vie honnête et réglée les condamnés des deux sexes ayant manifesté en prison des sentiments de repentir.

Le *Comité de patronage des prévenus acquittés,* créé par MM. de Metz, Lamy, Rigal, Cazenave et Picot, magistrat, procure un asile temporaire et du pain à un certain nombre de prévenus paraissant dignes d'intérêt, qui ont été mis en liberté par les juges d'instruction ou acquittés par les tribunaux de Paris.

Une simple ouvrière, Mlle Léocadie Lavarde, a fondé le *Petit ouvroir de Saint-Vincent-de-Paul* pour les petites filles pauvres, orphelines ou délaissées, chez lesquelles se manifestent de précoces dispositions au vice et qui, pour cette cause, ne sont pas reçues dans les ouvroirs ou orphelinats ordinaires. Mlle Chapin a créé l'*Œuvre du refuge de Sainte-Anne* dans le but de secourir les filles égarées, en les gardant un certain temps dans sa maison pour leur donner des habitudes de religion, d'ordre, de régularité et de travail.

M. le baron de Gérando, dans l'*Asile ouvroir* qui porte son nom, admet les jeunes filles victimes d'une première faute et que leur état d'abandonnées expose, à la sortie de l'hôpital, à tous les dangers de la corruption et de la misère. Par leur *Société de patronage* Mmes de Lamartine, m^se^ de Lagrange et Lechevallier font recueillir les jeunes filles détenues ou libérées du département de la Seine, pour leur donner une éducation religieuse et réformatrice.

L'institution dite *Maison et Œuvre du bon Pasteur,* reconstituée par Mme la marquise de Croisy, s'occupe de ramener au bien les jeunes filles tombées dans le désordre qui veulent revenir à une vie honnête.

Les bonnes résolutions prises au sein de l'éducation, de la préservation ou de la correction ne se maintenant pas d'elles-mêmes, et sans de nouveaux patronages, les *amis de l'humanité* ne sont point restés en retard sur ce point; seulement la fondation de la plupart de leurs œuvres ne se personnifie pas dans un individu ou dans plusieurs, étant donné que nous ne citons ici que des laïques; nous rapportons les suivants comme rentrant dans la règle

La *Société des institutions de prévoyance,* fondée par MM. Hippolyte Passy, de Malarce et autres, poursuit et favorise l'étude comparée des législations, des procédés et des faits relatifs aux institutions de prévoyance dans les diverses parties du monde, encourage les institutions fondées ou à fonder à cet effet; aide à leur développement et propage les voies et moyens reconnus les plus propres à répandre des habitudes conformes à son but. M. le vicomte de Melun, de son côté, s'occupe, dans la *Société d'économie charitable*, de l'étude et de la discussion des différentes questions qui se rattachent à l'économie sociale, à l'assistance publique et à la charité privée.

L'idée première de la *Caisse d'épargne* a été émise en 1611 par M. Hugues Delestre, conseiller du roi, qui en fit l'objet d'un ouvrage. Elle fut mise en pratique pour la première fois à Hambourg, en 1778, d'où l'institution se propagea en Allemagne, en Suisse, en Suède et en Angleterre. Cette idée ne fut agréée en France qu'en 1817, aux termes d'une ordonnance du 25 juin approuvant des statuts privés. M. Delessert et M. le duc de Larochefoucauld-Liancourt l'accueillirent à Paris, en 1818, et y fondèrent la *Caisse d'épargne*.

M. de Malarce a publié en 1874 le « Manuel des caisses d'épargne scolaires en France établies dans le but d'exercer les écoliers aux vertus d'ordre, d'économie et de sobriété qui doivent contribuer efficacement à assurer une bonne éducation populaire ». Il a fondé l'*Institution des bureaux d'épargne des manufactures et ateliers* qui ont pour but de mettre le service d'épargne à la portée des ouvriers et ouvrières des grands établissements où ils travaillent, en leur procurant l'avantage de déposer leurs épargnes, sans déplacement et sans perte de temps, à l'instant et à l'endroit même où ils viennent toucher leurs salaires, et en leur ménageant les mêmes facilités pour les retraits.

Sous le nom de *Caisse des loyers*, la Société de Saint-Vincent-de-Paul reçoit, chaque semaine, les sommes les plus minimes, afin de les mettre en sûreté contre les tentations de dépenses auxquelles les pauvres pourraient être exposés, pour les rendre, avec une sorte de prime, au moment de l'échéance du terme.

La *Société de protection*, présidée par M. le comte

d'Haussonville, vient en aide aux nombreux Alsaciens-Lorrains émigrés pour rester français.

La *Société charitable de Saint-François-Régis*, fondée par M. Gossin, facilite le mariage civil et religieux des indigents du diocèse de Paris et la légitimation de leurs enfants naturels. Cette société rayonne en France par des sociétés analogues. De plus, *la Société de Saint-Vincent-de-Paul* s'occupe également de la réhabilitation des unions illicites. Cette dernière fournit aide, conseil et secours à ses pauvres pour la défense ou la réclamation de leurs droits par l'*Œuvre de l'avocat des pauvres ;* elle met la plume et l'intelligence à leur disposition par l'*Œuvre du secrétaire des pauvres.*

M. le comte de Madre a créé l'*Œuvre des bibliothèques des sous-officiers et soldats*, pour procurer des livres aux hôpitaux militaires, aux casernes et aux corps de garde.

L'*Œuvre des prisons*, fondée par Mlle de Lamoignon, cherche à améliorer les prisonniers et à les diriger dans la bonne voie en leur procurant du travail après leur libération.

L'*Œuvre de Notre-Dame de Bethléem* a été fondée par Mlle Janvrain pour recueillir provisoirement, sans condition et gratuitement, les femmes et les filles qui se trouvent sans pain, sans domicile et sans ouvrage. De son côté, M. de Cormenin a créé la *Société de patronage* pour le renvoi dans leurs familles, sans acception de personnes, sans distinction de culte, des jeunes ouvrières sans ouvrage, domestiques sans place, sous-maîtresses sans emploi, veuves ou femmes délaissées, sans moyen d'existence et exposées à tous les dangers de la misère et de l'isolement.

La *Société nationale d'encouragement au bien*, présidée par M. Giraud, a pour but de propager dans toutes les classes les principes de la religion, de la moralité, les habitudes d'ordre, d'économie et de dévouement.

L'*Association française*, présidée par M. Passy, prémunit toutes les classes de la société, tous les âges, et principalement la jeunesse, contre les dangers du tabac et des boissons alcooliques. La *Société française de tempérance*, présidée par M. le docteur Bouillaud, combat les progrès incessants et les effets désastreux de l'ivrognerie.

Les secours à domicile donnés aux pauvres ont pour but d'empêcher le vagabondage et la mendicité, et de faire en sorte que de telles habitudes ne se prennent pas et surtout ne passent pas à l'état d'industrie.

La *Société de Saint-Vincent-de-Paul,* fondée par des jeunes gens chrétiens qui, pour sauvegarder l'intégrité de leur foi et la pureté de leurs mœurs, se réunirent dans la pratique de la fraternité et de la charité envers les pauvres, en se propageant en France par des conférences uniformes et par les *œuvres* des *Fourneaux économiques,* des *Vestiaires.* des *Dispensaires,* et des *Pauvres visités et secourus à domicile,* a fait immensément pour la sanctification de ses membres, le soulagement des misères spirituelles et temporelles des malheureux, et pour l'extinction de la mendicité.

La *Société philanthropique,* présidée par M. le comte de Mortemart, soulage les besoins des pauvres et leur prépare des ressources pour l'avenir ; elle a *six dispensaires* desservant les uns trois, les autres quatre des arrondissements de Paris, et où, deux jours par semaine, sont données gratuitement des consultations médicales et chirurgicales. L'*Œuvre de la miséricorde*, créée par Mlle Dumartray, secourt les personnes qui, d'une position élevée ou aisée, sont tombées dans la misère.

La *Société de la providence,* présidée par M. de Courcelles, paie les suppléments de pension pour les vieillards des deux sexes placés à l'asile de la Providence. La *Société de secours aux blessés militaires,* présidée par M. le duc de Nemours, concourt par tous les moyens en son pouvoir au soulagement des blessés et des malades sur le champ de bataille, dans les ambulances et dans les hôpitaux. L'*Association des dames françaises pour les secours aux blessés militaires,* fondée par M. le docteur du Chaussoy, a pour but d'augmenter le nombre des infirmières dans les ambulances. La *Société de secours aux mutilés pauvres,* fondée par M. le comte de Beaufort, assiste les amputés nécessiteux en leur procurant des appareils appropriés à leur mutilation ou en les secourant par les moyens ordinaires de la charité. L'*Œuvre des pensions militaires,* présidée par M. le général Favé, vient au secours des anciens militaires blessés ou restés infirmes par suite du service, ainsi que des veuves de militaires morts de leurs blessures ou de maladie provenant du service.

La *Société centrale de sauvetage des naufragés*, fondée sous l'inspiration de M. le baron Gudin, peintre, présidée par M. le vice-amiral de Laroncière-le-Nourry, porte assistance aux naufragés sur les côtes de France, propage les principes et procédés de nature à sauvegarder l'existence des navigateurs en danger et étudie les causes des sinistres maritimes ainsi que les mesures pour en diminuer le nombre et, sur chaque point particulier, pour en éviter le retour.

La *Société des sauveteurs de la Seine*, présidée par M. Turquet, a pour but le sauvetage de toutes les personnes en danger de périr par suite d'accidents, de donner aux sociétaires malades les soins des médecins, les médicaments et une indemnité par journée de maladie ; d'accorder, en cas de décès, des secours aux familles et de constituer des pensions de retraite.

L'*Œuvre de la visite des malades dans les hôpitaux*, présidée par Mme la marquise de Gontault Saint-Blancard, s'occupe de la visite des malades et des convalescents, leur porte des secours, les met en rapport avec les œuvres de charité qui peuvent leur être utiles, et affermit en eux le bien moral opéré pendant leur séjour à l'hôpital. L'*Œuvre des pauvres malades dans les faubourgs*, présidée par Mme la marquise de Gouvion Saint-Cyr, visite les malades dans les paroisses les plus pauvres de Paris.

L'*Œuvre de l'hospitalité de nuit*, présidée par M. le baron de Livois, offre un abri gratuit et temporaire aux hommes sans asile, sans distinction d'âge, de nationalité ou de religion, à la seule condition d'observer les mesures de moralité, d'ordre et d'hygiène prescrites par un règlement, et soulage leurs misères physiques et morales. L'*Hospitalité de nuit*, fondée par la société philanthropique, offre un abri gratuit et temporaire, avec distribution de soupe à l'arrivée et au départ, aux femmes sans asile, quels que soient leur âge, leur nationalité ou leur culte, à la condition de suivre les règles de moralité, d'ordre et de propreté, ainsi qu'aux enfants les accompagnant.

Beaucoup d'hôpitaux destinés à recevoir et à traiter les indigents malades ont été fondés par des *amis de l'humanité ;* nous citerons notamment : l'hôpital Beaujon, œuvre de M. Beaujon ; l'hôpital Necker, œuvre de M. Necker ; l'hôpital Lariboisière, œuvre de Mme la comtesse de Lariboisière, tous ayant des lits et des berceaux ; l'hôpital militaire du Gros-Caillou, œuvre de M. le duc de Biron ; l'hôpital Saint-Jacques, œuvre de la Société médicale homéopathe ; l'hôpital homéopathique Hahnman, œuvre des médecins homéopathes ; n'ayant pas à y comprendre les hôpitaux fondés par les curés, évêques et têtes couronnées.

La convalescence des maladies a attiré l'attention de diverses personnes. Aussi une *Maison de convalescence*, créée par Mme la baronne de Ladoucette, reçoit les jeunes filles des patronages. Quant aux jeunes garçons, pour guérir radicalement, ils sont admis dans une *Maison de convalescence* fondée par M. le comte de Larochefoucauld et à l'*Orphelinat Saint-Louis*, établi dans une maison appartenant aux duc de Larochefoucauld, marquis de Juigné et comte de la Bouillerie. Nous ne pouvons pas oublier M. le baron de Monthyon, qui a légué une somme de cinq millions, représentée par une rente de 280,000 francs, pour être distribuée aux indigents à la sortie des hôpitaux.

Les pauvres incurables et infirmes trouvent des refuges chez des personnes compatissantes. Les hommes et les femmes sont reçus dans la *Maison de retraite de Larochefoucauld*, fondée sous les auspices de Mme la vicomtesse de Larochefoucauld. Dans la *Maison de retraite Chardon-Lagache*, fondée par les époux de ce nom, on admet des époux en ménage, des veufs ou veuves et des célibataires. A l'*Hospice Leprince*, créé par les époux de ce nom, on reçoit gratuitement des vieillards de 70 ans. L'*Hospice Devillas*, fondé par M. Devillas, recueille les indigents infirmes des deux sexes âgés de 70 ans, sans distinction de culte. L'*Hospice Lenoir-Joussereau*, fondé avec les dons de Mme Lenoir-Joussereau, pourvoit aux besoins des vieillards indigents des deux sexes.

M. le chevalier Micault de la Vieuville a créé l'*Asile*

de la Providence, pour servir de retraite aux vieillards des deux sexes ; Mme la duchesse de Bourbon a fondé l'*Hospice d'Enghien* avec la même destination ; M. Boulard a créé l'*Hospice Saint-Michel* pour 12 vieillards de 72 ans ; M. Brézin reçoit dans l'*Hospice de la Reconnaissance* les ouvriers des forges. La *fondation Tisserand*, du nom de celui qui a fourni les fonds pour son établissement, loge gratuitement des vieillards de 65 ans. L'*Hospice Greffulhe*, du nom de ses fondateurs les comtes de Greffulhe, reçoit des femmes de 70 ans.

L'œuvre qui s'est multipliée le plus rapidement en donnant d'excellents résultats est celle des *Petites Sœurs des pauvres*, fondée par deux jeunes ouvrières de Saint-Malo et une pauvre servante nommée Jeanne Jugan ; elle donne un asile gratuit aux vieillards indigents des deux sexes, en recueillant chaque jour par des quêtes à domicile les vivres, la desserte des tables, les dons de tous genres nécessaires pour subvenir à l'entretien des pensionnaires, l'argent étant excepté.

Sous le nom de *Notre-Dame des Sept-Douleurs*, Mme la princesse Mathilde a créé un établissement pour les jeunes filles pauvres infirmes et incurables du diocèse de Paris.

L'*Œuvre des dames du Calvaire* a été fondée par Mme Garnier à l'effet de réunir des dames veuves en une grande famille pour les sanctifier et les consoler par l'exercice de la charité, et pour soigner des femmes incurables, atteintes de plaies vives, qui ne peuvent être reçues ou gardées assez longtemps dans les hôpitaux.

La *Société centrale d'éducation et d'assistance pour les sourds-muets en France*, présidée par M. Devienne, s'occupe de l'amélioration du sort physique et moral des sourds-muets des deux sexes. La *Société générale d'éducation, de patronage et d'assistance en faveur des sourds-muets et des jeunes aveugles*, fondée par M. le docteur Blanchet, donne depuis l'enfance jusqu'à la vieillesse, aux sourds-muets sans fortune et aux enfants aveugles, sourds-muets-aveugles, l'assistance morale, intellectuelle et physique que leur position réclame. La *Société pour l'instruction et la protection des enfants muets par l'enseignement simultané des sourds-muets et entendants parlants*, fondée par M. Grosselin, inventeur de la méthode phonomimique, facilite l'enseignement de ses protégés avec d'autres enfants et leur existence au milieu de la société.

L'*Institution des bègues de Paris*, fondée par M. Chervin, corrige le bégaiement et les défauts de prononciation sans remède ni opération, mais par l'emploi d'une méthode de langage.

L'*Œuvre de patronage et asile pour les aliénés convalescents*, fondée par M. Falret, a pour but de venir en aide aux aliénés des deux sexes qui sortent des asiles du département de la Seine.

L'*Asile de Saint-Vincent-de-Paul*, fondé par M. le comte de Larnage, reçoit les indigents des deux sexes destinés à l'application d'un remède anti-épileptique.

La première idée des *cités ouvrières* nous est venue d'Angleterre ; en 1852, la société industrielle de Mulhouse, sur la proposition de M. Jean Zuber, fit étudier la question ; le rapport concluait en ces termes : « La commodité, la propreté d'un logement influent sur la moralité et le bien-être d'une famille. Celui qui ne trouve en rentrant chez lui qu'un misérable taudis, sale, en désordre, où il ne respire qu'un air nauséabond et malsain, ne saurait s'y plaire et le fuit pour passer au cabaret une grande partie du temps dont il dispose. Ainsi son intérieur lui devient presque étranger, et il contracte bientôt de funestes habitudes de dépenses, dont les siens ne se ressentent que trop, et qui aboutissent presque toujours à la misère. Si au contraire nous pouvons offrir à ces mêmes hommes des habitations propres et riantes ; si nous donnons à chacun un petit jardin où il trouvera une occupation agréable et utile, où, dans l'attente de sa modeste récolte, il saura apprécier à sa juste valeur cet instinct de la propriété que la Providence a mis en nous, n'aurons-nous pas résolu d'une manière satisfaisante un des problèmes les plus importants de l'économie sociale ? n'aurons-nous pas contribué à resserrer les liens sacrés de la famille, et rendu un véritable service à la classe si intéressante de nos ouvriers et à la société elle-même ? » Ce rapport détermina M. Jean Dollfus et quelques autres industriels à fonder la *Société mulhousienne des cités ou-*

vrières (1), qui en 23 ans a bâti 892 maisons, qui ont pu être acquises de suite et payées peu à peu par leurs habitants. Cette société a prospéré et produit un bien immense, parce qu'elle n'a pas eu l'idée de construire de grands bâtiments dans la ville même et de constituer une promiscuité funeste, non plus que de borner le rôle des ouvriers à rester locataires. Cé bel exemple d'une société conviant les pauvres à devenir propriétaires par la force de l'épargne volontaire a été suivi, en donnant les mêmes excellents résultats, à Guebwiller, à Beaucourt, à Roubaix, à Lille, au Havre.

Le même M. Jean Dollfus, considérant que l'usage des *bains* écarte des causes de maladie et de misère, et que la facilité pour une mère de famille de laver et faire sécher son linge est un grand avantage pour la classe ouvrière, a pris, en 1858, l'initiative des constructions de *bains et lavoirs publics* qui existent à Mulhouse. En 1872, des personnes dévouées ont fondé à Rouen l'établissement des *bains et lavoirs publics* de Saint-Sever.

Nous ne laisserons pas le sujet des *cités ouvrières*, ayant pour but de développer chez les travailleurs soit l'amour de la propriété immobilière, soit celui de la sécurité du foyer domestique, sans parler d'un stimulant, à quelques égards équivalant, pour celles qui voudraient se départir du maintien des ouvriers en simples locataires. Nous l'avons jugé en envisageant, d'une part, les inconvénients pour les fondateurs ou les sociétés créatrices de voir les maisons acquises tôt ou tard possédées par des personnes étrangères, ennemies ou indifférentes, et d'autre part, ceux, pour les ouvriers eux-mêmes, d'ex-

(1) A propos des cités ouvrières de Mulhouse et des associations fondées à Marseille, Lyon, Sédan, Grenoble et Nantes, et destinées à provoquer la création de sociétés nouvelles et à secourir les sociétés déjà formées, M. Jules Simon s'exprime ainsi dans *l'Ouvrière* : « Il n'y a pas de gouvernement au monde, quelles que soient sa force, sa bonne volonté et ses ressources, qui puisse faire pour l'extinction du paupérisme ce qu'a réalisé l'énergique initiative des citoyens à Mulhouse, à Lyon, à Grenoble, à Sédan, à Marseille. Ce n'est pas une raison pour ne pas applaudir aux efforts tentés depuis plusieurs années pour propager les associations de secours mutuels. L'administration ne peut pas remplacer le zèle ; elle doit craindre de le rendre impuissant et inutile; mais elle rend un grand service en l'aidant et en le provoquant. »

poser leurs enfants à liciter les immeubles achetés pour en partager la valeur, et à faire, pour atteindre ce but, des frais judiciaires qui absorbent la meilleure partie de la succession ou de la communauté, quand la totalité n'y passe pas. Ce moyen, qui peut être l'objet d'une convoitise fort appréciable, consisterait à rendre les ouvriers d'abord locataires à prix se divisant ainsi : partie pour le loyer et partie à verser à une caisse convenue ; de telle sorte qu'après la réalisation d'un *maximum* d'économie fixé d'avance, le *droit d'usage et d'habitation* fût irrévocablement acquis au locataire. Ce procédé qui assurerait la jouissance viagère pour le mari et pour la femme d'une maison agréable et de ses dépendances, moyennant une rétribution se confondant avec le prix de location, serait tout à la fois favorable à chacun des père et mère, puisque le survivant d'eux ne serait pas dépossédé comme dans le cas d'une indivision survenante, et aux enfants, puisqu'ils auraient à se partager sans frais les valeurs mobilières dont leurs parents n'auraient dû et pu consommer que les revenus.

Enfin ces divers et excellents moyens peuvent encore être suppléés par l'extrême modicité des prix de location, plutôt établis pour empêcher la prescription de la propriété au profit des possesseurs. que pour constituer une rémunération de jouissance ; plutôt pour faire partie des générosités simulant une participation aux bénéfices et faites annuellement à leurs ouvriers par des manufacturiers, au nombre desquels nous pouvons citer M. Bapterosses à Briare, que pour figurer dans l'actif des maisons industrielles. Ce dernier s'est aussi signalé comme bienfaiteur de ses ouvriers, en fondant pour eux un établissement de bains.

Dans l'ensemble des œuvres privées et indépendantes, mais où cependant le sentiment religieux est l'inspirateur de la générosité, du dévouement et du sacrifice, sur l'existence desquelles nous sommes fixé, sans compter qu'il y en a beaucoup d'autres, et que toutes ont des succursales ou imitatrices, nous ne trouvons pas moins de 351 titulaires des bureaux de gérance en présidents, trésoriers et secrétaires. Nous n'avons pas additionné non plus les *œuvres presque toutes anonymes et très nombreuses, dont le culte protestant est le libéral moteur*, et *l'œuvre dite hôpital et hospice israélite*, fondée par M. le baron de Rothschild pour les malades, les incurables et les vieillards des deux sexes.

Nous sommes entré dans de grands détails sur les œuvres des *amis de l'humanité*, quoiqu'ils soient forcément très incomplets, pour mieux faire saisir tout ce qu'on pourrait attendre de la mesure que nous proposerons à la fin de ce mémoire, non pour altérer ou détruire par concurrence une seule de ces œuvres admirables qui toutes sont à conserver et à étendre, mais pour en généraliser les principes et les applications, pour y trouver des lacunes et pour les remplir.

VI

Les devoirs que doit s'attribuer le gouvernement (1) dans la solution du problème du paupérisme ne sont pas moins importants que ceux qui incombent à la religion, quoique s'accomplissant dans des conditions différentes, tout en visant le même but. Son rôle est tout tracé dans une certaine manière d'imitation de ce que font les ministres de la religion. Celle-ci a procédé de tout temps, en matière d'instruction et de morale, avec une sagesse si grande, que les personnes irréligieuses peuvent y découvrir un degré de perfection tel qu'il serait de nature à déterminer dans leurs âmes des sentiments de profonde réflexion sur la cause qui a pu en amener les progrès. Or, il ne serait pas raisonnable de croire que la société civile pût concourir efficacement à la diminution de l'intensité du paupérisme par des moyens plus sûrs que la moralisation des personnes. Cette amélioration sociale peut être assurée par les enseignements répandus dans le premier âge par les agents scolaires du gouvernement, par la mise en lumière des bonnes traditions et des bons exemples des parents et des hom-

(1) Sous la rubrique des *devoirs de l'État* nous comprenons ceux du département et de la commune, qui n'agissent que sous son impulsion ou son approbation.

mes moraux, et par la suppression entière ou au moins partielle des causes qui suscitent ou entretiennent les débauches.

Nous disons donc que l'enseignement de la morale par les laïques ne peut pas être autre que celui des ministres du culte; de même il doit être accompagné de celui de la religion; les préceptes qui découlent de ce double enseignement sont corrélatifs. Pour nous, laisser la religion dans l'oubli vis-à-vis d'enfants qui sont aspiration et candeur, ou professer qu'il n'y a pas un créateur de toutes choses auquel se puisse reporter des adorations; qu'il n'y a aucune espérance à fonder sur l'existence d'un monde meilleur; que la nature humaine n'a qu'à jouir et souffrir de sa condition terrestre, et qu'elle n'a rien à redouter, surtout dans l'avenir, pour les méfaits qu'elle saurait cacher dans le présent, ce serait démoraliser l'enfance, puisque ce serait substituer à l'idée divine de la distinction du bien et du mal (1), celle d'une prescription civile et pénale qui pourrait être impunément enfreinte par la subtilité de l'esprit ou de l'adresse ; ce serait tendre à l'effacement de ce que la conscience repousse même quand, à défaut de culture, elle se rapproche de l'instinct de la brute. Nous ne ferons jamais à aucun gouvernement l'injure de croire qu'il puisse avoir la pensée de s'éterniser sans s'appuyer sur la religion et la morale, et sans prendre les mesures nécessaires pour conjurer, dans la limite du possible, les dépravations et corruptions dissolutives de l'état social.

Les méthodes à employer pour cet enseignement mo-

(1) La *Morale rationnelle*, p. 110, nous enseigne que : « Tous les hommes ne peuvent être des moralistes, ni faire de la recherche du bien et du mal leur principale occupation; mais tous doivent prendre part à cette recherche et y consacrer une portion de leur temps, de manière à se tenir au niveau de la science. Aucune occupation n'importe davantage au bon ordre de la société, car c'est la communauté de croyances morales qui unit les hommes, et la divergence de croyances morales qui les éloigne et les rend ennemis. Chercher la science du bien et du mal, c'est, à parler proprement, se livrer à la prière et au culte, puisque c'est chercher à connaître Dieu pour se conformer à ses lois. Ce n'est pas trop d'y employer, comme les chrétiens, quelques moments au moins chaque jour et un jour par semaine. »

ral ne peuvent pas être spécifiées dans le cadre de notre travail ; nous n'avons qu'à souhaiter pour elles les meilleurs résultats, à résumer ce qui existe en matière d'instruction, et à signaler les points sur lesquels il y aurait des mesures à prendre.

Lorsque l'enfant a traversé la crèche et l'asile, établissements qui relèvent plus de l'assistance que de l'instruction, comme cela s'induirait au besoin d'une décision ministérielle qui attachait des maîtres et des maîtresses à chacun des bureaux de bienfaisance de la capitale, il arrive à l'école ; garçon, il est en âge et en mesure de recevoir successivement, en des cours élémentaire, moyen et supérieur, des leçons de lecture, d'écriture, de langue française, de calcul, de système légal des poids et mesures, d'arithmétique appliquée aux opérations pratiques, d'histoire et de géographie ; fille, elle peut y joindre les travaux à l'aiguille et suivre des cours spéciaux de coupe et d'assemblage. Dans un grand nombre d'écoles communales, les élèves reçoivent des leçons de dessin linéaire, de chant et de gymnastique. Dans toutes il a été créé des bibliothèques. Quant aux écoles, elles sont déjà par toute la France assez nombreuses pour qu'aucun enfant ne soit plus privé de l'instruction gratuite. Des classes d'adultes des deux sexes sont également très multipliées. Deux œuvres considérables font des cours à l'usage des adultes de la classe ouvrière : ce sont les associations polytechnique et philotechnique.

L'Etat ne se préoccupe pas seulement de l'enfant et de l'adulte valides ; il porte sa sollicitude sur les infirmes. Il entretient l'institution nationale des jeunes aveugles pour les deux sexes, et trois institutions nationales des sourds-muets, dont une pour les garçons, une pour les filles et la troisième pour filles et garçons, dans lesquelles institutions sont placés des enfants indigents pour y apprendre à lire et à écrire par des procédés particuliers, et pour y recevoir une instruction professionnelle.

Il existe une catégorie d'enfants particulièrement intéressante : c'est celle des orphelins. Pour leur venir en aide, il y a des œuvres où les pauvres sont reçus gratuitement. Ce sont : l'*Œuvre des orphelines de la marine*, remontant à 1694 et prenant 40 orphelines; l'*École des enfants de troupe*, ayant pour but de préparer à la profession des armes; l'*Établissement des pupilles de la marine*, recueillant, élevant et dirigeant vers la profession maritime les orphelins et les enfants légitimes des gens de mer; l'*École des mousses de la flotte*, recevant pour les instruire les fils de marins et militaires; l'*École des mousses*, instruisant les enfants dans la profession maritime; les *Écoles pratiques d'agriculture*, enseignant l'art de la culture; plus un grand nombre d'*orphelinats* et d'écoles professionnelles pour filles et garçons, où les écoliers reçoivent, outre l'instruction primaire, un enseignement professionnel variant avec les lieux où ils sont fondés, sur beaucoup de points de la France.

Comme il est facile de le constater, il a été pourvu, dans de larges proportions, à l'instruction gratuite pour les enfants dociles; mais les indociles et les pervers, sans être complètement oubliés, n'ont pas été l'objet d'une grande préoccupation, alors cependant que l'ignorance est infiniment moins funeste que l'immoralité. Au lieu d'avoir à offrir à la correction paternelle prévue par les articles 375 et suivants du code civil, et qui devient chaque jour plus nécessaire par une suite naturelle du relâchement général des mœurs, des écoles d'une discipline sévère, mais ne tranchant pas autrement avec les autres, l'Etat met à la disposition des pères soucieux de préserver leurs enfants, à Paris, un quartier séparé de la maison pénitentiaire de la Roquette, pour les garçons, et le *Refuge de Notre-Dame de Charité dit de Saint-Michel*, pour les filles catholiques, et la maison protestante des *Diaconnesses*, pour les filles protestantes, et dans la plupart des départements, des chambres particulières dans les maisons d'arrêt.

Les enfants pervers (1), et qui sont le plus souvent

(1) Aux Etats-Unis et en Angleterre, il y a des *écoles de réforme* pour la moralisation des petits vagabonds et des petits mendiants de 11 à 14 ans, dépourvus d'appuis et fréquentant des gens mal famés. Dans ces écoles, on donne l'instruction élémentaire, on leur apprend un métier, on les soumet à l'action bienfaisante des patronages, et on les soustrait ainsi à la prison et à la corruption.

tels parce qu'ils ont été abandonnés dès la plus tendre enfance à leurs mauvaises inclinations, lorsqu'ils sont traduits en justice sous l'inculpation de crimes ou de délits, à un âge inférieur à 16 ans, sont, suivant les circonstances, acquittés comme ayant agi sans discernement ou condamnés par le motif opposé. Dans le premier cas, ils peuvent être remis à leurs familles, si elles présentent des garanties de moralité, ou envoyés dans une maison de correction pour y être détenus et élevés pendant un temps déterminé. Dans le second cas, ils subissent leur temps de détention dans un quartier spécial de chaque prison départementale, s'il est limité à six mois et au-dessous ; dans une colonie pénitentiaire, s'il ne dépasse pas deux ans, et dans un quartier correctionnel, s'il excède ce maximum (articles 66 et 67 du code pénal). Il y a pour les garçons cinq colonies pénitentiaires publiques et cinq quartiers correctionnels, contre 28 colonies pénitentiaires privées, et, pour les filles, deux établissements publics contre 18 privés. Il résulte de ce qui précède que la meilleure part est faite à la correction, tandis que, suivant nous, elle devrait être pour la réhabilitation et surtout pour la préservation.

A Paris, la transition entre l'école et l'atelier a été ménagée par l'institution dite *École préparatoire à l'apprentissage*, subventionnée par la ville, qui, à l'enseignement primaire, ajoute des éléments de physique, de chimie et de mécanique, et qui commence à faire travailler le bois et le fer.

La protection des enfants a fait promulguer des lois en 1874 et des décrets postérieurs fixant l'âge et les conditions de leur emploi dans les manufactures, usines, ateliers ou chantiers, comme des exercices de dislocation et des tours de force périlleux. Pour empêcher qu'ils soient indignement exploités et détournés du travail, qui seul peut assurer leur bien-être, la loi punit ceux qui, ouvertement ou sous l'apparence d'une profession, les occupent au-dessous de 16 ans à la mendicité habituelle, parce qu'ensuite ils sont par eux-mêmes répréhensibles s'ils exercent un pareil métier.

L'éducation et l'instruction étant, dans beaucoup de cas, impuissantes à sauvegarder les adultes contre la misère provenant des plus dangereux écarts, nous allons passer à ce qui concerne le combat ou la suppression des causes principales, plus ou moins directes, de l'apparition de la pauvreté dans les familles et de son développement dans la société.

§ I.

Nous avons déjà dit que l'*ivresse*, et à plus forte raison l'*ivrognerie*, qui en est l'état habituel, était une de ces causes. Cette énonciation nous conduirait à faire le récit de ce qu'elle a été dans tous les temps , c'est-à-dire à produire l'histoire de l'intempérance, en nous aidant des documents anciens et nouveaux pour déterminer les lieux où elle s'est montrée à l'état endémique, pour connaître les matières enivrantes et les abus qui en ont été faits ; mais, au lieu de trouver quelque utilité à l'emploi de ce procédé, nous y verrions des inconvénients. Il est plus conforme au but que nous nous proposons de dire tout simplement les moyens qui ont été employés pour en calmer l'intensité ou la propagation dans les temps reculés et dans ceux postérieurs.

Les Chinois, qui ont connu les premiers l'art de la distillation des spiritueux, punissent et flétrissent l'ivresse ; ils attribuent tous les maux aux excès du vin et défendent de s'attrouper pour en boire, à peine de châtiment exemplaire (1). En Grèce, les lois de Dracon et de Solon édictaient la peine de mort contre l'ivresse. Aristote approuvait le châtiment double pour les fautes commises en état d'ébriété. Platon interdisait l'usage du vin aux enfants de moins de 18 ans.

Les Romains punissaient durement l'ivrognerie ; sous l'influence des termes d'une loi de Romulus et de l'idée que l'ivresse était le premier pas conduisant aux débordements, le titre du divorce de la loi des XII Tables permettait au mari de répudier sa femme lorsqu'elle avait bu du vin. Les sévérités s'étant peu à peu adoucies, les lois somptuaires, rendues depuis la censure de Caton, eurent

(1) M. Brillaud-Laujardière, *De l'ivresse*, 34.

pour but de combattre de nouveau l'ivresse, qui finit cependant par se faire considérer avec moins d'horreur et par justifier les lois qui punirent ses actes moins gravement que ceux commis de sang-froid.

Les Capitulaires de Charlemagne atteignaient corporellement les ivrognes et les obligeaient à ne boire que de l'eau et à vivre hors de toute société pendant un temps déterminé ; les crimes commis en état d'ivresse n'étaient pas excusés.

Dans les premiers temps du moyen âge, on buvait de l'hydromel aromatisé ; les prescriptions de l'Ecriture sainte et des Pères de l'Eglise parurent alors exercer une influence salutaire et faire apprécier les avantages de la tempérance.

Jusqu'au XIIIe siècle, époque où se produisit l'alcool inventé par un alchimiste arabe, l'abus du vin, de la bière, du cidre et des liqueurs enivrantes affectait bien l'organisme en excitant les sens, en troublant la raison et la régularité des mouvements, mais l'ivresse ne rendait pas l'homme hébété, semblable à la brute, et ne lui faisait pas commettre des actes de férocité.

Pendant longtemps on se servit de l'alcool comme d'un poison, puis comme d'un médicament; l'idée qu'étendu d'eau il pouvait retarder la vieillesse, prolonger la vie et conjurer la mort, lui fit donner le nom d'*eau-de-vie*. Au XVIe siècle, l'usage s'en répandit, et tout aussitôt l'abus. Presque immédiatement fut créé en Allemagne l'*ordre de la tempérance*, ayant pour but de prohiber l'eau-de-vie et d'encourager l'usage du vin, de la bière, du cidre et d'autres boissons. Des mesures très sévères furent ensuite prises, suivant les pays. Ainsi on prohiba la vente de l'eau-de-vie sous des peines ou amendes qui atteignaient les aubergistes et marchands laissant les gens s'enivrer. En quelques localités, on coupait les cheveux aux femmes trouvées ivres ; ailleurs la vente de l'eau-de-vie était limitée ; les débitants encouraient des amendes pour chaque infraction commise et pour en vendre à crédit ; la récidive a été punie par les travaux forcés avec ou sans réclusion ; les réunions de buveurs ont été interdites et les amendes versées dans la caisse des pauvres ; les codes militaires ont puni pour ivresse les soldats de l'emprisonnement et les officiers de la réforme.

En Suède, en 1775, la distillation devint un monopole, d'abord mis en régie, puis exercé par le gouvernement lui-même ; au XIXe siècle, les dangers et les ravages de l'alcoolisme s'accentuant, il fut édicté contre les ivrognes des amendes pour la première fois, et de la prison pour la récidive ; l'ivrognerie fit perdre le droit d'être enterré dans un cimetière ; il ne fut délivré de licence pour vendre l'eau-de-vie qu'à des personnes jugées incapables de favoriser l'ivresse. En Russie, u XVIIIe siècle, l'alcoolisme, appelé *furor bibendi*, ou dipsomanie, augmentant, fit condamner l'ivrogne à l'amende et à un service public. En Angleterre, on prescrit une grande sévérité pour les sophistications de boissons et une grande restriction de licences pour l'exploitation des débits. Les Etats-Unis ont absolument supprimé la vente en détail des liqueurs spiritueuses ; ils traitent les ivrognes comme des aliénés, en les plaçant dans des hôpitaux spéciaux et en faisant administrer leurs propriétés. La loi punit d'amendes les débitants donnant à boire à des ivrognes.

En France, en 1373, apparurent des tarifs grevant les boissons de droits très lourds, et la réglementation des débits dans l'intérêt de la salubrité publique ; les ivrognes étaient fouettés, soit en prison, soit en public ; à la 3e fois, s'agissant d'un ivrogne incorrigible, la peine était l'amputation d'oreille, l'infamie et le bannissement de sa personne. Les cabaretiers étaient passibles d'amendes arbitraires ; ils vendaient le vin à pots pour être bu en famille ; les dettes de cabaret étaient nulles. En 1680, les entrées d'eau-de-vie furent frappées du droit de 45 livres ; en 1713, la distillation du cidre, du poiré, du marc de raisin et des lies fut interdite.

La loi du 15 brumaire an II, relative à la marine, vint punir de trois jours de fer les matelots ou soldats coupables d'avoir, étant ivres, troublé la tranquillité publique, et de la privation de leurs grades, les officiers se trouvant dans le même cas. Un règlement du 2 novembre 1833, sur le service intérieur des troupes, a puni l'ivresse en tant que troublant l'ordre.

A mesure que la distillation des matières végétales

s'est étendue avec l'ardeur du profit industriel et commercial, et a livré à la consommation des essences et des esprits de provenances diverses et de salubrité plus ou moins douteuse, les gouvernants et les gouvernés virent bien diminuer les gages de leur confiance dans les objets où des produits si variés pouvaient être assimilés, et établirent alors des réserves sur la valeur hygiénique de ces nouvelles acquisitions chimiques ; mais ce n'est qu'après l'usage que l'on a été réellement fixé sur le danger général de leur fréquente absorption et sur les funestes effets inhérents à quelques-uns. Deux liqueurs terribles : l'*absinthe* et le *vermouth*, sont surtout à redouter. L'absinthe produit rapidement l'ivresse, agit sur le système nerveux d'une façon plus nuisible que l'eau-de-vie, et cause l'épilepsie, les maladies mentales. Cette boisson a paru à tous les médecins la plus dangereuse de toutes, parce qu'elle emprunte ses propriétés nuisibles tant à l'alcool concentré qu'à des huiles essentielles, et surtout à l'absinthe. L'ensemble des accidents qu'elle entraîne s'appelle l'*absinthisme*. Le *vermouth* trouble les fonctions digestives et produit des désordres dans le système nerveux.

L'alcoolisme a été reconnu, dans des symptômes pathologiques causés par l'abus, comme présentant une intoxication, une véritable entité morbide propre à figurer dans les cadres nosologiques. Occasionnant l'épilepsie, la phthisie pulmonaire, l'aliénation mentale, le rachitisme, l'idiotisme, la misère, il était naturel que des effets pareils motivassent de toutes parts des réclamations énergiques, tendant à faire mettre en œuvre les moyens les plus sûrement préservatifs. Une campagne a été entreprise dans les intérêts de la famille et de la société par M. le docteur Roussel, député, pour obtenir la répression de l'ivresse, la surveillance sévère des débits de boissons et des taxes spéciales fort lourdes et capables d'entraver l'alcoolisme ; c'est pour atteindre ce but que la loi du 23 janvier 1873 a été votée. En édictant contre les ivrognes et leurs complices, les cafetiers, cabaretiers et autres débitants, des amendes de contravention, puis des peines correctionnelles et des privations de droits pour des cas de multiples récidives, cette loi n'a pas produit tout l'effet qu'on en espérait. Bien évidemment des procès-verbaux ont été dressés en grand nombre, mais l'ivrognerie n'a pas pour cela perdu de son intensité. Dans les campagnes comme dans les villes au-dessous de 8 mille âmes, où tous les ivrognes sont connus, excessivement peu introuvés, relaxés ou condamnés, n'ont encore prouvé par le retour de la sobriété originelle, comme par le moindre changement favorable, que la loi soit efficace ; d'ailleurs, ne s'appliquant qu'à l'ivresse manifeste dans les rues, chemins, places, cafés, cabarets et autres lieux publics, elle ne s'occupe en réalité que d'une question de degré dans l'enivrement ou l'alcoolisme, et nullement de combattre la propension à boire sans soif qui, par l'abus des boissons nuisibles, se convertit toujours en ivrognerie.

Pour résoudre ce problème, il faut considérer que les boissons alcooliques, prises avec autant de fréquence que peu de ménagement, ont la propriété d'exciter la soif, au lieu de l'étancher, en enflammant l'épiglotte, les amygdales, le larynx, le pharynx et l'œsophage, et en causant des irritations aux parois de l'estomac ; d'où il suit qu'un individu ainsi altéré par le moyen même employé pour apaiser un besoin simulé développe chez lui une ardeur inextinguible, contre laquelle il est ensuite incapable de lutter, et qui finit par le plonger dans un dégoûtant état de prostration. Ce n'est donc pas la modération dans le boire sans manger qu'il faut imposer aux ivrognes, puisqu'on sait d'avance que, par les spiritueux, ils sont insensiblement conduits à contrevenir à la loi qu'ils se feraient, en temps de raison dominante, de se montrer tempérants. On ne réussirait, en leur donnant des conseils, que si l'on déterminait chez eux la volonté inébranlable de ne pas s'allécher eux-mêmes et de renoncer complètement à user des boissons dont ils sont enclins à faire abus (1).

Du moment que par leur composition naturelle ou factice des boissons attaquent à la fois la force du corps et les facultés intellectuelles, et contiennent des principes

(1) Nous avons, sur le fait d'une pareille résolution, l'exemple remarquable des néphalistes qui, dans certaines villes, vivent heureux et contents dans la privation la plus absolue des boissons alcooliques.

d'une appétence particulière conduisant à l'habitude d'en abuser, il nous semble que ce serait par leur interdiction partielle ou absolue ou leur mixtion qu'on arriverait à amoindrir (1) l'ivresse. La pratique du mélange ne serait pas nouvelle, étant journellement employée par les hommes sages et sobres, appliquée par les pères et mères et par les chefs des institutions scolaires, libres ou officielles, qui, à cet égard, les remplacent si parfaitement dans l'éducation de leurs enfants, sans compter que la marine fait distribuer sur mer à ses équipages un mélange d'eau et de vin sous le nom de breuvage. Quelle difficulté peut-il se présenter, en effet, pour que les débitants soient obligés, sous des peines corporelles ou amendes, de mêler à leurs marchandises, suivant le minimum d'un dosage légal, non pas des matières solides ou liquides, telles que les falsificateurs s'en servent criminellement, mais de l'eau (2) limpide et pure, qui enlèverait aux boissons une grande partie de leur force échauffante et altérante, et même, à certaines d'entre elles, une grande partie de leur âcreté, cette qualité mordicante et piquante qui porte à contracter l'abus ? Par ce moyen si simple on constituerait des liquides rafraîchissants qui rempliraient le but qu'on doit se proposer en allant où ils se vendent en détail, celui de se désaltérer sur l'heure.

Il est supposable qu'une pareille mesure, malgré tout ce qu'elle offre de salutaire, rencontrerait des contradicteurs venant combattre le système préventif qu'il y aurait à rendre légal ; ils invoqueraient sans doute la liberté pour chaque individu de se faire toujours servir à souhait, et déploreraient le sort de ne pouvoir se procurer dans les débits des boissons comme il s'en vend

(1) « Supprimer entièrement le mal est sans nul doute au-dessus des forces humaines. » C'est l'avis de M. Baudrillart, *Économie politique populaire*, 305.

(2) M. le docteur Paul Jolly nous dit dans son ouvrage *Le tabac et l'absinthe*, p. 169 : « Les buveurs d'eau ne sont ni les plus malheureux ni les moins honnêtes, ni les moins bien portants, ni même ceux dont la longévité est le moins assurée, et vous en trouverez bon nombre qui témoignent de l'efficacité de leur régime par des caractères physiques de santé, par une fraîcheur de teint que n'offrent nullement les personnes qui abusent plus ou moins des spiritueux ».

aujourd'hui. Ce serait renouveler, sous une autre forme, l'opposition qui a été faite au projet de loi de 1873, et que le rapporteur constate en ces termes : « Tout le monde est d'accord pour flétrir l'ivrognerie, mais non pour la punir. Il semble à quelques esprits que le législateur n'a pas le droit de l'atteindre ». L'ivrognerie ne peut pas être un délit, a-t-il été dit au Sénat, c'est un état inconvenant et fâcheux, où l'homme se rapproche de la brute. C'est un abus de la liberté. « C'est à soi-même que nuit l'individu. Le dommage indirect que cause à la société quiconque la prive de son concours, en manquant à la loi du travail et à celle de la moralité, ne suffit pas en principe pour justifier l'établissement d'une pénalité. Le législateur ne frappe pas tout ce que la morale condamne. Si elle avait l'intention d'imposer la vertu aux citoyens, elle ne réussirait qu'à enchaîner leur liberté. » Mais cette belle tirade en faveur de l'ivrognerie n'empêcha pas le législateur de décider que la décence et la sûreté publique commandaient d'apporter, en ce cas, une restriction à la liberté individuelle.

Cependant, comme c'était la création du délit qui semblait faire ombrage aux opposants, il serait permis de croire qu'une loi bénigne au point de se borner en quelque sorte à faire mettre de l'eau dans des boissons spiritueuses, et qui enrayerait pourtant le fléau envahissant de l'ivrognerie, en protégeant l'individu contre sa faiblesse, pourrait passer sans grand obstacle, si le gouvernement y donnait son adhésion. Celui-ci, malheureusement, n'a pas de tout temps envisagé la santé des individus et le résultat avantageux de l'occupation de leurs bras, quand il s'est agi de traiter la question des cabarets. Comme il y a des droits considérables à percevoir sur le débit des boissons, il a toujours eu la crainte d'en faire diminuer l'importance. L'ivrognerie poursuivie par une loi presque stérile ne sert encore que trop les aspirations de la fiscalité. Il importerait que la pensée d'une réduction légère et possible du chiffre des contributions indirectes ne paralysât point la mise en pratique du moyen que nous proposons comme absolument favorable à l'atténuation du paupérisme. Le gouvernement ne nous semble pas devoir être arrêté par d'autres motifs, si nous mettons de côté un prétendu intérêt électoral déplorable et mal compris, car il se rendrait parfaitement compte de l'effet de la mesure ; puis nous allons nous permettre d'en parler un peu.

Tout d'abord les consommateurs plus ou moins gourmets pourraient bien trouver mauvais que le législateur ait pensé à veiller sur leurs écarts ; ceux qui rechercheraient moins la satisfaction de se désaltérer que celle de s'enivrer, étant déjà adonnés à la paresse, iraient chez les hôteliers et les restaurateurs, où les vins et spiritueux devraient être servis purs de tout alliage ; mais, tenus qu'ils seraient là, d'après la loi, de manger pour boire, ils se résoudraient vite à accepter avec réflexion et préférence cette excellente innovation introduite chez les débitants ; ils auraient, d'ailleurs, la faculté de prendre goût à des boissons différentes et d'une innocuité parfaite. Les autres, selon toute vraisemblance, ne trouveraient rien à objecter. Tous d'ailleurs seraient assez justes, étant à jeun, pour reconnaître les avantages de contracter des habitudes de tempérance et de réserver les ressources dépensées si abusivement aux cabarets pour des marchandises conformes à leurs goûts à consommer au sein de leurs familles. Nous sommes de ceux qui pensent qu'il y a, par l'emploi du procédé, d'innombrables conversions à obtenir ; nous pouvons l'inférer du reste des conséquences ordinaires de l'état pendant lequel les bourses sont vides et le crédit perdu, cas dans lesquels les buveurs sans soif font de nécessité vertu.

Les personnes qui se plaindraient le plus de cette réforme nécessaire seraient naturellement les débitants ; ils aimeraient mieux l'accroissement que l'amoindrissement du nombre des ivrognes ; ils verraient surtout partir avec de profonds regrets les piliers de leurs établissements, c'est-à-dire ceux qui s'y trouvent toujours prêts à retenir et à enrôler les indifférents ; mais on devrait d'autant moins céder à de pareilles considérations que les débitants exercent des professions relevant à un certain degré de la paresse, et que leur grand nombre et leurs agissements contribuent beaucoup à propager la débauche (1). Les débitants se plaindraient encore bien

(1) « Il ne faut pas croire, dit très justement M. Jules Simon

plus fort, mais s'amenderaient immédiatement, si la loi accordait contre eux, aux femmes et aux enfants, une action formelle en dommages-intérêts pour le fait d'avoir enivré ou laissé enivrer dans leurs établissements leurs maris ou leurs pères.

Si les boissons débitées étaient soumises à un nouveau régime, l'autorité aurait toujours à faire surveiller leur composition. L'analyse fréquente des liquides et les peines sévères frappant les sophistications malsaines amèneraient de notables améliorations, tant pour la diminution des enivrements que pour leurs conséquences.

En proposant une mitigation convenable comme premier moyen pour combattre l'ivresse, nous n'avons pas entendu exclure l'interdiction partielle de la vente des esprits et essences qui s'introduisent dans les boissons ou s'y trouvent naturellement. Nous ne pouvons nous mettre en contradiction avec la loi des 26 mars-7 avril 1872, que nous approuvons au contraire comme minimum de ce qu'il y a lieu d'espérer ; cette loi frappe la liqueur d'absinthe du droit de 199 francs l'hectolitre à Paris et de 175 francs pour la province ; elle interdit la fabrication de l'essence d'absinthe et en réserve la vente aux pharmaciens. Elle prend des mesures pour connaître dans les lieux de fabrication et de vente le degré alcoolique des liquides et élève les droits qui y sont proportionnellement affectés.

Cette première opération officielle sur les boissons

dans *l'Ouvrière*, que tout cabaretier soit une honnête commerçant, qui attend paisiblement derrière son comptoir que les ivrognes viennent lui apporter l'argent de leur famille. Un cabaretier qui sait son métier à fond, et qui est pressé de se retirer des affaires pour jouir bourgeoisement de sa fortune, en revendrait à un usurier et à une courtisane dans l'art d'allumer la passion et de faciliter à ses clients les moyens de se ruiner et de s'empoisonner. Aussi tout gouvernement qui a le sentiment de sa responsabilité doit, dans l'intérêt de la santé publique, n'admettre à tenir des débits que des gens d'une moralité reconnue. »
C'est ce que voulait M. Victor Lefranc, ministre de l'intérieur, le 6 mars 1872, en recommandant par une circulaire de faire prévaloir l'intérêt social sur les intérêts privés, et de n'accorder l'autorisation d'ouvrir des débits qu'avec la plus grande réserve et seulement après une enquête très minutieuse sur la personne des impétrants.

devrait naturellement conduire à une dégustation fortuite et fréquente, puis, le cas échéant, à leur analyse, afin que les détaillants ne vendissent pas plus longtemps de l'eau-de-vie où il n'y a pas un atome d'esprit-de-vin, mais où se trouvent notamment de l'acide sulfurique, où l'on a fait infuser du poivre, du stramoine, de l'ivraie.

Parmi les autres moyens que le gouvernement a pu et pourra employer dans le but de réduire l'intempérance, nous citons une circulaire du 6 mai 1873 qui rend la loi du 23 janvier 1873 applicable à l'armée. De plus, le décret du 10 août 1872 avait déjà réputé manquement à la discipline l'ivresse, dans tous les cas, même quand elle ne trouble pas l'ordre, en édictant la prison pour les sous-officiers et soldats coupables de fautes graves commises en cet état, et la salle de police pour une simple contravention du soldat à la sobriété. Ces pénalités étaient d'autant meilleures à renouveler que les vices et les mauvaises habitudes des ouvriers ont souvent été contractés sous les drapeaux et pendant leurs heures d'oisiveté.

L'Etat obtiendrait aussi de bons résultats en répandant libéralement l'instruction et surtout les principes qui doivent diriger la conduite, car « la moralisation des classes ouvrières ne peut avoir de fondement solide que dans l'éducation. Si cette éducation fait défaut dans la famille, il faut à plus forte raison qu'elle soit fortement constituée dans les écoles (1). » L'Etat pourrait multiplier, avec de grands avantages pour les adultes et le temps de leurs loisirs, les cours, les leçons, les conférences instructives, les lectures publiques ; les entretiens sur les inventions industrielles, sur l'agriculture ; les recherches de choses à classer dans des musées populaires, et les explications de tout ce qui s'y trouverait déjà réuni. Il lui serait facile d'organiser pour les récréations de la même population ouvrière, dans les jours consacrés au repos (2), des orphéons, des fanfares, des con-

(1) M. Ducpétiaux, Mémoire sur le paupérisme dans les Flandres, p. 266.

(2) Les *écoles du dimanche*, dans les pays protestants où il s'en trouve, produisent de bons résultats ; les pasteurs font la prière,

certs, des spectacles, des cercles ; toutes sortes de jeux d'adresse, des promenades musicales ; des fêtes et danses modestes : tous amusements ayant des propriétés moralisatrices susceptibles d'empêcher d'autres écarts. Il entrerait dans les devoirs du gouvernement de combattre la propension des travailleurs à fuir le foyer domestique, en veillant à ce que leurs habitations fussent salubres (1) et dans des conditions à en faire aimer le séjour ; d'obtenir, au profit de la femme ou des enfants mineurs d'un mari ou d'un père ivrogne, le droit de sauver leurs salaires ; de créer des asiles pour soumettre les intempérants à des traitements curatifs, puisque les médecins considèrent l'habitude de s'enivrer comme une maladie procédant de l'aliénation mentale.

En nous prononçant contre l'alcoolisme, nous ne voulons cependant pas interdire la fabrication et le commerce des boissons alcooliques ; nous savons, d'après les monuments de la science, qu'elles sont salutaires en certains cas, qu'elles sont employées en thérapeutique pour surexciter les forces ; qu'elles sont utiles dans les climats froids (2) et humides et dans les localités marécageuses, pour exciter les systèmes nerveux et circulatoire, pour diminuer l'action des miasmes, raffermir la convalescence des fébricitants et empêcher les rechutes. Nous n'ignorons pas non plus que, dilué au titre de l'eau-de-vie commune, l'alcool crée beaucoup plus de dangers que le vin, le cidre, le poiré et la bière ; aussi nous regardons comme parfaitement sage et hygiénique de réduire le titre de l'esprit-de-vin très au-dessous de l'ordinaire, pour être détaillé, et de mettre des impôts très forts et même très lourds sur les esprits qui n'ont pas autant de qualité ou qui sont nuisibles et produi-

lisent et interprètent des passages de la Bible ; puis des moniteurs appartenant à toutes les classes de la société, et qui ont chacun un nombre d'enfants à diriger, les font lire dans l'Evangile et leur donnent des explications.

(1) Il existe bien une loi du 22 avril 1850 qui permet aux administrations municipales de faire disparaître l'insalubrité des logements en location, mais cette loi n'a reçu qu'une exécution fort restreinte et ne s'applique pas à tous les cas d'insalubrité.

(2) Montesquieu a constaté l'appétence des populations du Nord pour les spiritueux, et remarqué qu'elle diminue à mesure qu'on s'avance vers le Sud (Esprit des lois, l. XIV, c X).

sent l'intempérance avec ses suites les plus déplorables, en réduisant en même temps les droits sur les boissons qui ne présentent pas les mêmes périls. Aussi, c'est un grand tort de contester la justice d'une pareille contribution indirecte qui a été établie, il y a plusieurs siècles, pour servir à modérer les inconvénients de l'ivresse, en restreignant les ressources à y consacrer, car il a été de tout temps reconnu que plus les salaires sont élevés, et plus il y a de débauche. L'enquête (1) faite par la Chambre de commerce de Paris a constaté que les ouvriers qui gagnent les plus forts salaires sont ceux qui font le moins d'économie, qui délaissent les ateliers et y reviennent sans argent. Pour que les travailleurs fussent réellement fondés à se plaindre de ces impôts et des octrois sur les liquides avec lesquels ils se confondent, il faudrait qu'il fût auparavant prouvé que toutes leurs inclinations sont changées, et que la tempérance leur a été inoculée comme par enchantement.

Du moment que le vin, le cidre et le poiré sont des boissons bonnes à prendre avec les aliments solides et moins nuisibles. s'il en est abusé entre les repas ; que d'un autre côté l'ivrognerie est infiniment moindre dans les pays qui les produisent, il conviendrait que la plantation des vignes, des poiriers et des pommiers fût encouragée par tous les moyens à la disposition de l'Etat. Le plus efficace serait l'assurance que les esprits de mauvaises provenances fussent toujours imposés de manière à ce que leurs prix de revient fissent plus qu'égaler le plus haut prix de l'esprit-de-vin. Si un plus grand nombre de personnes pouvait consommer du vin, du cidre ou du poiré, grâce à leur abondance et à l'abaissement des prix, elles n'auraient pas à recourir aux boissons nuisibles qui sont prises pour les remplacer. La moralité et la santé publique y gagneraient.

L'Etat devrait, dans chacun des cas suivants, accorder certaines immunités ou exemptions d'impôts aux patrons qui bâtiraient pour leurs ouvriers de petites maisons à loyers modérés ou à prix abordables ; leur procureraient des parcelles de terre propres au jardinage ; créeraient pour eux des cuisines et fourneaux économiques, des

(1) Statistique de l'industrie de Paris, 1851, t. 71.

restaurants à prix réduits, à boissons saines et limitées, des débits de liquides d'une innocuité certaine; feraient travailler à la tâche, procédé bien connu pour donner le goût du travail et influer sur la moralité; admettraient les ouvriers à participation ou à majoration, avec placement obligatoire des avantages qui en proviendraient; s'appliqueraient à empêcher l'ivrognerie de leurs ouvriers par des moyens divers; les favoriseraient dans la gestion des associations coopératives, des sociétés de secours mutuels, dans les versements aux caisses d'épargne ou de retraite, en payant les ouvriers par quinzaine, dans les moments où ils ne se seraient pas costumés pour aller aux cabarets ou en position de préférer le liquide au solide (1).

La facilité que les mineurs ont aujourd'hui d'aller dans les cafés, cabarets et lieux de débauche avant les 21 ans qui, pour les autres actions de la vie, font supposer seulement alors un degré de discernement suffisant, et celle que les maisons de tolérance ont de vendre des boissons et de créer ainsi, pour leur fréquentation, des prétextes d'entrée et de séjour, par suite d'une exception incroyable au principe de moralité appliqué à juste raison aux autres détaillants, devraient être supprimées, en pensant avec d'amers soucis que l'intempérance occasionne plus de 75 pour cent des cas d'indigence. Il faudrait que l'Etat ne tolérât pas non plus dans les cafés-concerts et les autres lieux de séduction les excitations sensuelles se cachant sous les attraits affectés de la musique, du chant, de la danse ou des spectacles, et dont les consommations soldent les premiers frais. Il ne saurait ignorer cette peinture de la dépravation faite par Schiller (2) : « Ce que le vice a de plus désastreux, c'est de produire toujours des vices nouveaux », ni cette vérité statistique énoncée par M. de Magnitot (3) : « Sur 50 individus qui fréquentent les maisons de tolérance, il en est 40, pour ne pas dire plus, qui ne s'y rendent que sous l'influence d'un excès de boisson prise au cabaret ou au café ».

(1) Le détail qui précède serait énonciatif et non pas limitatif.
(2) Huydecoper, *De l'abolition des boissons fortes*, trad. f., p. 163.
(3) *Assistance en province*, 185.

Toutes les approbations données à des statuts de sociétés devraient exiger le choix et la surveillance des membres les composant, comme du reste cela existe déjà pour beaucoup; les sociétés de secours mutuels sont d'autant plus intéressées à posséder de telles règles et à les appliquer sévèrement que les excès en spiritueux causent non seulement des affections incurables, mais entraînent peu à peu l'affaiblissement des forces physiques, des incapacités de travail et des maladies coûteuses.

Il y aurait des avantages de toutes sortes à exciter la fondation et la multiplication d'établissements où il ne se débiterait, dans les meilleures conditions de qualité et de bon marché relatifs, que des boissons désaltérantes.

Il appartiendrait au gouvernement de faire mettre continuellement sous les yeux des populations l'*avis sur les dangers qu'entraîne l'abus des boissons alcooliques*, donné le 5 décembre 1871, par l'Académie de médecine, et d'appeler l'attention et le concours des hommes intelligents pour vulgariser les données de la science ; ces derniers, en démontrant que là où on abuse des spiritueux, on voit de plus en plus des dégénérescences offrant les exemples les plus bizarres de monstruosités congéniales ; on constate l'affaiblissement individuel des idées généreuses, des bons sentiments, de la louable ambition qui pousse l'homme à se soutenir et à monter, et l'indifférence à tomber au dernier abîme de la misère ; ces derniers, disons-nous, réussiraient sans doute à inspirer de nombreuses conversions.

Nous ne terminerons pas ces considérations sur l'ivresse sans reparler des impôts qui frappent les boissons sous les noms de droits de circulation, consommation et détail. Un moyen qui nous semblerait plus conforme aux idées humanitaires que ce qui existe consisterait à changer les bases fiscales et à mettre sur les vins, cidres, poirés, spiritueux, bières et autres boissons chez les producteurs, des impôts en proportion de leur force, qualité, quantité et danger; à assurer leur consommation en détail par des procédés indubitables d'innocuité et exclusifs de fraudes, et à supprimer les droits qui se perçoivent actuellement, à l'exception de ceux d'octroi. De cette manière on ferait cesser un privilège : celui, pour les producteurs, de boire sans frais leurs produits, et on étendrait à des milliers de famille l'usage des boissons reconfortantes.

On ne soupçonnerait guère que ces lignes sont écrites par une personne qui aurait intérêt à ne point préconiser la transformation qu'elle propose ; elle ne se dissimule pourtant pas que ce serait ouvrir chez les particuliers la porte à l'exercice de la régie, mais il lui semble qu'il n'y a là rien de bien inquiétant ; cette prétendue inquisition. n'allant jamais jusqu'à vérifier les affaires intimes et se bornant à des choses corporelles, ne pourrait éveiller que des susceptibilités intempestives et d'autant plus mal placées que, par toute la France, le rendement de chaque crû ou de chaque distillerie est annuellement connu et coté par les voisins ou les rivaux.

La nouvelle base d'impôts permettrait de soumettre à un scrupuleux exercice les fabrications de boissons fermentées et les distilleries, et de constater les diverses qualités de leurs produits. Rien ne serait plus facile que de les frapper de droits en proportion de leur innocuité possible, ce qui empêcherait que la suralcoolisation du vin ne se fît avec des alcools des plus mauvaises provenances, aujourd'hui employés sans distinction, au risque de les voir contribuer de la manière la plus efficace à l'accroissement des suicides, des maladies, des décès prématurés, des incendies et des assassinats (1). Si le grand nombre et la croissante ascendance de pareils faits ne suffisaient pas pour autoriser des lois exception-

(1) M. le docteur Paul Jolly, de l'Académie de médecine, p. 162 et 164 de son ouvrage *Le tabac et l'absinthe*, relève en ces termes les conséquences de l'abus des spiritueux : « Partout le chiffre de consommation des spiritueux s'accorde avec celui des condamnations judiciaires; avec celui des pauvres, des mendiants et des vagabonds; avec celui des ménages dissous; avec celui des suicides et des homicides; avec celui des épileptiques et des aliénés; et ce qui a pu être constaté sur des documents authentiques, c'est que, dans certaines villes de fabrique où domine la population industrielle, quelles que soient d'ailleurs les parts à attribuer à d'autres influences locales sur un résultat nécessairement complexe, plus la consommation simultanée des spiritueux et du tabac s'est élevée, et plus la vie moyenne est descendue au-dessous du chiffre normal. » (Villermé, Jules Simon.)

nelles, dans une situation qui ne doit pas tendre à s'aggraver ni à constituer pour l'avenir un état de plus en plus progressif dans son genre de dissolution sociale, ce serait que déjà, et sous prétexte de liberté, la France serait soumise à un nihilisme occulte, plus dangereux que s'il se proclamait ouvertement.

S'il n'y avait encore qu'une portion d'impôts à sacrifier, nous sommes persuadé qu'il adviendrait promptement, en cette matière, de grandes améliorations ; mais malheureusement la plupart des boissons de toutes sortes constituent, en toutes circonstances et particulièrement aux époques de votes, des gourmandises auxquelles on s'excite mutuellement et qui s'offrent en échange de suffrages ou de promesses ou de bons procédés. Cette habitude déplorable qui consiste à pervertir de plus en plus, pour cause politique et sans penser à la misère qui en doit être la conséquence, les sentiments de moralité et d'indépendance d'une partie relativement très importante d'un peuple, ne sera jamais corrigée que s'il est pris des mesures sévères pour fermer les débits dans la dernière période du temps électoral, si ces lieux cessent d'être les champs de foires du marchandage des votes, et si les élections sont annulées sans rémission et sans égard aux opinions et succès politiques des élus appelés à profiter des moindres infractions de leurs partisans.

§ II.

Le fait de l'abâtardissement dont nous venons de parler est d'autant plus redoutable que les effets des boissons alcooliques sont encore aggravés par leur funeste alliance (1) avec le *tabac*. On sait que ce dernier s'est propagé au point de devenir lui-même un puissant agent de la consommation des liquides. L'action de fumer fait éprouver une soif plus ou moins vive qui est occasionnée par l'aspiration d'une fumée âcre, brûlante et empyreumatique, passant continuellement dans la bouche et même souvent dans la gorge. Alors

(1) « Le tabac et l'absinthe, dans leur funeste alliance, ont tué plus de monde que tous les fléaux reunis de la guerre, de la famine, de la peste et des épidémies. » (M. Paul Jolly.)

il n'est point étonnant que les fumeurs cherchent à se débarrasser d'une sensation désagréable de chaleur ainsi déterminée. En réfléchissant un peu, ils devraient boire de l'eau pure pour calmer ou seulement tempérer cette soif ardente; mais ils s'administrent, au contraire, en esclaves de la mode ou du respect humain, avec une inexcusable imprudence, des boissons spiritueuses qui ont elles-mêmes la propriété d'altérer. En croyant obtenir un soulagement, les naïfs ne font, comme les habitués, qu'allumer l'envie d'en reprendre et se mettre ainsi dans le cas de ne pouvoir plus résister à la tentation; c'est ainsi que les liquides alcooliques et le tabac, par l'intoxication résultant de leur dangereux mélange, conduisent les fumeurs et les buveurs à des ivresses variées, à des maladies lentes et incurables, à des catastrophes subites.

Le tabac est une plante fétide et vénéneuse qui, chez certains peuples sauvages, sert à la destruction des serpents. Cette plante fait mourir d'empoisonnement les végétaux qui subissent l'influence de son voisinage. On sait que tous les animaux la repoussent instinctivement; les expériences des savants Orfila et Claude Bernard ont constaté qu'il suffit des plus faibles doses de son principe alcaloïde pour les frapper d'une mort instantanée. Des faits toxicologiques nombreux se sont présentés chez les humains dans des cas de thérapeutique et de criminalité. Importé d'Amérique en Europe au XVIe siècle, il fut cultivé en France par Nicot et préconisé par lui comme remède souverain contre la migraine. C'est par suite de cette circonstance qu'on appelle nicotine l'essence toxique qu'il contient.

On s'est demandé comment une plante d'une action si délétère a pu être appropriée aux habitudes de l'homme, alors qu'elle a des succédanés et qu'on fume en Sibérie le fongus; en Perse et sur les côtes de l'Afrique occidentale, le cannabis et le haschisck; dans l'archipel indien, le Pérou et la Bolivie, le bétel et le coca; et dans certaines autres contrées, le houblon, le thé, l'anis et l'hélianthe: toutes substances inoffensives; alors encore que les premières fois le tabac cause des nausées, des vomissements, des défaillances, des syncopes, des vertiges, prodromes d'une sorte d'ivresse dont il faut triompher, et qui finit par jeter dans la torpeur et la paralysie ceux qui abusent de son usage ; alors enfin, comme nous le dit si parfaitement M. Paul Jolly, « que, pour s'empoisonner, le tabac coûte matériellement et moralement à l'individu, à la famille, à la société, à la fortune publique, à la santé la plus riche de toutes ; tant il est vrai qu'il en coûte plus cher pour satisfaire une seule passion que pour subvenir aux besoins de toute une famille, plus cher aussi pour nourrir un seul vice que pour pratiquer toutes les vertus du monde, qu'il est affligeant d'obéir servilement à une habitude qui est un attentat à l'ordre social, à l'intelligence, à la morale, à la virilité d'une nation. »

L'explication à donner à ce sujet a une grande importance, car elle gît dans ce fait que les tabacs d'Orient, de Grèce, de Russie, de Gallicie, de Hongrie, ne contiennent presque pas de nicotine, tandis que ceux des Arabes, du Brésil, de la Havane et du Paraguay en accusent deux pour cent ; du Maryland, 2,29 pour cent ; du Kentucky, 6,09 pour cent ; de Virginie, 6,87 pour cent ; et que ceux de France en recèlent, suivant les départements et d'après les analyses faites par les plus savants chimistes, de 4,96 à 7,36 pour cent. Tout naturellement ce sont les tabacs inoffensifs qui ont introduit l'usage de les fumer, priser et chiquer, et qui ont soumis les Français à un régime basé sur l'exemple des pays orientaux et semblant alors n'offrir aucun inconvénient. Ce sont les maux dont le tabac cultivé en France a été la cause qui ont amené la découverte de ses degrés de saturation de nicotine.

Quand on sait que les plus funestes habitudes s'invétèrent facilement, que l'imitation est naturelle à tous les âges, et que les mauvais exemples sont très contagieux, on ne trouve plus étonnant que l'usage du tabac, propre à désennuyer les oisifs et les imprévoyants, ait pu se propager malgré les dégoûts qu'il faut d'abord surmonter. Ce qui est surprenant, c'est que son mouvement progressif n'ait pas été le moindrement interrompu par la révélation tardive de ses dangers manifestés dans des cas de surdité (1), d'anémie, d'amblyopie, d'amaurose (2),

(1) M. Bonnafout, *Traité des maladies de l'oreille.*
(2) M. Sichel, M. Hutchinson, chirurgien du grand hôpital de Londres.

d'épilepsie (1), d'ataxie musculaire, de maladies cancéreuses ; dans les désordres de l'inervation cérébro-spinale affectant les facultés physiques, morales et intellectuelles ; dans les troubles des fonctions digestives, de l'anorexie, des dyspepsies, des coliques ; dans la paralysie nicotique et l'apoplexie foudroyante. Il n'est que trop prouvé par les faits et les expériences des savants Orfila et Claude Bernard que le tabac s'adresse également aux trois grands centres de la vie : au cerveau, comme centre d'inervation ; au cœur, comme centre de circulation ; au poumon, comme centre de respiration, en donnant la mort par sidération, par syncope ou par asphyxie.

« Rien de plus fréquent, dit M. le docteur Paul Jolly, que l'intoxication par l'abus du tabac. Elle est devenue pour ainsi dire la maladie du siècle, une sorte d'épidémie générale menaçant, dans sa marche progressive, d'envahir le monde entier, car elle fait franchir, plus que toutes les épidémies connues, les conditions de lieux, de distances, de climats, de température et de mœurs, pour s'universaliser. « Comme modalité pathologique, le nicotisme chronique n'a d'exception pour aucun appareil d'organes, pour aucun ordre de fonctions, pour aucun des éléments solides et liquides de l'organisme ; il sait les atteindre tous, pour les frapper tous de sa puissance toxique, et sous ce rapport le nicotisme et l'alcoolisme peuvent encore se donner la main, comme portant une égale atteinte à la vie même de l'individu et de l'espèce. »

La lenteur ordinaire de l'intoxication autorisant les fumeurs à discuter les témoignages de la science et de l'expérience, en se fondant sur leur état apparent, il appartient au gouvernement d'être plus prudent que ses administrés, et par conséquent de tenir compte des avertissement salutaires donné par ses chimistes. Or, comme il n'est pas nécessaire de fumer pour subir les effets toxiques du tabac, un de ses premiers devoirs serait d'empêcher que l'atmosphère de tous les lieux publics, autres que les estaminets et les tabagies, reconnus comme

(1) M. Claude Bernard, *Leçons sur les substances toxiques*, 1857.

foyers d'intoxication permise, et celui des lieux privés d'agglomérations de personnes, comme ateliers, usines, manufactures, réunions fortuites, fussent entièrement libres des vapeurs nicotiques ou même seulement désagréables, qui s'y répandraient au mépris de ses règlements.

Ayant le monopole de la confection et de la vente du tabac, l'Etat devrait ensuite profiter des succès obtenus par l'industrie privée pour toujours éliminer ou neutraliser par voie d'opération chimique le principe alcaloïde du tabac indigène, avant de le livrer à la confiance des populations. Cette précaution, indispensable pour conjurer les dangers de la nicotine du tabac fumé, serait également nécessaire pour éviter les effets nuisibles et particuliers du tabac chiqué, causant des ulcères cancéreux à l'estomac, et du tabac prisé occasionnant au nez des irritations et des productions polypeuses, aux mains des tremblements choréiques ; puis des cas de surdité et de cécité.

Plus l'Etat multiplie ses manufactures de tabacs, plus il contracte l'obligation étroite et implicite de ne livrer que des substances purifiées. Il ne peut faire entrer dans la consommation nationale des produits susceptibles d'amener des empoisonnements publics. Il est déjà beaucoup trop que le tabac soit un des excitants qui s'attaquent à la bourse et contre lequel le fumeur n'a pas toujours la force de résister, surtout quand il a été militaire et a pris la mauvaise habitude d'en user. Si l'Etat n'est pas en mesure de fournir des tabacs inoffensifs, il est de son devoir de s'en procurer à l'étranger, ou tout au moins d'accuser son impuissance et de fixer les consommateurs sur les quantités de nicotine qui seraient à redouter ; ces derniers, ainsi prévenus, pourraient alors, comme les Turcs et les Perses, avoir des pipes disposées pour dépouiller le tabac de son huile essentielle, au lieu de fumer des cigares dans des conditions risquables, ou encore s'abstenir du tabac.

Dans tous les cas, il ne devrait pas perdre de vue que le tabac étant, comme l'alcool, une superfluité dangereuse, il serait plus sage d'en restreindre que d'en étendre la consommation, fallût-il, pour réussir, employer des mesures fiscales sauvegardant les intérêts du Trésor et amoindrissant en même temps les tentations fanfaronnes et les besoins factices des travailleurs. Il lui serait d'ailleurs facile de ne pas exciter les soldats à l'intempérance, de ne pas tolérer l'usage du tabac dans les casernes et les corps de garde, où l'intoxication devient forcément générale ; de ne pas leur faire une éducation funeste pour eux-mêmes et pour la société, et de ne pas laisser les jeunes gens libres, avant l'âge de 21 ans, de s'empoisonner autrement qu'en secret. Il y aurait patriotisme pour nos gouvernants à croire que la France ne peut pas marcher à la tête de la civilisation, si elle donne l'exemple de la dissipation, du relâchement des mœurs, de l'avidité du gain et des jouissances ; si elle répudie les règles austères et offre tous les symptômes d'une nation délirante et corrompue ; ils n'ont pas encore pu oublier ce qu'il y a d'instructif pour eux à ce sujet dans les précédents de la sévère sobriété imposée par tactique militaire par le général Grant pendant la guerre de sécession, et par les Allemands durant celle de 1870-1871.

Enfin les maladies et les décès occasionnés par l'usage du tabac paraissent avoir une influence considérable sur le mouvement de la population et sur le sort des malheureux enfants qui naissent de parents déjà imprégnés du principe alcaloïde. On a constaté que depuis 1844, époque où les naissances dépassaient annuellement les décès de 150.000, il y a eu beaucoup d'années où l'excédent a été au contraire pour la mortalité, et que dans les années correspondantes, la consommation du tabac s'est précisément accrue. De même il a été reconnu que les naissances de parents nicotinés offrent, comme celles des parents alcoolisés, de tristes produits ordinaires et des cas assez nombreux de monstruosités anatomiques.

§ III.

Ce ne sont pas seulement les spiritueux à consommer sur place qui attirent les oisifs ou les fainéants dans des lieux publics où il s'en débite. Bon nombre de personnes s'y rendent qui ont la passion du *jeu* au point d'y sacrifier toutes leurs ressources. Il s'en est même trouvé dans l'antiquité qui ont poussé le débordement de cette passion violente jusqu'à jouer, après leur ruine, leur personne et leur liberté. Cet entraînement funeste est donc de ceux qui plongent les familles dans l'indigence. Aussi, dans tous les temps, chez les Grecs et chez les Romains, comme chez les Germains, les jeux de hasard ont-ils été prohibés. La loi romaine, comme la loi grecque, notait d'infamie ceux qui faisaient profession d'y jouer; toute poursuite était refusée pour l'exécution d'une obligation ayant ou seulement soupçonnée d'avoir cette origine; l'action en restitution de ce qui avait été payé était accordée même aux enfants contre leurs pères et aux affranchis contre leurs patrons, par le motif que ces jeux étaient défendus jusque dans les maisons des particuliers. Justinien, en l'accordant au fisc, à défaut de tout autre réclamant, consacra les sommes restituées aux ouvrages publics.

Les Capitulaires de Charlemagne et beaucoup d'ordonnances et de règlements royaux ont interdit en France les jeux de hasard; de tous ces documents tutélaires et anciens nous ne retenons, comme pouvant nous servir dans la conclusion que nous avons à prendre, que les ordonnances de Louis XIII. Par la première en date du 3 mai 1611, ce monarque fit défense à toutes personnes de s'assembler pour jouer, *tenir brelans*; aux propriétaires et locataires des maisons de recevoir ceux qui en tiendraient, à peine d'amende et d'autres punitions, et d'être responsables de la perte des deniers qui y serait faite; il enjoignit de plus aux juges de se transporter dans ces maisons, de se saisir de ceux qu'ils y trouveraient, de leurs argent, bagues, joyaux et autres objets exposés au jeu, pour en faire distribuer les deniers aux pauvres. Par la deuxième de 1629 il déclara ceux qui tiendraient des maisons de jeu et ceux qui seraient convaincus d'y être allés trois fois infâmes, intestables et incapables de tenir jamais offices royaux; ordonna aux juges de bannir les premiers des villes où ils auraient contrevenu à ses prohibitions; voulut que les maisons fussent confisquées lorsqu'il serait prouvé qu'on y aurait joué pendant six mois; annula toutes les obligations et promesses résultant du jeu, quelque déguisées qu'elles fussent; défendit à qui que ce fût de prêter argent, pierres précieuses et autres meubles pour jouer, de répondre pour ceux qui jouaient, à peine de la perte de leurs dettes et nullité des obligations, de confiscation de corps et de biens, comme séducteurs et corrupteurs de la jeunesse et cause des maux innombrables que l'on en voyait provenir chaque jour. Il ordonna encore que ceux en faveur de qui des obligations auraient été contractées fussent condamnés envers les pauvres en pareilles sommes que celles portées en lesdites obligations, et permit enfin aux père, mère, aïeuls et aïeules, et aux tuteurs, de répéter tous les objets qu'ils pourraient prouver, même par témoins, avoir été perdus au jeu par leurs enfants ou pupilles, et de faire condamner, en outre, ceux qui les avaient gagnés, à tous dépens, dommages-intérêts.

Ces ordonnances et quelques autres postérieures ont été remplacées par un décret des 19-22 juillet 1791 défendant de tenir des jeux de hasard sous peine d'emprisonnement et de fortes amendes. Ce même décret permettait de poursuivre les propriétaires et principaux locataires des maisons, pour n'avoir pas dénoncé l'existence des jeux, et proclamait la solidarité entre les uns et les autres délinquants.

Plus tard, le code civil a déclaré que la loi n'accordait aucune action pour dette de jeu, mais que le perdant ne pouvait cependant répéter ce qu'il avait payé volontairement et sans être dupe de fraude. La gageure du pari dut partager le même sort.

Puis le code pénal a prohibé la tenue des maisons de jeux de hasard, en soumettant leurs administrateurs, préposés ou agents à des peines sévères ; les appareils, les enjeux et les objets garnissant ou décorant les lieux, à la confiscation ; il a étendu la défense, sous des peines moindres, à ces mêmes jeux tenus accidentellement dans les rues, chemins, places et lieux publics ; les paris sur la hausse et la baisse des effets publics ont été déclarés punissables de peines particulières.

L'interprétation de ces documents législatifs a donné lieu, sur beaucoup de points, à une jurisprudence qui les complète. Ainsi les agences de courses de chevaux ont été considérées comme constituant des établissements de loteries et jeux de hasard tombant sous le coup de la prohibition ; mais ce qui a fait naître surtout les cas dans lesquels les tribunaux ont eu à se prononcer, c'est l'exception établie pour les jeux ne relevant pas du hasard, et donnant, par suite, lieu à des distinctions quelquefois subtiles, comme celle qui s'est présentée au sujet du jeu bien connu de l'*écarté*. C'est ainsi que les jeux de cartes dits la *mouche*, le *piquet* et l'*impériale* ont été jugés tolérables dans les cafés et cabarets, et que les jeux de cartes dits le *chemin de fer et de Vendôme* et *le baccarat* ont été tenus pour réprimables jusque dans les cercles. De même, au jeu de billard, la poule a été permise, alors qu'au même billard la *rouline* a été défendue.

En dehors des pertes pécuniaires qui sont la conséquence des jeux de hasard, l'homme se perd lui-même en s'accoutumant insensiblement à les pratiquer et en cherchant à se procurer ainsi un lucre sans travail. Cette habitude surexcite chez lui le désir de s'enrichir rapidement à l'aide de ce moyen qui tôt ou tard devient fatal. Par suite, le jeu de hasard est non seulement mauvais par sa nature, puisqu'il favorise l'oisiveté en séparant l'idée du gain de celle du travail, et qu'il dispose les âmes à la dureté, à l'égoïsme le plus atroce, mais encore par ses suites, qui sont ainsi exprimées avec une admirable éloquence par le tribun Duveyrier, dans un discours au Corps législatif : « Le jeu proprement dit, ce ministre aveugle et forcené du hasard, qui place entre deux hommes, sur un tas d'or, la plus épouvantable alternative, le bonheur ou l'adversité, la fortune ou la misère, le délire de la joie ou du désespoir ; qui dévore la substance des épouses et des enfants ; qui tarit toutes les sources de la tendresse, de l'amour, de l'amitié, de la reconnaissance, de la probité ; qui engendre, alimente, exalte, justifie toutes les passions, tous les vices, tous les excès, et qui n'a pour remplacer tout ce qu'il engloutit que des poisons ou des poignards ; ce monstre antisocial ne mérite pas la protection que la loi doit aux conventions ordinaires. »

Les loteries, qui sont des espèces de jeux de hasard remontant aux Saturnales de Rome, figuraient comme accessoires de ces fêtes. A l'origine, les lots qui s'y voyaient, loin de prendre le caractère du gain, servaient au contraire d'aliment à la joie. Néron employa le premier ces largesses répandues par le hasard en de telles conditions fastueuses, que plusieurs personnes pouvaient d'un seul coup faire leurs fortunes. Héliogabale mêla, comme par gentillesse, des billets risibles à des billets utiles, pour favoriser les amusements. Les loteries qui, dans le principe, n'étaient que de pures largesses, devinrent des institutions désastreuses, une cause de ruine pour les classes pauvres, un moyen honteux de spéculation, qui fut d'abord appliqué par les particuliers, puis ensuite par l'Etat.

Le jeu des loteries fut introduit en France en 1520 par des particuliers curieux de se défaire de certaines propriétés ou marchandises. François Ier, trouvant que le moyen pouvait être utilisé comme ressource financière, fit expédier en 1539 des lettres patentes pour en créer une institution ; mais les parlements luttèrent longtemps contre son fonctionnement. Dans les années 1563, 1598, 1608 et 1609, le Parlement de Paris annula tous les privilèges par des arrêts fondés sur ce que les loteries étaient la ruine du peuple ; voyant que leur refus d'enregistrer les lettres patentes ne suffisait pas pour arrêter le fléau, les parlements firent saisir les loteries autorisées ou tolérées dans les villes de Paris, Soissons et Amiens ; mais cette louable fermeté ne fit qu'engendrer chez les agents du Trésor une recrudescence du désir d'en tirer un grand profit pour l'Etat. Sous l'administration de Mazarin, elles prirent un grand essor ; Louis XIV fit établir une magnifique exposition de bijoux et d'autres objets les plus riches de l'industrie parisienne à tirer au sort pour fêter un mariage accompli dans sa famille.

A partir de cette époque, les loteries subvinrent plus que jamais aux besoins de l'Etat. Une loi décida qu'une administration formant une grande division du ministère des finances serait chargée de cette partie des revenus publics ; les billets de loterie étant enlevés avec une incroyable rapidité, le mal qui résultait de leur placement se propagea. Louis XV ne crut pas pouvoir mieux faire que de multiplier ces funestes établissements en autorisant des loteries pour des buts déterminés. La bonne destination d'une partie des fonds fit fermer les yeux aux hommes les plus sages sur le danger d'exciter les mauvaises passions. Puis on en vint à supprimer les diverses loteries, pour en créer une seule sous la dénomination de *loterie royale de France*. Cette loterie fut à son tour supprimée par la loi du 25 brumaire an II, « comme invention du despotisme, destinée à faire taire le peuple sur sa misère, en le leurrant d'une espérance qui aggravait sa détresse ». Cette bonne réforme ne fut pas longtemps maintenue. Par la loi du 29 germinal an II, la loterie reparut pour assurer l'aliénation de certains biens nationaux. Puis la loi du 9 vendémiaire an VI rétablit la loterie sur ses anciennes bases, pour parer à l'épuisement des finances. Un arrêté du 17 vendémiaire an VI l'organisa. La loterie reçut alors une très grande extension, qu'elle conserva jusqu'au moment où elle périt par ses excès et succomba sous la réprobation publique accusée en ces termes par le rapport de la loi abolitive des 21-23 mai 1836 : « Créer des caisses d'épargne et de prévoyance, c'était exciter l'esprit d'ordre et d'économie nécessaire aux nations comme aux familles ; c'était encourager le travail individuel par l'intérêt social de la propriété, et l'intérêt de la propriété par la garantie non moins sociale de la conservation. Abolir la loterie, c'était flétrir ces spéculations du vice et des mauvaises passions qui demandent aux chances du hasard ce que le travail seul peut garantir. A de si hautes considérations, le gouvernement s'est déterminé à faire le sacrifice d'une branche des revenus du Trésor ; la loterie a été abolie. » L'article 5 de cette dernière loi excepte de la prohibition et sous bénéfice d'autorisation nécessaire les loteries d'objets exclusivement destinés à des actes de bienfaisance ou à l'encouragement des arts. Pendant que la loterie fonctionnait au profit exclusif de l'Etat, il était défendu aux particuliers de tenir des maisons rivales, aux termes de l'article 410 du code pénal. Cet article, qui assimile les loteries aux jeux de hasard, est toujours obligatoire.

De tout ce qui précède il résulte bien que des précautions sérieuses ont été prises contre les établissements de loteries ou de jeux de hasard, publics ou clandestins, ce qui englobe les cafés, cabarets, auberges, et autres lieux publics où de tels jeux peuvent être pratiqués, soit accidentellement, soit habituellement ; nous savons que les lois des 16-24 août 1790 et 19-22 juillet 1791 autorisent les maires à faire, pour assurer l'ordre et la moralité publique, des règlements défendant aussi bien les jeux de hasard que ceux servant simplement de récréation, mais nous ne trouvons pas dans cet ensemble de mesures à prendre de suffisantes garanties contre les provocations journalières qui se produisent et poussent les individus ayant à peine le nécessaire ou vivant au jour le jour, à jouer des consommations ou de l'argent, ou à tirer au sort des objets de peu de valeur. Du moment que les mesures à prendre sont facultatives, il ne faut pas espérer qu'il en puisse jamais surgir un bon nombre de l'initiative des officiers municipaux. En recherchant les lieux qui favorisent leur passion, les joueurs imposent à ces derniers une indifférence intéressée, qui a pour motif la destruction de toute rivalité possible entre des chefs-lieux susceptibles de se disputer les consommateurs. Nous croyons qu'il y aurait un bien immense à retirer, non pas de cette faculté impuissante et condamnable, même mieux et plus généralement appliquée, mais de la promulgation d'une règle nouvelle et obligatoire pour tous.

Nous estimons aussi qu'à notre époque, où les mauvais penchants sont plus violents qu'autrefois, il serait bon d'imiter, au moins en partie, la sagesse des anciens ; de chercher à extirper de toutes les classes de la société, où, directement ou indirectement, presque personne n'est absolument à l'abri des adversités de la passion du jeu, le mobile de cette funeste habitude. Or, de l'aveu d'un grand nombre de joueurs consultés individuellement sur le but de leur âpreté, la passion disparaîtrait si le lucre devait nécessairement échapper ; il n'y a absolument que la cupidité qui l'entretienne. Il suffirait donc, pour la combattre, d'en attribuer tous les gains aux pauvres et de préposer, pour les demandes de restitution ou leurs recouvrements, tous les bureaux de bienfaisance. Les joueurs seraient alors arrêtés par la crainte qu'il ne se trouvât toujours quelqu'un pour divulguer tôt ou tard, le fait et l'important résultat de chacune de ces déplorables parties qui, entre hommes d'honneur, se liquident de nos jours dans les 24 heures, malgré la loi, les angoisses et les regrets; ce serait en quelque sorte les obliger à suivre le bon exemple des familles qui font profiter les pauvres des gains qui sont le fruit de leurs amusements.

A défaut de prescrire la mesure précédente, il y aurait une amélioration fort appréciable dans son bon résultat à faire prendre l'habitude ou à imposer l'obligation de fixer par écrit, au commencement de chaque partie, le maximum et la constante uniformité des enjeux d'une soirée ou d'une partie entreprise. Tout le monde sait que les pertes successives excitent les joueurs à doubler et tripler leurs premières mises, et sont cause de l'affolement qui s'empare d'eux et produit les plus désastreuses conséquences. Ce serait donc un moyen salutaire contre le développement de la passion qui, peu à peu, les entraîne ; son emploi pourraît même être considéré comme prohibitif de l'attribution des gains aux pauvres; de même aussi toute négligence sur ce point pourrait motiver l'intervention d'un bureau de bienfaisance.

Il y a longtemps que les gouvernements ont cru enrayer la propension du jeu en mettant un impôt sur les cartes à jouer; mais ce moyen n'a guère produit d'autre effet que celui de faire durer très longtemps, dans les pires conditions de trompeuse inégalité, les cartes dont on se sert dans des lieux plus ou moins interlopes. Si ce régime devait continuer d'exister, il serait important que les cartes fussent, pour ainsi dire, prêtées pour un temps très limité, et que les lieux publics fussent obligés de les rendre, pour être détruites, afin de les soustraire aux mauvais emplois qui en sont journellement faits à la faveur de leur détérioration et de leur état de malpropreté, et de les empêcher de passer désormais d'un lieu public dans un autre de bas étage. En réalisant un progrès nécessaire, les revenus du Trésor pourraient de ce chef augmenter.

§ IV.

Les travailleurs sont encore plongés dans la misère par des entraînements irréfléchis, par des résistances inconsidérées se produisant sous le nom de *grèves* ou *coalitions entre ouvriers*, sous la direction de meneurs, et ayant pour but de déterminer ou de maintenir une cessation concertée de travail en vue d'une hausse ou à l'encontre d'une baisse de salaires. La loi du 25 mai 1864, en les autorisant à former des coalitions fortuites, et non pas des associations permanentes, pour obtenir des patrons des changements dans les conditions de leur travail, pourvu qu'elles n'eussent pas lieu à l'aide de violences, voies de fait, menaces ou manœuvres frauduleuses, n'a pas amené la rareté des grèves. Les ouvriers sont trop ignorants des motifs du principe du libre exercice du travail ou de l'industrie pour croire qu'ils portent atteinte à une règle inaugurée dans leur intérêt par la révolution de 1789, en se mutinant et en écoutant, à la place des conseils de la raison, ceux de la révolte. Pourtant le désœuvrement est fatal pour leur existence précaire ; les grévistes perdent, en même temps que le goût du travail qui les occupe, le salaire qui les nourrit. Beaucoup ne rentrent plus dans le devoir aussi zélés qu'auparavant. Il faut donc se demander ce qu'il y aurait à faire pour diminuer la fréquence et la généralité des coalitions.

Nous ne voyons de moyens réellement efficaces que les attentions (1) personnelles et assidues des patrons envers leurs ouvriers, et la mise en rapport de leurs salaires avec les bénéfices, qui sont en partie le résultat d'un bon travail manuel ; mais comment un gouvernement aurait-il le droit d'intervenir à cet égard ? Il le pourrait, suivant nous, de la façon la plus féconde par des encouragements honorifiques, par la reconnaissance habituelle et normale du mérite de ceux qui font sainement servir leur fortune, leur intelligence et leur actif dévouement à la cause ouvrière, en dirigeant longtemps de grands établissements industriels et commerciaux,

(1) Nous trouvons l'expression de la vérité suivante dans la *Question ouvrière au XIXe siècle* de M. Leroy-Beaulieu : « Les chefs d'ateliers et les contre-maîtres manquent presque toujours des qualités d'affabilité et de bienveillance nécessaires pour apaiser les ressentiments et concilier les esprits. Combien de grèves n'ont eu d'autre motif que le mécontentement, plus ou moins légitime, des ouvriers contre un contre-maître, ou un ingénieur ! Mgr le comte de Paris en cite un exemple frappant dans son livre *Trades-Unions*. La fameuse et sanglante coalition d'Aubin n'eut pas d'autre origine. »

avec une prudence et un désintéressement de nature à faire écarter toute idée de grève. Il nous semble que remplir sa destinée dans de pareilles conditions serait au moins aussi méritoire et toujours plus fertile en heureuses conséquences que de remplir des services officiels, conduisant à de pareilles récompenses. Nous regarderions même comme juste et raisonnable de faire accéder aux mêmes distinctions des vétérans subalternes de l'industrie, des chefs d'atelier et contre-maîtres.

Pour parvenir à ces honneurs et atteindre le but que nous poursuivons, il faudrait que les patrons ou chefs d'établissements à occuper un grand nombre d'ouvriers voulussent les rémunérer, sinon tous, du moins une partie très notable, par un salaire fixe et ordinaire; puis par un supplément appelé majoration, destiné à constituer un capital d'épargne, incessible et insaisissable, confié à une caisse publique, et même susceptible d'être augmenté d'une retenue obligatoire, ou encore par un salaire fixe, plus une part proportionnelle dans une partie ou la totalité des profits réels, devenue, *elle*, un capital d'épargne pareillement sauvegardé. Des biens de plusieurs sortes résulteraient tant de cette majoration que de cette participation.

Le premier de ces procédés créerait, après un temps d'expérience nécessaire, un avantage certain au profit de l'ouvrier zélé, courageux, moral et observateur d'un règlement connu. Par le second (1), les ouvriers,

(1) D'après M. de Courcy, « la participation aux bénéfices doit apaiser la querelle du capital et du travail, adoucir la haine, modérer les exigences, éloigner le péril des grèves et des révoltes ». C'est ce qu'il dit dans son ouvrage *l'Institution des caisses de prévoyance.* Il ajoute ce conseil aux patrons : « Gardez-vous bien de vous imposer l'obligation d'accorder à vos ouvriers ou à vos employés une participation à vos bénéfices en l'insérant dans les statuts sociaux. Ce serait effacer d'un trait de plume le devoir de la reconnaissance, la crainte salutaire du retrait du bienfait. Il faut que la main qui donne soit visible et que, toujours ouverte, elle ait toujours, sans en user, la faculté de se refermer. Bien entendu, ce qui a été une fois donné doit être irrévocable, et le capital ne reprendra jamais ce qu'il aura octroyé. La loi n'est pas chose précaire, parce que le législateur est toujours libre de l'amender ou de la rapporter en statuant autrement pour l'avenir. Il suffit que la loi nouvelle ne puisse pas avoir d'effets rétroactifs. Il en sera exactement de même ici, où le capital est le législateur. »

une fois éprouvés sous les rapports prescrits, se feraient volontairement associer et se lieraient par intérêt à l'établissement; ainsi embrigadés dans la prospérité de la maison, ils travailleraient mieux et avec plus de zèle; ils se surveilleraient mutuellement sous les divers points de vue du temps utilisé, du matériel conservé, des matières premières ménagées, de la qualité et de l'écoulement des produits; considérant en quelque sorte la maison comme leur chose, ils se trouveraient rehaussés dans leur propre estime et le sentiment de leur dignité personnelle vis-à-vis du monde; enfin ils n'auraient pas de goût à suivre et beaucoup, au contraire, à repousser les fâcheuses incitations des meneurs, qui sont presque toujours des artisans cosmopolites du désordre..

Les motifs qui font que cette manière finale de rémunérer les travaux des grands établissements industriels a été jusqu'à nos jours très isolément pratiquée, se tirent, d'une part, de l'ennui que ressentent les patrons de mettre en évidence le chiffre de leurs affaires et de leurs bénéfices, et en certains cas d'accuser indirectement une prospérité décroissante ou en décadence, inconvénient qui peut être évité par le secret et une confiance imposée; d'autre part, et de l'aveu de certains chefs qui ne l'emploient point et ne voudraient pas non plus être crus sur parole, de la difficulté de produire des comptes susceptibles de subir des contrôles sérieux. Si les comptables habiles à monter et à pratiquer une tenue de livres en partie double fourmillaient, et s'il était facile de s'en procurer d'excellents (1), les maîtres de tous les grands établissements ne répugneraient pas de se servir d'un moyen de rémunération dont on reconnaît en principe les avantages. L'exactitude d'une bonne comptabilité permettrait de déterminer sûrement les bénéfices réels

(1) Nous constatons qu'il y a à Paris, entre les comptables du commerce et de l'industrie du département de la Seine, une association qui a pour but de procurer des emplois à ceux de ses membres qui en sont dépourvus, et aux maisons, des comptables de moralité et de capacité irréprochables; de fournir des secours à des sociétaires malades ou infirmes, ainsi qu'à leurs veuves et orphelins, et de constituer un fonds de retraite pour leur vieillesse. Une pareille association pourrait prendre de l'accroissement et fournir des sujets à la province.

et d'apprécier la part éventuelle qui pourrait être faite aux travailleurs. Cette participation (1) aurait le sort favorable de faire comprendre aux artisans et ouvriers qui en profiteraient qu'un capital entre les mains d'un homme intelligent, actif, économe, d'un administrateur consommé, ayant de grandes relations, se répand en bien-être sur tous ceux qui travaillent à sa mise en œuvre, et que ce même capital entre les mains du meilleur quart de ses auxiliaires laisserait très probablement ceux-ci dans des affaires à devenir tôt ou tard véreuses, et les autres dans la misère.

Sur ce dernier point, une expérience a été faite. En 1848, les idées de présomption ouvrière se sont fait jour. Un décret du 30 mai a décidé que l'Etat livrerait à des associations d'ouvriers des travaux au prix des devis sans rabais et sans intermédiaire d'entrepreneurs ; un autre du 5-11 juillet de la même année a ouvert un crédit de trois millions destinés à être prêtés et répartis entre les associations librement contractées soit entre les ouvriers, soit entre patrons et ouvriers. Un arrêté ministériel des 18 août et 28 septembre 1848 a établi les règles à suivre pour l'application des décrets ; une loi des 15-23 novembre 1848 a fixé le taux des prêts à faire aux associations ouvrières à trois pour cent des sommes n'excédant pas 25,000 francs, et à cinq pour cent pour celles au-dessus, et a accordé l'enregistrement gratuit des divers actes à passer. Ces tentatives n'ont pas donné les résultats qu'on espérait, par le motif bien simple que de telles associations ne revêtent pas facilement le caractère d'unité nécessaire dans la direction des grandes entreprises, et qu'en pareille occurrence ce sont presque toujours les plus bavards et les moins capables qui visent à la supériorité. Ceci était inévitable, car les agglo-

(1) On lit dans l'ouvrage *Patrons et ouvriers* de M. A. Fougerousse, p. 211 : « La participation enseigne la nature aléatoire et variable des affaires, les risques et les périls de l'industrie ; donne une idée plus exacte des bénéfices des patrons, qu'on se plaît si souvent à représenter sous des dimensions fantastiques ; elle inculque, enfin, aux ouvriers le sentiment de la nécessité d'une direction savante, d'une organisation méthodique, d'une discipline rigoureuse, principes dont l'oubli a causé la ruine de la plupart des tentatives, infructueuses jusqu'ici, d'associations ouvrières de production ».

mérations ne conservent pas longtemps au même niveau les ouvriers qui se font distinguer par l'excellence de leur jugement, et à plus forte raison les ouvriers de génie. Dans les affaires, les choses ne se passent pas comme pour les places du gouvernement. Les protections et les recommandations n'y font rien. La capacité ouvre toutes les portes et fait promptement dominer les sommets; ceux qui sont propres à une rapide élévation ne brigueront guère la gestion plus ou moins précaire des associations ouvrières.

§ V.

Jusque-là nous avons considéré les ouvriers comme nuisant au bien-être actuel et futur de leurs familles et au leur par des débauches et les interruptions de travail qu'elles entraînent; nous arrivons actuellement à discuter la déplorable erreur de conduite et de réflexion de ceux qui ont pour goût spontané ou système industriel de vivre par la chasse, la pêche ou l'aumône. Les deux premiers de ces moyens relèvent du plaisir qu'on peut y trouver; à un certain degré, de l'envie en voyant les riches s'y livrer et aussi, en rivalisant avec ces derniers pour l'activité, l'adresse et les succès, de l'espérance de faire des chasses et pêches productives. Les ouvriers se passionnent ordinairement dans ces exercices, et finissent par négliger tellement le travail et obtenir de si minces résultats, en regard de grandes dépenses de temps et d'argent, qu'ils se plongent dans la misère. Le troisième moyen, consistant à mendier, présente la plus triste perspective pour quelqu'un qui est propre au travail et ne veut cependant pas se soumettre à cette nécessité cent fois plus agréable que l'oisiveté absolue pour quiconque a encore le moindre sentiment de dignité.

La *chasse* qui, à son origine, avait surgi du besoin de se défendre contre les animaux sauvages et de les poursuivre pour se nourrir de leur chair et se vêtir de leurs peaux, est devenue de nos jours un passe-temps salutaire pour les désœuvrés; onéreux et même ruineux pour ceux qui n'ont pas de superflu. Ce n'est pas d'aujourd'hui que sur ce point s'est émise une pareille opinion. Dans l'antiquité, le goût des Athéniens pour la chasse avait des conséquences si funestes que Solon crut devoir la défendre au peuple qui négligeait, pour s'y livrer, les arts mécaniques. Chez les Romains, la chasse était permise à tout le monde, mais il y avait une restriction extrême dans ce fait, que tout propriétaire avait le droit d'interdire aux tiers de pénétrer sur son fond pour y chasser; celui qui s'était emparé le premier d'une chose *nullius* en devenait propriétaire par l'occupation; sa propriété sur un animal sauvage se liait à la possession qu'il en avait, et elle cessait avec celle qu'il exerçait jusqu'à la portée de la vue. L'animal blessé appartenait au chasseur, à moins qu'il n'en eût abandonné la poursuite ou seulement, d'après Gaïus, qu'après l'avoir saisi.

Les Francs, après la conquête de la Gaule, établirent des droits de forêts et de garennes, qui leur assuraient le privilège de la chasse; rendue au droit commun au XIVe siècle, elle dégénéra en un immense braconnage et devint la source d'abus de toutes sortes qui la firent livrer de nouveau aux privilégiés. Le droit ainsi conféré n'autorisait pas à chasser sur les terres d'autrui. Le privilège fut aboli en 1789. La liberté fut promptement la source de nombreux désordres; la loi du 30 avril 1790 la restreignit, sans suffire à la répression des abus de cet exercice. Le nombre des braconniers augmentait chaque jour; les dévastations qu'ils commettaient excitaient les plaintes de l'agriculture; le gibier était menacé d'une destruction totale; la sécurité des campagnes était souvent compromise. Il fallait modifier une législation qui offrait de tels dangers, sans compter celui de conduire les familles nombreuses des braconniers aux abîmes de la misère. Les règles nouvelles furent déposées dans une loi du 3 mai 1844; cette loi donne à ceux qui ont le goût de la chasse, et pour le temps où elle est ouverte, la latitude, en se conformant à ses prescriptions et en payant un permis, de passer leurs journées à courir après le gibier sur leurs propres terres et sur les terres d'autrui, avec le consentement de celui à qui le droit de chasse appartient; elle n'autorise que la chasse de jour, à tir et à courre, et interdit tous les procédés de braconnage, à l'exception des furets et des bourses destinés à prendre le lapin.

Les pratiques autorisées et les défenses faites par cette loi n'ont pas arrêté la passion de la chasse chez ceux pour lesquels elle est fatale ; le prix du permis n'a pas empêché que les chasseurs se soient multipliés parmi les besogneux et dans la classe des braconniers, au point que le gibier se fait de plus en plus rare. D'autre part, il y a aujourd'hui parmi les chasseurs ordinaires, comme chez ces derniers, une adresse de tir, une âpreté de tuer et une précision de fusil telles que c'est par la destruction de compagnies entières de perdreaux que les premières chasses se signalent. Puis enfin, tenant compte des temps et des lieux, il y a encore des gens qui se plaignent de la cherté du permis. En telle occurrence, il n'y aurait point de mal à remédier, par des procédés divers, à tous ces inconvénients.

La diminution de moitié du prix serait facilitée par le moyen de permis de chasse délivrés pour valoir un jour fixe par semaine, ce qui amènerait beaucoup d'ouvriers à s'en contenter. La protection du gibier serait certainement assurée par une ouverture de chasse tardive et une fermeture prématurée ; par un calibre et une longueur réglementaire de fusil qui ne permettraient pas de tuer trop souvent et à des portées trop grandes pour ne pas compromettre la sécurité publique ; par des grosseurs de projectiles qui n'exciteraient pas à mitrailler le gibier et à lui faire des blessures insuffisantes pour l'arrêter et dont il meurt ensuite misérablement. Cette dernière mesure ne serait que le renouvellement des dispositions d'un arrêt du Conseil du 4 septembre 1731. On parviendrait à sauver beaucoup de couvées qui se trouvent dans les prairies artificielles et sont aujourd'hui détruites par les cultivateurs dans un mouvement d'envie, en intéressant ces derniers à leur réussite et en leur allouant une prime par compagnie ou en les autorisant à exiger des chasseurs une rétribution par pièce de gibier tuée sous leurs yeux et sur leur exploitation. Si la chasse n'offrait pas la perspective de la trop facile destruction du gibier, elle pourrait être une distraction pour tous les chasseurs, sans devenir un métier ruineux et funeste pour un trop grand nombre. On obtiendrait ce résultat par les mesures proposées et par le numérotage obligé des canons de fusil, moyen qui donnerait l'avantage de relever le numéro sur le permis de chasse et d'exiger la remise réelle du fusil du délinquant, dans le cas où la loi en autorise la confiscation. Outre les procédés réformateurs que nous venons d'indiquer, il y en a d'autres. On pourrait en effet, comme le propose un savant publiciste, fonder une société de tous les chasseurs de France, ou différentes sociétés particulières, pour la protection du gibier et la répression du braconnage. Une collectivité n'aurait pas à garder les ménagements d'un individu isolé ; elle intéresserait les campagnards, primerait les procès-verbaux, surveillerait les recéleurs et poursuivrait en police correctionnelle les délinquants en se portant partie civile. Elle aurait plus d'autorité pour faire comprendre à nos gouvernants l'intérêt considérable qu'il y aurait, pour l'alimentation publique, à ne pas laisser dépeupler la France de gibier, alors que par l'effet des associations il pullule en Allemagne. Une fois convaincus, il ne pourrait pas leur répugner d'arrêter le braconnage qui est le pire des vagabondages, puisqu'il entraîne souvent des homicides, en n'acceptant plus les certificats d'indigence des braconniers.

§ VI.

La *pêche*, à moins qu'elle ne fournisse des produits suffisamment rémunérateurs pour faire vivre le pêcheur et sa famille, est une occupation frivole à laquelle il est dangereux de s'adonner. On ne voit cependant que trop d'individus préférant vivre misérablement, par suite de l'irrégularité des ressources qui en résultent, que de s'employer à des travaux continuels et lucratifs. La condition des pêcheurs ou braconniers d'eau douce devient de plus en plus précaire par le fait des abus auxquels ils se sont livrés depuis trop longtemps. Ayant employé de jour et de nuit les moyens les plus destructeurs pour assurer des besoins pressants, ils ont compromis l'avenir. Il y aurait pour l'Etat, propriétaire des cours d'eau, à prendre la résolution de les affermer partout à des compagnies munies de fabriques d'alevins, voulant se charger de leur repeuplement et de leur exploitation. De la sorte l'abondance reparaîtrait promptement là où se trouve actuellement la disette. On verrait même les sociétés utiliser avec avantage les braconniers de chasse et de pêche. N'ayant aucune autre mesure légale et efficace à proposer à ce sujet, nous n'avons plus qu'à faire des vœux pour le changement de ces pères de famille dominés par la paresse au point de lui sacrifier leur bien-être, le bonheur et l'avenir de leurs enfants. L'interdiction et le permis de pêche nous semblent difficiles à établir.

§ VII.

Il y a fort longtemps que les économistes discutent les graves inconvénients de la mendicité rendue à l'état d'industrie et présentent son interdiction générale comme remède propre à arrêter le vagabondage. Malheureusement il en a été de la mesure prise à cet égard, comme de beaucoup d'autres ; elle ne s'est pas exécutée vis-à-vis de ceux qui devaient en être les principaux objets et qui relevaient de l'autorité supérieure. Aussi il est triste de voir que les plaintes exprimées en les termes suivants par M. Dupin aîné, le 1er septembre 1854, sont toujours vraies et les faits signalés de plus en plus inquiétants : « Qui n'a entendu les fermiers et les propriétaires ruraux se plaindre d'être continuellement assaillis par une foule de mendiants qui, soit individuellement, soit par familles ou même par bandes, se succèdent pour leur demander des vivres et le logement ? Pendant que les hommes valides sont occupés au travail des champs, ces individus pénètrent dans les maisons, s'installent au foyer domestique, intimident les femmes et les enfants, et demandent hardiment ce qu'il leur faut ; moins on les connaît, plus on les redoute, et l'expérience prouve qu'on a souvent raison de s'en défier.

« Tous les villageois disent hautement que, s'ils n'avaient affaire qu'aux pauvres de leur commune, ils viendraient facilement à bout de les soulager ; ceux-là, on les connaît, on sait leurs besoins vrais ou factices ; s'ils peuvent ou non travailler ; si leur misère tient à l'infirmité ou à la paresse ; s'ils ont des parents en état de les héberger et de les secourir, au moins dans une certaine mesure.

« Mais un mendiant étranger exploite à la fois plusieurs communes ; venu de loin, il ment à son aise sur son origine, sa famille, ses infirmités, ses prétendus malheurs, et, s'il a pu se procurer un certificat (*accordé quelquefois avec trop de facilité par un maire qui ne cherche par là qu'à se débarrasser d'un être importun et dangereux*), on le voit s'en servir, comme un corsaire se sert d'*une lettre de marque,* pour courir sus aux populations. Ces mendiants nomades qui boitent à la porte, marchent mieux quand ils sont hors de vue et sur les grands chemins ; ils iraient dans 50 maisons et y récolteraient cent gros sous et vingt livres de pain en un jour, qu'ils ne diraient jamais : *c'est assez*, et personne, faute de connaître les détails de leur industrie, ne pourrait leur dire : *c'est trop.* »

Il est incontestable que les mendiants étrangers, loin d'être arrêtés dans leur vagabondage, n'ont fait que profiter de l'interdiction de la mendicité surveillée dans les villes pour envahir encore plus audacieusement les campagnes, où ils exploitent leur honteuse profession dans des conditions plus lucratives que l'exercice du travail d'un bon ouvrier. Ces mendiants perçoivent ainsi subrepticement les secours qui devraient naturellement aller aux vrais pauvres des communes et qui contribuent à aggraver le sort de ces derniers. Souvent aussi cette industrie se prévaut du prétexte de la musique, du chant, ou de l'exhibition d'un animal muselé ou enchaîné, pour exiger plus que l'aumône. Il est grand temps que le gouvernement ouvre enfin les yeux sur la gravité d'une pareille situation et sur la facilité qu'il aurait de la changer, s'il le voulait réellement, en arrêtant ce vagabondage. Il devrait également porter son attention sur un autre, très mauvais pour ceux qui l'exercent, parce qu'il ne leur procure pas une existence honnête ; très nuisible pour leurs enfants, ainsi pourvus de la plus fâcheuse éducation et détournés du travail, et très lourd pour ceux qui le supportent, parce qu'il entraîne les plus grands abus. Nous voulons parler du vagabondage forestier permis ou toléré dans les forêts de l'Etat, des communes ou des établissements publics, autour desquelles se groupent par calcul les populations les plus fainéantes et les plus nécessiteuses.

§ VIII.

Ce n'est pas seulement dans les choses qui tiennent des distractions ou de l'oisiveté que les travailleurs éprouvent un goût prononcé à imiter ceux qui leur sont supérieurs par la fortune ou par la position; c'est en toutes; toujours ils cherchent à copier, en réduction, tout ce que ces derniers font, de même qu'à participer à tous leurs plaisirs; aussi la plupart d'entre eux, surtout les femmes, ne restent point indifférents au *luxe* et à la *mode* et ne se donnent pas la peine de réfléchir aux dispendieuses et funestes conséquences qui, pour eux, en découlent. Au lieu de considérer que le revenu de l'artisan se forme du luxe que son talent favorise et de la mode qui a été inventée dans son intérêt, pour multiplier la fabrication, cet artisan se montre souvent jaloux de son œuvre et veut en user pour lui-même ou pour sa famille; au lieu d'exalter la richesse parce que c'est elle qui fait aller son travail et peut l'enrichir lui-même par son heureux contact, il l'envie trop souvent avant d'être en train de la gagner, et ne fait alors rien pour mériter de la posséder.

La propension au luxe et à la mode peut être combattue, vis-à-vis de ceux qui se ruinent à la subir, par les bonnes idées de l'économie politique et les belles perspectives de l'épargne, mais il est évident que des succès seraient plus certains en s'adressant à l'enfance. Du moment que les dépenses faites constituent des excès relatifs mettant les familles dans la gêne, leurs auteurs se rendent coupables de prodigalité et nuisent à la société entière, ainsi que nous l'explique notamment l'économiste Adam Smith: « Un homme économe est comme le fondateur d'un atelier public; il établit en quelque sorte un fonds pour l'entretien perpétuel d'un certain nombre de salariés industrieux... Le prodigue, au contraire, distribue à la fainéantise, qui ne les rétablit pas, des fonds que la frugalité de ses pères avait consacrés à l'entretien de l'industrie, et entre les mains de laquelle ils renaissaient sans cesse. Il voue à un usage profane les deniers d'une fondation pieuse. Tout prodigue est un ennemi public qui diminue les profits du travail intelligent, et tout homme économe doit être regardé comme un bienfaiteur de la société. »

§ IX.

Après avoir ainsi exposé les moyens qui nous paraissent efficaces pour prévenir ou détruire les mauvaises habitudes, pour tout le monde, de s'adonner à l'ivresse, aux jeux et loteries, et, pour les pauvres, à la chasse, à la pêche, à la mendicité, au luxe, à la mode, et de s'enrôler dans de pernicieuses coalitions, habitudes enfantant l'oisiveté qui est la mère de tous les vices, la misère qui en est le conséquence, nous reprenons les enfants des deux sexes pour dire les systèmes de protection que le gouvernement pourrait assortir à leurs faiblesses. Sous ce rapport il a beaucoup à faire. Le relâchement qui s'est produit dans les mœurs et les conversations est susceptible de corrompre les enfants dès l'âge le plus tendre. Les parents qui ont le sentiment de leurs devoirs et qui sont soucieux de les conserver aussi longtemps que possible dans le plus pur sommeil des sens, et d'assurer ainsi l'avenir de leur santé et de leur honneur, se préoccupent au suprême degré du bon choix des institutions libres ou officielles auxquelles ils peuvent les confier; c'est à entrer à cet égard dans le secret désir des familles que les établissements religieux ont acquis une grande réputation de supériorité; c'est à l'égaler ou à la conquérir que le gouvernement doit travailler avec ardeur, afin de l'obtenir pour les siens.

L'instruction des garçons une fois finie, la voie des applications matérielles leur est ouverte. Aux écueils contre lesquels une bonne éducation a dû les prémunir, s'en ajoutent d'autres que la surveillance et les bons exemples des parents et des amis préviennent souvent. L'Etat intervient de son côté par des lois répressives. Il aurait certainement beaucoup mieux à faire en cherchant à leur inoculer l'amour des exercices militaires et de la gymnastique, non à l'âge de la force utile à dépenser pour les familles, mais à celui où les manœuvres auraient le quadruple but de les occuper pendant les récréations, de les habituer au travail, d'assouplir leurs caractères et de profiter de l'admirable talent d'imitation inhérent à cet âge (1). Nous soutenons qu'en pareil cas la pratique des évolutions militaires aurait pour effet de mieux régulariser les mouvements, de mieux préparer à la discipline, de faire naître ou développer de véritables vocations, et de ménager à l'avenir des bras pour la culture et l'industrie, des talents pour les professions libérales. D'autre part, la théorie serait parfaitement sue; puis, ce qu'on apprend dans l'enfance se grave plus imperturbablement. Ce moyen d'instruction serait facilement appliqué par des sous-officiers rétribués comme les instituteurs communaux et fonctionnant alternativement dans plusieurs communes du même canton. Il permettrait de réduire à un an

(1) Ceux qui ne poussent pas le sentiment de l'égalité jusque dans ses erreurs économiques et politiques commencent à comprendre que le *remplacement* n'avait rien de l'odieux qu'on y voyait autrefois. Outre que cette faculté permettait à des fils d'améliorer la position de leurs familles par l'engagement grassement payé, de servir la patrie dans des conditions honorables, imitant en cela tous ceux qui travaillent pour l'Etat moyennant appointements ou salaires (ce qui est tout un), et à des hommes turbulents et fainéants de se soumettre volontairement, par intérêt pécuniaire, à la discipline d'une carrière qui corrigeait utilement les aspérités de leurs caractères et de leur conduite, elle avait aussi cet avantage de constituer un noyau d'armée. A la place de ces derniers elle n'enlevait pas sans compensation des enfants soumis et ne plongeait pas dans la misère, immédiate ou future, les parents dont ils étaient les soutiens; elle n'était pas dissolutive de l'esprit de famille, ne jetait pas la meilleure partie des travailleurs en dehors de leurs voies habituelles; elle ne faisait pas de la carrière militaire une sorte d'exil en masse imposé aux vingtenaires à titre de punition et d'égalité aveugle, faisant de tous une machine sans cohésion, une agrégation factice; recélant la dissolution à l'état latent; exposant la carrière à être considérée comme ayant perdu de son honorabilité, puisqu'elle emploie, pour se recruter, la réquisition forcée de tous les valides. Nous savons que pour justifier la première étape de ce progrès à rebours, on parle déjà de la seconde, c'est-à-dire de la suppression de l'armée, et cela sans avoir l'air de se douter que cette mesure aurait l'effet d'une trahison livrant la France à l'étranger. Ce que nous retenons pour le présent, c'est que les pauvres ont beaucoup perdu par suite du changement infligé à la nation.

ou deux la durée du service en temps de paix, et cependant d'avoir des hommes exubérants d'entrain et d'activité, et des sous-officiers véritablement imbus de l'esprit militaire. Au point de vue du paupérisme (1), l'avantage de garder le moins longtemps possible sous les drapeaux les conscrits des villes comme ceux de la campagne est de la dernière importance. En passant un temps précieux à l'accomplissement du grand devoir patriotique, beaucoup contractent des habitudes pernicieuses, qui sont souvent la cause de leur misère future. Il ne faut pas non plus oublier de dire que cette organisation, loin d'être onéreuse, économiserait de très nombreux millions qui pourraient être employés à constituer une armée de vieux soldats très bien payés, pour être ensuite très bien retraités, recrutés parmi ceux qui voudraient faire des armes leur carrière et ceux qui se voueraient au célibat (2).

Les devoirs des instructeurs de la nouvelle création pourraient comprendre, sur l'ardeur et la tenue générales et particulières des enfants et les succès obtenus, de fréquents rapports destinés à être soumis à des supérieurs; tout le monde gagnerait à la mise à profit de cette idée fort simple. Nous nous sommes laissé dire qu'après avoir, dans des temps reculés, obligé leurs élèves à pratiquer, pendant les récréations, des jeux

(1) Par cette utile pratique on suivrait le conseil de l'éminent auteur de la *Morale rationnelle*, p. 68, donné en ces termes: « Le meilleur moyen d'enseignement est le travail de l'esprit et du corps: il doit changer fréquemment d'objet et de forme, sans jamais cesser. Il faut le prescrire comme un devoir et le pratiquer comme la plus saine des habitudes, le plus efficace des préservatifs contre toute sorte de corruption ».

(2) M. Babeau, dans son ouvrage: *Le village sous l'ancien régime*, nous apprend que la milice ne date que du règne de Louis XIV; le tirage au sort ne portait alors que sur les célibataires et sur les veufs sans enfants. Le nombre des miliciens n'était que de 60,000 hommes, provenant d'un contingent de dix mille hommes par an que l'on demandait à toute la France. Une liberté locale qui n'existe plus guère, régnant alors partout, chaque village s'arrangeait pour que celui-là seul fût soldat qui, par son humeur aventureuse, était disposé à partir; pour le décider, ses camarades se cotisaient, et on lui remettait, au nom de la communauté, une petite somme que dans certains pays on appelait *convention*.

capables de fouetter la vie animale et de combattre les inconvénients physiques et moraux d'une vie ascétique, et à faire de longues promenades, le tout afin de les détourner, par de tels amusements, d'avoir de mauvaises idées, certains établissements religieux les livrent depuis longtemps déjà à des exercices militaires qui ne cessent pas de donner les meilleurs résultats.

Pour les filles, l'éducation exige la constante sollicitude des parents et surtout de la mère ; c'est ce qui a fait dire que cette dernière doit toujours accompagner sa fille, même lorsqu'elle va à confesse. Quoique la nature ait pourvu, par des conditions physiques, à l'honnête et admirable retenue des penchants féminins, constitutive de la pudeur et de la chasteté, il convient que des paroles et des exemples toujours édifiants soient sans cesse mis sous leurs yeux et à la portée de leur entendement. Lorsqu'elles sont dominées par le sentiment religieux, elles sont faciles à conduire ; aussi c'est au sortir des maisons d'éducation et quand les filles n'ont pas la qualité de l'âme et les dispositions du cœur qui les rattachent à l'Eternel, que la tâche du gouvernement acquiert une importance capitale et qu'il doit s'en préoccuper au point de vue social. C'est alors que commence pour lui une grande responsabilité ; nous savons par ce qui existe qu'il porte allègrement ce fardeau, mais nous ne devons pas moins tracer les devoirs qu'il aurait à remplir pour la dégager ; nous ne disconvenons pas que la société est solidaire de son indifférence ; nous ajouterons même que les idées courantes sont, à certains égards, presque de nature à excuser un peu les gouvernants.

Tout le monde sait en effet que les jeunes gens des familles riches ou seulement aisées dépensent leur oisiveté et font consister leur plaisir à rechercher les filles pauvres et à les séduire à force de cadeaux et d'argent, sans aucun souci des situations honteuses et misérables qu'ils leur préparent. Loin de les blâmer de cette manière d'agir, les parents irréligieux et imprudents (pour ne pas dire plus) de ces Lovelaces considèrent qu'il est bien séant ou bien porté de se conduire ainsi et de passer les belles années de la jeunesse dans des débauches, bizarrement mises au nombre des meilleures espérances, mais en réalité des plus fausses garanties de l'avenir, lorsque ces beaux fils, perdus de santé, finissent par se marier.

Ces parents calculateurs pensent secrètement qu'à cette triste faveur ces jeunes gens, d'abord imitateurs inconscients de la perversité précoce, puis ensuite entièrement dissolus et blasés, seront moins exposés à encombrer leurs maisons d'enfants. Pauvres gens qui ne voient pas que, sous un prétexte coloré d'inexpérience et de frivolité, lancé pour ajourner le mariage, ils sacrifient la belle nature et l'heureuse constitution de leurs enfants au souffle des plus vils excès, et leur font courir les risques des plus cuisants remords! Pourtant le simple bon sens nous dit qu'à cause de la fortune le contraire devrait arriver. Il est incroyable que la santé des jeunes gens en cas pareil ne soit pas sauvegardée par la possibilité de se marier sans attendre les places ou positions. Quant aux jeunes gens sans fortune, nous ne sommes point inquiets pour eux; absorbés par l'amour du travail ou ravis par le plaisir intellectuel, la continence leur paraîtra facile. Il est reconnu d'ailleurs qu'une pareille habitude n'a rien d'impossible ou de nuisible, et que sur ce point la nature ne devient en apparence indomptable qui si elle est aveuglément irritée, cas qui entraîne souvent des maladies incurables et la mort prématurée. Aussi nous sommes persuadé que les hommes qui font franchement vœu de chasteté n'éprouvent aucune des contrariétés ou des faiblesses que les dissolus leur prêtent; ces derniers ne comprendront jamais que les libertins sont, au dire des physiologistes (1), des êtres faiblement constitués au physique ou au moral; que la raison et la vertu qui fondent et assurent la dignité de l'homme, en lui ménageant le pouvoir de se commander à lui-même, sont capables d'opposer des barrières infranchissables à des désirs immodérés et à des passions sans mesure, et que si, dans des choses sur lesquelles nos sens peuvent exercer un empire tyrannique, l'usage de nos forces et de nos

(1) Entre autres M. F.-V. Raspail, p. 2 de son *Manuel annuaire de la santé*.

facultés n'eût pas été réglé par la tempérance ou la sagesse du mariage, il y a longtemps que le genre humain eût péri par les moyens mêmes qui lui ont été donnés pour se conserver et pour se reproduire.

Ce qu'il y a encore de plus étonnant dans cette étrange manière d'entendre les choses de la vie, c'est qu'on rencontre des pères et mères de jeunes filles fortunées qui acceptent ces idées malsaines, en les appuyant sur un autre prétexte : la croyance d'une plus grande certitude dans la fidélité conjugale, et en mettant ainsi de côté l'adage : *qui a bu boira*. Il faut dire aussi qu'à la faveur de ce surprenant état des esprits, les mariages ont de moins en moins le mobile qui devrait présider à leur accomplissement. Les garçons, qui n'ont aucun motif matériel de rompre avec leur vie de désordre, cherchent le plus souvent, pour s'unir légalement aux filles, des fortunes extraordinaires. De leur côté, bon nombre de filles n'envisagent que la position élevée des épouseurs. Les titres, les particules, les hauts grades, les hautes fonctions et les dignités sont pour elles, comme pour leurs parents, des talismans d'un effet irrésistible. C'est ainsi qu'il n'est pas rare de voir les mariages les plus disparates par l'âge, les plus singuliers par les perspectives qu'ils offrent à la génération. Les filles jeunes et riches qui se sacrifient, par orgueil et vanité, à l'âge mûr, en croyant plus ou moins sincèrement trouver dans ces hautes situations des hommes ayant toujours été prudents, rencontrent souvent des individus maladifs ou ramollis, qui ont subi toutes les souffrances physiques organiques et accidentelles,et qui, ayant le sang vicié sous une apparence passable, leur procréent des enfants rachitiques, scrofuleux ou phthisiques. Quels regrets amers pour les parents qui ont eu les idées que nous rapportons et qui les ont mises en usage ! Comment est-il possible que la réflexion la plus vulgaire ne fasse pas justice de ces visions du jour ? Le bon sens ne dit-il pas qu'en mariage il faut se prendre avant d'être gâtés au physique ou au moral ? On agit comme s'il n'était pas sage et honnête de se garder pour accomplir sans péril les devoirs de la nature et en obtenir des enfants nullement exposés à expier, dans de longues souffrances ou une mort prématurée, les erreurs de leurs parents ! Comme s'il n'y avait pas des probabilités plus grandes de bonheur dans des unions de sujets également vertueux et sains que dans des associations hybrides, soit au moral, soit au physique.

Nous avons été amené à parler, en matière de paupérisme, des idées qui président aux mariages quand ils ont pour base la richesse ou l'éclat des positions, par la raison qu'elles doivent être comprises dans les causes d'immoralité produisant les plus funestes résultats. Les liaisons dangereuses qui procèdent souvent de leur initiation entraînent non seulement la perdition des filles qui s'y prêtent, mais encore la naissance d'enfants voués à la mort violente, à l'abandon, à la misère, et destinés à passer leur vie à maudire les auteurs de leurs jours et la société elle-même qui, en les recueillant et pouvant faire plus, n'est jamais pour eux qu'une marâtre. Il ne s'agit point, en effet, pour un Etat de voir uniquement l'envers d'une question à résoudre, c'est-à-dire d'ouvrir les tours ou de les fermer en recevant les nouveau-nés d'une autre manière pour assurer leur existence. C'est ne pas faire autre chose que copier saint Vincent de Paul dans une partie de son admirable apostolat. Or, nous rendons justice à l'ineffable ardeur charitable de cet ami de l'humanité, en soutenant qu'il ne s'en serait pas tenu là s'il avait eu le pouvoir gouvernemental d'éteindre, en majeure partie, les causes primordiales du zèle qu'il avait à déployer. Il a bien répandu sa doctrine pour faire accepter le degré de culpabilité impardonnable qu'il y a, pour les pères comme pour les mères, à abandonner à la commisération publique des enfants pour lesquels eux-mêmes n'ont aucune pitié ; il les a bien exhortés à garder et aimer ces fruits de leur tendresse et à se marier pour vivre honorablement ; mais que faire, sinon ce qu'il a fait, lorsque des conseils sont insuffisants ?

L'Etat, au contraire, peut recourir à des moyens directement ou indirectement coercitifs : rien ne serait plus facile pour lui que de forcer tous les célibataires, hommes séparés de corps ou veufs, à laisser les filles, les femmes séparées de corps et les veuves tranquilles, et pour cela il suffirait notamment d'exposer les dissolus à des amendes assez élevées et à des dommages-intérêts (1) envers leurs victimes innocentes ou leurs complices, dans le cas où ils seraient trouvés exerçant le métier de contrebandiers de la moralité soit chez les filles, femmes séparées de corps ou veuves non inscrites au registre des mœurs, soit en les recevant accidentellement ou périodiquement chez eux, soit dans des maisons tierces, le tout aux risques de favoriser le *chantage, attendu qu'il est pris ici pour servir d'épouvante et doit être toléré,* mais sous une exception relative aux filles, femmes séparées de corps ou veuves s'étant confiées à divers titres à une cohabitation constante avec des hommes sages ou libertins. Ce serait par cela même inviter ces derniers à vivre maritalement ou à hanter uniquement les lieux où l'immoralité est en permanence, et où il doit y avoir cependant, pour la santé, plus de garantie, et pour la stérilité, plus de certitude.

Outre l'avantage de faire cesser la recherche abusive des filles, femmes séparées de corps ou veuves de la part de ceux qui veulent les tromper, une législation autorisant le chantage aurait encore l'excellent effet de modérer et abréger les cours longues et assidues qui précèdent les mariages entre des personnes de même condition et dont les suites sont souvent funestes. Les conférences matrimoniales prendraient, dès le commencement des relations, un certain degré de solennité sous les yeux des parents ou des amis. Les classes inférieures imiteraient ainsi forcément, avec un immense profit pour elles-mêmes et pour la moralité générale, les bienséances qui s'observent dans le grand monde. Sans doute elles ne pourraient plus avoir cette folle prétention de mieux assurer le bonheur des nouveaux époux par des habitudes de se voir et de se parler longtemps, habitudes qui sont reconnues pour ne point changer les caractères et améliorer les inclinations, mais les jeunes gens et les jeunes filles seraient mis en position de réfléchir mûrement aux qualités qu'il faut avoir pour être heureux et

(1) Un illustre écrivain prédit, par une admirable et très fine ironie de la triste complicité de la génération actuelle, qu'un jour viendra où ces dommages-intérêts, à défaut de statuer dans le temps présent, pourront être de la totalité de la fortune d'un séducteur avéré.

aux sacrifices qu'il convient de s'imposer pour ne pas être malheureux.

Les mêmes amendes et dommages-intérêts dont nous venons de parler seraient applicables dans les cas où il y aurait, entre les mêmes personnes et pour des faits passés dans les mêmes lieux et circonstances, des preuves écrites de séduction, par suite de manœuvres, serments ou promesses de mariage; certains tribunaux ont déjà admis que des agissements pareils constituaient une escroquerie d'un genre particulier donnant matière à des dommages-intérêts.

Pour contre-carrer également les entreprises des célibataires, hommes séparés de corps et veufs contre les femmes mariées, ainsi que celles des hommes mariés contre les femmes mariées, il y aurait à rendre moins ridicules les pénalités existantes contre l'adultère, qui ont l'air d'avoir été édictées plutôt pour une excitation que pour une répression. En se reportant à la promesse solennelle de la fidélité mutuelle qui est la base et l'honneur du mariage, il y aurait à se demander pourquoi on conserverait plus longtemps, en cause de séparation de corps et au mépris d'une jurisprudence tendant à la faire disparaître, une exception établie pour le mari (C. C. 230 et 306) manquant à la probité conjugale. Il faut lire à ce sujet la *Philosophie du Code pénal* de M. Franck, de l'Institut, où l'inconduite et l'adultère sont justement accusés d'être permis, ce qui est de la dernière évidence, puisque notamment l'article 309 du Code civil favorise la corruption du mari en même temps que celle de la femme. Il est fâcheux que les lois du temps présent soient très loin d'être en progrès sur celles du temps passé, si la moralité publique et la moralité privée doivent toujours être considérées comme une excellente propension à généraliser.

M. Franck voudrait que le violateur du sanctuaire de la famille fût privé de la tutelle de ses enfants remise aux mains de sa femme outragée, de la tutelle des enfants d'autrui ; exclu des conseils de famille, de toute fonction publique exerçant une influence sur l'éducation ou sur les mœurs; de l'enseignement, du jury et de le magistrature municipale ; indigne d'un office d'avoué ou de notaire; interdit temporairement d'exercer la médecine.

Au milieu des nombreux et savants écrivains s'ajoutant à M. Franck et qui ont comparé avec raison les crimes punis du bagne et le fait criminel de l'adultère, dont les conséquences sont infiniment plus funestes, il en est un qui s'exprime en ces termes : « De tous les attentats contre le droit; l'adultère est le plus grave et le moins réprimé en France ». Puis, prévoyant avec sa justesse d'esprit que notre époque n'est pas encore favorable à une si bonne réforme, il continue par la description d'un remède héroïque qui, par suite de l'incurie et de la succession des temps, pourra devenir nécessaire : « Dans un siècle d'ici, peut-être même plus tôt, le juge fera comparaître devant lui les trois acteurs de cette comédie : « Vous, Madame, dira-t-il, vous avez rompu, ou violé (c'est tout un) le contrat conjugal. Vous n'êtes plus mariée, vous ne vous marierez plus. Reprenez votre nom de famille, gardez-le et faites en sorte de le porter honorablement ! Vous, Monsieur le damoiseau, vous n'auriez ni le loisir, ni la tentation de courir les aventures, si vous étiez obligé de travailler pour vivre. Voyez-vous ces braves ouvriers qui se rendent à leur chantier ; ils ne passeront pas la nuit à escalader les ménages ; ils dormiront honnêtement sans faire tort à personne. Vous êtes riche, mon bel ami. L'Etat, à qui vous avez causé un préjudice grave en défaisant une famille, s'indemnise en vous ruinant. Votre train de maison représente un revenu de 25,000 francs : allez voir mon greffier, et payez-lui 500,000 francs d'amende. Toi, mari, va chercher une autre femme et tâche de t'en faire aimer ; les bons ménages se gardent eux-mêmes. »

Il n'est pas sans intérêt d'expliquer le pourquoi de la législation actuelle ; le titre du Code civil décrété le 21 mars 1803 admettait le divorce pour cause d'adultère ; la loi pénale intervenue le 17 février 1810 n'avait, par conséquent, aucun motif d'être accessoirement très sévère pour l'infraction à la foi conjugale ; mais lorsque le divorce fut aboli par la loi du 8 mai 1816, on aurait dû reviser sur le même point la législation pénale qui avait subi, dans son principe même, l'extrême influence d'une institution civile inopinément supprimée.

Par suite de cette inadvertance incroyable, la loi se

trouva avoir laissé subsister l'indulgence pour les causes du divorce dont elle votait l'abolition, alors qu'elle aurait dû les attaquer avec vigueur, afin d'empêcher le mal de se produire, puisqu'elle détruisait le remède. Il n'y a donc pas lieu de regarder comme étonnant que les désunions se soient accrues, et que l'immoralité soit passée, pour un trop grand nombre, à l'état scandaleux d'habitude; en un mot, c'est le défaut de pénalité sérieuse qui a enfanté tous les relâchements.

Les demandes de rétablissement de la loi du divorce qui se produisent aux chambres nous conduisent forcément à dire ici qu'une pareille faculté, si elle était jamais prononcée, contribuerait beaucoup à augmenter les misères sociales, surtout en France où les caractères sont versatiles. Pour écouter les doléances d'époux, malheureux sans nul doute, mais qui sont presque toujours tels uniquement parce que ni l'un ni l'autre ne veut se soumettre à ses obligations et à ses devoirs écrits dans les articles 212, 213 et 214 du Code civil, on multiplierait les désunions sur une grande échelle, en notre temps, où dans toutes les classes la femme, se laissant influencer par un dangereux mot d'ordre, ne veut plus obéir et n'est pas toujours assez fine pour enchaîner adroitement, par une affection réelle ou feinte, la volonté de son mari et la subordonner à la sienne. Toutes les femmes perdraient énormément, le jour où elles n'auraient plus à mettre en pratique cette stratégie conjugale. Dans les ménages les moins lettrés, comme dans les autres, on sait que le bonheur gît dans des sacrifices mutuels ; les conjoints qui ont lu Ozanam ont pu apprécier la raison de ces sacrifices par lui donnée en ces termes : « S'ils savent ce qu'ils font, les deux époux sacrifient beaucoup de choses et ils sont heureux de les sacrifier. Ils n'ont pas besoin, ils ne peuvent pas souffrir qu'aucune loi vienne les protéger contre eux-mêmes, leur interdire l'aliénation à perpétuité de leurs personnes, changer le don en louage à terme et faire du mariage un marché. » Lorsque la femme honnête, qui est obligée, par le fait de sa nature physique, de reconnaître sa faiblesse, ne sera plus dans la maison qu'à titre de louage temporaire, ne pourra plus tirer aucune force de son amour, de sa sollicitude, de sa douceur, de sa résignation, en un mot de ses vertus, et n'aura plus le droit de rappeler son mari à ses devoirs, le divorce y sera toujours à l'état latent ; si c'est le mari, au contraire, qui se fasse remarquer par son attachement conjugal, son travail, ses privations, sa patience, son dévouement, et qui soit amené à désirer que sa femme remplisse mieux ses devoirs, le premier avertissement d'un divorce prochain sera alors lancé. Dans ces deux cas, comme dans celui où il y a des torts réciproques, est-ce que les enfants n'auraient pas plus à espérer des sacrifices acceptés ou imposés à leurs parents en vue de la morale que des libertés qui leur seraient accordées ? Est-il possible de croire qu'une société tendant de plus en plus à se corrompre n'ait plus besoin de la dignité de l'union conjugale, qui tient pourtant d'une façon si étroite à la santé publique, à la morale, à la prospérité du ménage, à la paix sociale, à l'avenir de la patrie, à la vie de famille, à l'éducation des enfants, au bonheur de tous ?

En revenant à notre exposé de moyens, après cette digression nécessaire, nous disons que dès l'instant qu'il y aurait possibilité de vivre comme mari et femme sous le même toit, il serait raisonnable de prescrire qu'en cas de survenance d'un second enfant conçu durant un ménage de contrebande, ce qui en caractériserait bien la nature, il y aurait présomption que tous les enfants conçus ou nés dans le même milieu sont pris par le chef sous sa protection particulière, et qu'à ce titre il leur doit des aliments.

Une autre forme de la même plaie sociale contre laquelle l'Etat aurait à réagir pour ne pas être accusé d'en tolérer le développement, est celle où des filles, femmes ou veuves, riches ou pauvres, font métier de racoler des amants plus jeunes qu'elles. Ici encore le chantage entraînant des dommages-intérêts au profit de ces derniers, des amendes ou même des peines plus graves, devrait être permis pour les cas de flagrants délits en tous lieux ou de constatations ultérieures dans des procès scandaleux ou par des preuves écrites.

Pour légiférer sur les points que nous venons de toucher, il faut avoir la ferme intention et l'inébranlable volonté d'arrêter le débordement de l'immoralité, et alors tout devient de la plus grande facilité. Sans doute nos législateurs, ne serait-ce que pour justifier l'inertie du passé, pourront bien arguer de la difficulté des constatations et des erreurs possibles, mais ils ne sauraient être plus longtemps insensibles à un état de choses qui compromet par an, sans compter les sommes portées aux budgets, la condition civile, le bien-être et la vie d'un nombre immense d'enfants assistés, trouvés et abandonnés, tandis qu'en supputant les erreurs on n'irait pas au delà de quelques unités, et elles n'atteindraient certainement que des sujets à caution. Une pareille défense produite pour laisser encore dans l'ombre la solution d'une question particulière et si grave dans celle générale de la pauvreté croissante ne constituerait pour nous qu'un prétexte pour conserver des mœurs caressées par les dissolus, seuls capables de propager sans souci les germes de l'anéantissement de la France comme nation.

D'autre part, on ne peut pas être arrêté sous un second prétexte : celui du scandale. De nos jours, dans toutes les villes de province comme dans les campagnes et à Paris, toutes les habitudes et toutes les inclinations bonnes ou mauvaises des gens sont connues des voisins, concierges et serviteurs ; le fond des conversations de ces derniers ne roule guère que là-dessus. Aussi, il y a des agences qui peuvent fournir de partout des renseignements sur la fidélité conjugale, sur les relations les plus intimes. A l'heure actuelle, certains serviteurs, dans beaucoup de villes, font entrer dans leurs budgets l'argent qu'ils reçoivent pour de prétendus secrets divulgués. Il n'y a plus une belle dame, si elle a quelque chose à se reprocher, qui ne puisse bien désormais être cotée à sa plus mince ou dans le cas opposé, à sa plus haute valeur morale. Ici la médisance fait merveille. Or, du moment que les maisons opaques d'autrefois sont devenues des maisons de verre où la vue pénètre très facilement, il n'y a plus de scandale à craindre ; cet ancien ressort est rompu. Aujourd'hui il n'y a qu'à corriger ouvertement.

Cette facilité de connaître la vie des gens pourrait être utilisée dans un but excellent, si le législateur se décidait à substituer la convenance des règles préventives à la trop facile rigueur des mesures répressives. Du moment que la chronique scandaleuse se charge de renseigner sur des faits qui peuvent conduire au crime, il devrait entrer dans le devoir des discoureurs médisants d'en faire la révélation à l'autorité, et dans celui de la magistrature locale de les observer discrètement, de les vérifier et d'en conjurer les conséquences punissables.

Un autre moyen, soit principal, soit accessoire, à employer concurremment avec le premier, pourrait consister à ne donner des fonctions publiques ou à ne les conserver aux titulaires, et à ne réduire d'une ou de plusieurs années le service militaire qu'à ceux qui seraient mariés ou veufs. Ce procédé,qui aurait pour effet de faire marier les jeunes gens avant d'avoir mené une vie de débauche et sans attendre des positions qui souvent ne viennent pas et qui arriveraient probablement beaucoup mieux après, offrirait des avantages considérables.

D'abord, on rentrerait par là dans la condition plausible de la formation de la société. Chacun reconnaît qu'après un premier mariage elle s'est accrue, puis perpétuée par des unions successives. Ceci étant, il faut avouer que le célibat a été l'exception, et qu'un état si contraire à la nature a dû nécessairement amener des désordres publics ou cachés. Le manque de chasteté de la part des célibataires les a constitués en parasites de la société. Il y a donc lieu de considérer qu'il faut des sentiments au-dessus de l'ordinaire ou des aspirations surnaturelles pour faire vœu de pudicité. Si donc de pareils vœux ne sont pas faits dans des buts aussi grands que ceux de se consacrer entièrement à la religion, à l'instruction, à la guerre ou à la marine, c'est que les célibataires veulent vivre uniquement pour eux et se soustraire aux obligations et devoirs sociaux en restant indifférents ou dangereux. Par conséquent il n'y a pas à se faire le scrupule d'être injuste en les astreignant au service militaire pendant quelques années, à la place de ceux qui remplissent les devoirs sociaux et qui servent de chaînons à la durée perpétuelle de la société.

De même, il paraît simple et sensé d'utiliser et rémunérer toutes les connaissances des meilleurs sociétaires avant d'employer ceux qui vivent aux dépens de l'ordre social et travaillent sourdement à sa dissolution.

Les mariages des jeunes gens propres au service militaire dans un âge où ils ne pourraient pas être supplantés, comme pendant la mise en activité ou l'attente des positions, par les rebuts de révision, donneraient des hommes autrement robustes que ceux qui naissent de ces avortons privilégiés ou de filles déjà perdues et malsaines, que la longueur du célibat a fait malverser. A la nécessité d'obtenir des générations vigoureuses, susceptibles de défendre la patrie et d'honorer le nom français, se réunirait l'avantage de les voir fécondes et de n'avoir jamais à contempler avec crainte ou amertume les données statistiques basées sur le mouvement ordinaire de la population européenne, et d'après lesquelles cette population se doublerait, suivant le *Times*, en Norwège, dans l'espace de 51 ans; en Angleterre, 63 ans; en Allemagne, 98 ans, et en France, 334 ans; suivant l'*Annuaire de l'économie politique*, en Russie, 50 ans; en Norwège, 52 ans; en Angleterre, 55 ans; en Allemagne, 55 ans, en Espagne, 104 ans; et en France, 183 ans; et d'après M. le docteur Brochard, en Angleterre, 52 ans; en Prusse, 54 ans; en Russie, 56 ans, et en France, 198 ans. Il ne serait pas trop tôt que des enseignements pareils servissent à la méditation de ceux qui acceptent la lourde responsabilité du pouvoir (1).

(1) Dans *La Vérité sur les enfants trouvés*, le même docteur Brochard, se prévalant des discussions approfondies de l'Académie de médecine, dit que le service des enfants trouvés reçoit annuellement plus de 80,000 *nouveau-nés*, que leur mortalité varie, suivant les départements, de 40 à 90 0[0; qu'en 20 ans la France a perdu un million d'enfants trouvés, c'est-à-dire 50,000 par an; qu'à ce chiffre il faut ajouter 100,000 nourrissons qui meurent chaque année de faim et de misère, et 50,000 autres qui succombent, en rentrant dans leurs familles, par suite des mauvais soins qu'ils ont reçus chez leurs nourrices. Ainsi, depuis 20 ans, la France a perdu par sa faute 4 millions de nourrissons, depuis 50 ans dix millions, par suite de l'allaitement mercenaire et de l'industrie nourricière. C'est cette mortalité effrayante qui explique les résultats de l'enquête de 1862 constatant en France (p 321) l'existence de 148,499 enfants assistés, dont 76,520 de un jour à un an confiés à des nourrices mercenaires, et 14,614 laissés à leurs mères recevant des secours mensuels, tandis que la mortalité, déjà trop grande et procédant en majeure partie des causes

§ X.

Tout ce qui précède nous dispose à constater un fait physiologique que chacun peut parfaitement reconnaître, à savoir : que, dans l'espèce humaine, l'imagination travaille quand la nature se tait ; c'est là la cause d'innombrables excès, des irritations les plus passionnées, des exaltations les plus folles, et par suite de misères poignantes procédant des débauches de l'esprit et du corps ; aussi tous les *écrits*, toutes les *impressions*, et toutes les *images* qui sont de nature à surexciter l'imagination autrement que pour porter au bien et contribuer au bonheur de l'humanité sont infiniment plus dangereux qu'on ne le croit généralement. Pour qu'un pareil état de choses ne fût pas envisagé comme extrêmement nuisible à l'ordre social, dans le présent et dans l'avenir, il faudrait être aveuglé par les idées les plus fausses, la dépravation la moins cachée ou les intérêts les plus sordides.

dont nous avons parlé en ce mémoire, des enfants élevés en leurs familles ne dépasse pas 19 0/0. Se fondant sur ce que la *suppression du tour* a augmenté dans des proportions effroyables le nombre des avortements, des infanticides, des morts-nés et des expositions, et sur ce que « ce tour, comme dit Lamartine, est une ingénieuse invention de la charité chrétienne, qui a des mains pour recevoir, et qui n'a point d'yeux pour voir, point de bouche pour révéler », M. le docteur Brochard demande le rétablissement du *tour* ou l'admission de la recherche de la paternité ; la modification du système actuel des secours aux filles mères ; la remise du service des enfants trouvés aux administrations hospitalières et le remplacement, dans ce service, des inspections administratives par des inspections médicales.

Sans nous arrêter à certaines critiques dont les chiffres de M. Brochard ont été l'objet, nous n'admettons pas ce qu'il y a de capital dans ses conclusions, c'est-à-dire : 1° la réouverture du tour appelé par les uns la *boîte aux infanticides*, par les autres le *berceau de la mort*, parce que ce serait l'application d'une mesure considérée par le rapport de l'enquête de 1862 et par de nombreux conseillers généraux, députés, sénateurs, médecins, économistes et publicistes, comme une excitation permanente à l'immoralité, à l'avortement, à l'infanticide et à l'abandon ; 2° et la recherche de la paternité, parce que le moyen que nous proposons doit produire de meilleurs et de plus généraux effets.

C'est aux pouvoirs législatif, exécutif et judiciaire, seuls officiellement chargés de défendre la société contre ce qui la peut compromettre, de créer au besoin et de mettre en action les lois susceptibles de la sauver. Il importe que, par un effet salutaire de leur concours ininterrompu, les œuvres des littérateurs, poètes, chansonniers, dessinateurs, modeleurs, fondeurs, photographes, peintres, graveurs, sculpteurs, lithographes, ne tournent jamais à l'obscénité, et que ce qui est digne de respect ne soit point outragé.

Nous savons qu'il y a des lois qui ont érigé en délits les actions blâmables pouvant se commettre en ces genres par ces différents auteurs, mais aussi que parmi ces derniers plusieurs se prévalent du principe de la liberté absolue pour soutenir que ces lois y sont attentatoires et qu'on peut les enfreindre. Dans les idées de ces récalcitrants, la liberté, en regard des productions de l'art et de l'esprit, ne consisterait pas à exercer une influence bienfaisante sur la marche des choses humaines, à moraliser les individus ; à rechercher les améliorations progressive du bien-être général dérivant de l'abondance du travail commandé par la richesse particulière, mais à caresser les passions mauvaises (1), soit pour tout sacrifier dans un cataclysme en haine de la société, afin d'en saisir des épaves, soit pour exploiter par l'immoralité même l'opposition ordinairement faite par les mécontents à tout gouvernement établi, dans un but de lucre actuel et de réalisation future des convoitises les plus variées.

Il est évident que l'un des plus sérieux devoirs d'un gouvernement qui veut durer est de pousser le respect de lui-même et de ses administrés jusqu'à entraver, par une exception nécessaire, cette liberté d'exciter au mal en ne laissant pas débiter ou chanter des strophes ou des discours ignobles ou immoraux, en empêchant l'exposition ou le commerce des images et publications ordurières, et en veillant à ce que d'aucune manière et sous

(1) Pourtant, la *Morale rationnelle*, 85, nous dit : « Celui qui, par ses paroles, ses écrits et ses actes, corrompt l'opinion publique en lui faisant confondre le bien et le mal, est un malfaiteur ».

aucun prétexte les poisons les plus subtils et les plus dangereux pour la moralité publique ou privée ne puissent pas être infiltrés dans les cœurs.

Malheureusement, ces règles tutélaires qui, en principe, sont connues et appréciées des gouvernements, ne reçoivent pas de tous une application normale; le plus ou moins de scrupule par eux apporté à ce sujet dépend des dispositions des organes de publicité qui les soutiennent et du genre de leur clientèle. Sous les diverses monarchies qui ont disparu, on aurait pu penser, par les redressements quotidiens dont le pouvoir exécutif était à cet endroit attaqué, que, sous un gouvernement républicain, on ne verrait partout régner que moralité et vertu ; mais, ne serait-ce que par la force des choses et la suite naturelle des événements, le mal n'a fait qu'empirer de la façon la plus fâcheuse; c'est donc, suivant nous, en expérimentant un nouveau procédé et en venant au secours du gouvernement lui-même, qu'il faudrait promptement remédier à cette pernicieuse situation.

Depuis longtemps nous avons été impressionné par cette idée, souvent exprimée devant nous par les esprits les plus judicieux, qu'il est dans la nature de la liberté de la presse de produire tôt ou tard la chute des gouvernements. En réfléchissant à ce sujet, il nous a semblé que cette liberté entendue et appliquée comme elle l'est et l'a été, constitue le plus singulier et le plus exorbitant des privilèges, car ce privilège consiste à pouvoir créer des instruments destinés à flatter ou à fouetter, tous les matins ou même plus souvent, les délégués légaux du peuple, et à combattre ou à vanter les idées les plus subversives, les plus antisociales, les plus immorales, les plus éhontées, et cela, sans distinction, au profit des hommes de lettres les moins capables ou les plus tarés, comme des plus savants et des plus honnêtes ; ce privilège se montre encore dans une réalité plus grande, quand l'on sait que chacun de ces instruments, appelés journaux, est exclusivement affecté à recevoir la prose d'une pléiade d'écrivains ou camarilla particulière; à soutenir systématiquement des idées préconçues; à frapper toujours dans les mêmes conditions l'esprit des mêmes lecteurs, et à faire croire que son importance se proportionne au nombre de ses abonnés ou de ses lecteurs.

Un tel privilège mis en action comme un énorme marteau, fonctionnant sans relâche pour démolir, doit être réglé de manière à être rendu moins offensif. Ainsi que nous l'avons déjà dit, il ne serait pas prudent de lui laisser la liberté de produire le mal par des voies directes ou détournées. N'étant pas morigéné convenablement, il serait d'autant plus dangereux que la discussion de ses écarts par des journaux sévères et justes, rédigés pour d'autres catégories de lecteurs, se trompant par cela même d'adresse, est à son tour exposée à nuire sans raisonnablement espérer faire du bien.

Si, dans notre temps, la liberté de la presse est devenue un besoin, il faut se demander ce qu'on doit entendre par là et comment cette liberté peut être exercée. Suivant nous, la liberté de la presse doit se confondre avec la liberté de discussion. Pour qu'il y ait, à cet égard, *liberté absolue*, il faut que la *presse journal* soit un appareil qu'une personne quelconque puisse créer, et dans lequel journal n'importe qui puisse écrire. Ce ne serait pas une liberté absolue, s'il y avait des exclusions. Comprise et exercée comme de nos jours, la presse journal est fondée sur des privilèges multiples, des catégories de monopoles dans la production des œuvres intellectuelles et périodiquement publiées. Aussi elle a, suivant ses organes, pour but et pour effet, non pas d'éclairer les masses par des exposés véridiques, des contradictions sérieuses et sensées, d'où jaillirait la lumière, mais de les abreuver d'illusions, de les pousser à l'oisiveté ; de les fanatiser dans les idées les plus irréalisables, quelquefois les plus criminelles ; dans les utopies les plus grossièrement conçues, les plus nuisibles au bien-être de ceux qui les gobent. C'est pour répondre au fond même de toutes les théories antiques et malsaines des fainéants, qui est l'ambition de la fortune inopinée et injustifiable, que le républicain Francklin disait, dans la collection de ses maximes de bon sens répandues dans son ouvrage : *La science du bonhomme Richard* : « *Mes amis, si quelqu'un vous dit que vous pouvez vous enrichir autrement que par le travail et l'économie, ne l'écoutez pas ; c'est un empoisonneur !* » D'autres traduisent : *Un coquin qui vous trompe et veut vous exploiter !* C'est pour justifier ce que nous venons d'énoncer, que nous copions ici un passage d'un article assez récent du journal le *National* : « Les révolutionnaires veulent renverser la constitution, bouleverser toutes les lois, modifier l'état social, c'est-à-dire apparemment l'organisation de la propriété. Eh bien ! nous demandons à connaître le plan de ces infatigables réformateurs ; nous demandons la carte du pays où l'on prétend nous mener ; l'indication de la route à parcourir, des stations à visiter, du temps qu'exigera cette marche. Nous demandons à voir clair dans le chaos des revendications dont on nous rompt la tête. Jusque-là nous ne considérons nos contradicteurs que comme des gens qui ont pour doctrine des utopies confuses, pour moyen l'agitation stérile, pour but une popularité acquise aux dépens du repos public, de la prospérité et de la sécurité nationale ».

En citant ce jugement du *National* sur les radicaux utopistes et leurs agitations funestes, nous avons eu l'idée de faire mieux comprendre qu'un tel article trônant dans les colonnes de ce journal ne peut produire aucun bien, n'étant pas destiné à servir d'antidote pour les citoyens empoisonnés, et qu'au contraire, mis dans le journal contenant les théories ridiculisées, il aurait de bons résultats : un des premiers serait d'obliger les farceurs qui exploitent les absurdités les plus incroyables à mettre plus de réserve et de maturité dans leurs écrits, pour ne pas s'attirer, à la face de leurs lecteurs ordinaires, de trop forts camouflets ; ensuite, de pouvoir convaincre de crédulité et de niaiserie ceux qui n'auraient pas encore donné dans l'exaltation des systèmes proclamés ; enfin les discussions entre adversaires allègeraient de beaucoup le gouvernement du lourd fardeau de se défendre lui-même, quand, en fait de justice et de moralité, il n'aurait rien à se reprocher.

Nous ne nous dissimulons pas que cette *faculté absolue* d'insertion offrirait, à côté de grands avantages, de très graves inconvénients ; c'est pour arriver à découvrir et signaler les moyens qu'il y aurait à prendre pour éviter ces inconvénients que nous allons commencer par les décrire.

Pour qu'il y ait *liberté absolue*, il faut qu'il y ait

réciprocité, et par conséquent les rédacteurs actuels des feuilles accusées pourraient naturellement en jouir ; d'une part, ils ne demanderaient pas mieux que d'étaler leurs doctrines dans les journaux qui ont pour eux le sérieux et l'antiquité ; ils chercheraient même volontiers à les souiller de leurs articles les plus immondes ; d'autre part, ces mêmes journaux seraient inondés des productions les plus indigestes, à tel point que cette liberté absolue deviendrait alors la pire des tyrannies. Ce sont là les conséquences fâcheuses de la *liberté absolue*.

Entre le *privilège* qui consiste à laisser servir presque sans surveillance les tartines les plus répugnantes à des convives avides de les avaler et d'avance condamnés à en souffrir, et la *liberté absolue d'insertion* qui les offrirait sur des tables plus grandes à l'appétit d'une immensité de curieux plus ou moins écœurés, il conviendrait d'aviser et appliquer un système mitoyen qui rentrerait dans les conditions ordinaires des pratiques raisonnables.

Notre procédé consisterait à créer dans les villes où il y aurait au moins trois journaux quotidiens, un syndicat de la presse qui aurait pour devoir de décider, entre plusieurs réponses faites par des journaux à des articles insérés dans d'autres feuilles, celles qui devraient être reproduites sans retard, entièrement ou partiellement, dans ces dernières et prises comme présentant les nouvelles les plus certaines, les vérités les plus incontestables, les arguments les plus solides contre les doctrines émises en matières politique, morale ou religieuse, comme en toutes autres. La juridiction du syndicat de la ville chef-lieu s'étendrait à tout le département en cas de nécessité. Tous les syndicats fonctionneraient à première réquisition, après examen comparatif, s'il y avait lieu, des articles signalés et déposés, ou même d'office. Les ordres d'insertion de leur part seraient exécutés sous des peines, même pour le simple retard. De même que dans le cas où la loi actuelle permet de répondre à une attaque personnelle, ils ne seraient pas donnés, si les articles étaient diffamatoires, injurieux ou préjudiciables à des tiers ou contraires aux bases constitutives de la société ou aux bonnes mœurs.

Le but de cette création serait de convertir les journaux en tribunes où seraient discutés successivement, par des adversaires et dans une même feuille, le *pour* et le *contre*, tels qu'ils sont débattus aujourd'hui isolément, comme si chacun des champions ne voulait plus se prévaloir de cet aphorisme : « *On a toujours raison devant un auditoire sympathique quand on n'a pas de contradicteur* ». Ces discussions fréquentes finiraient par s'épurer au fond comme dans la forme, à l'instar des discours prononcés devant des personnes susceptibles de les éplucher. Les répétitions d'articles assourdissants et nauséabonds pour les délicats pourraient devenir plus rares à la faveur de la reproduction inévitable des thèses opposées.

Ces polémiques continuelles sur les sujets les plus variés auraient encore un nouvel et excellent résultat, si elles avaient pour effet d'expurger, par la prolixité des discussions ou l'abondance des matières, les remplissages qui s'appellent : les romans-feuilletons, les faits et procès scandaleux, et les crimes abominables. Cet étalage des misères humaines ne contribue pas peu à l'accroissement de l'immoralité, de la criminalité et de l'indigence. Il est de la dernière imprudence de mettre tous les jours sous les yeux de toutes les générations le récit des plus mauvais exemples, en même temps que les attraits les plus périlleux.

A vrai dire, nous ne demandons pas dans l'occurrence une chose bien nouvelle; déjà un bon nombre des principaux journaux français reproduisent volontairement, et depuis des années, les opinions textuellement exprimées de leurs adversaires, dans l'intention de rendre leurs lecteurs juges et non pas dupes. Cette louable habitude semble s'étendre, parce que l'imitation est toujours contagieuse. Le *Times*, de Londres, contient souvent sur les mêmes points, dans le même exemplaire de son grand format, les sentiments les plus contradictoires. Il y a donc lieu d'espérer que les journalistes intelligents et droits ne se roidiront pas contre l'adoption et la généralisation de la mesure. Dans les termes où elle est proposée, elle ne serait que l'image très fugitive du communiqué gouvernemental.

Il y aurait certainement à signaler d'autres moyens favorables à l'atténuation du paupérisme, mais, pour la plupart, ils touchent plus ou moins intimement à l'économie politique, nationale et générale, et nous ne voulons pas nous égarer sur ce terrain; prendre parti pour des mesures qui trouveront toujours à l'envi des partisans et des adversaires, même sur les points où ils seraient à peine séparés de l'épaisseur d'un cheveu.

VII.

Jusqu'à présent nous nous sommes livré, en forme de prolégomènes, à l'examen des matières premières et des solutions admissibles et nécessaires pour aborder avec confiance le problème du paupérisme posé dans le journal la *Liberté* du 2 février 1880. Le moment est venu de reproduire ici les termes de la question à résoudre et d'entrer dans le plus vif du sujet :

« Rechercher les meilleurs moyens d'arriver à l'extinction du paupérisme, la charité, malgré les efforts les plus généreux, étant impuissante à le faire disparaître ».

« Étudier notamment dans ce but :

« 1° Le développement et la généralisation de l'instruction publique à tous les degrés ;

« 2° Le développement du travail au moyen de l'organisation du crédit étendu à toutes les classes de la société ;

« 3° L'organisation de la prévoyance pour la vieillesse et l'institution générale des caisses de retraite au profit de tous les travailleurs, au moyen d'une contribution imposée aux chefs des diverses entreprises et à tous les patrons : cette contribution qui constitue une réserve pour l'avenir étant le complément nécessaire du salaire des travailleurs et devant former la base de combinaisons analogues à celles qui sont appliquées aux assurances et à la création des rentes viagères. »

« On devra apprécier à ce sujet les institutions de cette nature créées par les Compagnies de chemin de fer.

« On indiquera les transformations qu'auraient à subir les institutions actuelles d'assistance publique ou privée, et les créations que nécessiterait le nouvel ordre des choses.

Il y a lieu d'ajouter à ce programme, pour justifier les développements qui précèdent, les explication suivantes, extraites de la même feuille du journal la *Liberté :*

« Dans cette série de portraits (celle des juges du concours) crayonnés d'un fusain rapide, je n'ai oublié qu'un nom, celui de M. Isaac Péreire. Il brillera par son absence, *absentiâ effulgebit*, mais je n'aurais pu le louer dans sa propre maison. Je terminerai en disculpant notre programme d'un reproche qui lui a été adressé. On a dit que les concurrents étaient enfermés dans un cercle trop déterminé : les questions paraissent devoir être resolues dans un sens indiqué ; c'est là une erreur. Nous donnons libre champ aux économistes qui voudront prendre part à la lutte. Seulement, il fallait définir très exactement le caractère du programme, qui ne comporte rien d'utopique et ne demande que des solutions pratiques d'une application vraisemblable, réelle et, s'il se peut, ou du moins autant que possible, immédiate. Cette explication lèvera, nous l'espérons, toutes les incertitudes. »

En étudiant le *développement et la généralisation de l'instruction publique à tous les degrés*, au point de vue de l'extinction du paupérisme, pour les faire tourner en secours contribuant à cet excellent résultat, nous devons considérer qu'il s'agit ici tout à la fois de l'éducation et de l'instruction, ce dernier mot rappelant souvent l'ensemble des genres de soins qui sout donnés aux enfants pour les exercices de l'esprit et du corps ; pour la bonne tenue de leurs mœurs ; pour la rectification ou l'adoucissement de leurs dispositions vicieuses. Nous ajoutons que l'instruction sans l'éducation donnerait souvent des connaissances funestes ou trompeuses, en n'inspirant pas toujours une grande élévation de sentiments.

La bonne éducation est un des plus grands intérêts que puissent embrasser les devoirs de la religion et de l'Etat, l'amour des parents, la solidarité sociale et la sollicitude des maîtres ; c'est par l'éducation que les facultés se développent, que le caractère se forme et que l'homme devient utile ou nuisible à lui-même et aux autres, selon qu'elle est bien ou mal dirigée. On connaît généralement cette pensée de Leibnitz disant que si on réformait l'éducation, on réformerait le genre humain.

Sans nous arrêter à ce que cette vérité a de trop absolu (car parfois la nature résiste aux efforts faits pour la dompter, et le libre arbitre peut déjouer toutes les prévisions), il ne faut pas moins reconnaître que, dans la plupart des cas, l'éducation exerce une influence décisive sur la destinée des individus et sur celle des sociétés.

Nous avons déjà répandu dans ce mémoire tout ce qui nous a paru de nature à se rattacher le plus intimement par l'éducation à la solution de la question posée ; nous avons actuellement à envisager l'effet que l'instruction proprement dite, plus développée et plus générale, pourrait produire en matière de paupérisme.

Les avantages de l'instruction primaire n'ont pas besoin d'être rappelés ; il est incontestable que le savoir en tout ce qu'elle comporte, et notamment en lecture, écriture et comptabilité, a un prix immense, s'il est réel et s'il est durable. L'application fréquente de chacune de ces notions acquises et utiles doit être le plus sûr moyen de les maintenir et de les étendre ; l'instruction secondaire se charge d'accomplir cette fonction importante ; de même les connaissances ainsi et successivement obtenues ne sont accrues et conservées intactes que par les enseignements supérieurs et l'habitude de l'étude dans les différents âges.

Au point de vue intellectuel, tous les élèves ne sont pas aptes à apprendre au même degré ; à considérer les facilités scolaires, ils ne sont pas en position d'en profiter dans les mêmes conditions. A cet endroit, il y a à distinguer entre les enfants des campagnes et ceux des villes et bourgs.

Dans les agglomérations assez riches et populeuses pour avoir des crèches, salles d'asile et écoles, l'instruction commence dès l'âge le plus tendre ; les connaissances acquises par la gymnastique intellectuelle et amusante des salles d'asile, pourvu qu'elle ne soit pas trop longtemps prolongée, ne peuvent pas fatiguer les organes ; nous n'en dirons pas autant des écoles ; là les enfants sont façonnés de trop bonne heure, avec cet esprit ardent de concurrence et d'amour-propre de professeur qui veut en tirer la quintessence et qui réussit uniquement avec les rares sujets d'élite, assez forts pour supporter la précocité. En faisant abusivement travailler le cerveau, on l'oblitère souvent plus qu'on ne développe les facultés dont il est le siège. Ce qui progresse le plus dans les exercices prématurés et les assiduités de commande et de fatigue, c'est le don des idées d'orgueil, de vanité, d'oisiveté et d'indépendance, qui rendent insupportables les enfants les moins destinés à une réelle supériorité. Ces ébauchés présomptueux se font un malin plaisir de taquiner les découragés, de critiquer leurs inférieurs du moment ; les parents sont souvent cause de cette sotte suffisance en regardant et présentant leurs enfants comme des savants.

Dans les campagnes, l'instruction primaire, pour commencer plus tard et dans des conditions plus modestes, révèle les mêmes symptômes de vanité native ou artificielle, augmentant avec la somme des nouvelles acquisitions.

Partout de pareilles idées doivent être sans cesse combattues par les remontrances éducatrices des professeurs. L'Etat, de son côté, nous paraîtrait agir sagement en prescrivant de ne pas trop faire apercevoir ces premières et décourageantes inégalités ; puis en modérant le travail intellectuel de l'enfance qui, suivant nous, devrait, en tout ce qui serait possible, se produire autant par des amusements scientifiques et des leçons orales égayantes, que par des contentions fatigantes de l'esprit et des lectures multiples des mêmes choses confiées à la mémoire. Il faut aussi qu'il soit le premier à tenir compte des différences momentanées qui existent, de par l'âge ou la nature, dans le développement physique ou moral des individus. Nous voudrions que, pour généraliser l'amour de l'instruction d'une manière utile et attrayante, il mît, au moins par intervalle, à la portée du premier âge, des genres d'enseignement mieux appropriés aux aspirations de la curiosité, comme pouvant se percevoir en même temps par les sens et par l'esprit. Si les notions astronomiques étaient apprises aux enfants au moyen d'observations faites sur les corps visibles de la nature céleste ; si leurs loisirs étaient occupés à connaître au moins les noms des animaux, des arbres et plantes indigènes, des pierres contre lesquelles ils se heurtent à tout instant, des terrains sur lesquels ils marchent, et à faire des recherches très diverses de choses à la disposition de tous ; si la propriété des corps leur était démontrée au moyen des instruments de physique expérimentale ; si des opérations simples et usuelles de chimie étaient faites devant eux ; si cette science était appliquée en leur présence à des matières agricoles ; si des épures, des esquisses, des ébauches, des maquettes et des réductions de modèles étaient expliquées ou faites sous leurs yeux ; si la lecture des cartes de géographie et des plans d'architecture leur était rendue familière ; si, dans la dernière année de l'enseignement primaire, les enfants étaient initiés aux connaissances pratiques et élémentaires de l'économie politique ; si les exercices militaires et la gymnastique devaient employer leurs récréations ; le tout à la place des spectacles qui leur sont journellement offerts dans les foires et fêtes, au mépris de la morale publique et de leur candeur, on pourrait espérer que des enseignements si nouveaux et si intéressants pour eux, ainsi que bon nombre d'autres à nommer, seraient de nature à faire naître des vocations, découvrir des aptitudes ; à passionner pour les arts ou les sciences ; à ouvrir l'intelligence sans la fatiguer ; à disposer pour le travail.

En donnant le goût et l'amour du vrai, du beau, du bien et du juste, l'instruction primaire, éclairée par l'éducation, soustrairait à la paresse, à la fainéantise, et par conséquent à la pauvreté une partie de ceux qui, sans elle, pourraient s'y complaire.

« L'école primaire est la seule que fréquente la majeure partie de la nation, dit M. Laboulaye ; c'est là qu'il faut semer des idées justes, afin d'empêcher que plus tard ne germent l'erreur et l'envie, ces deux causes de révolution. » Les données saines sur la *propriété*, le *capital*, le *travail*, le *salaire* et *les autres principales notions de l'économie politique*, sont des choses essentielles à enseigner aux enfants et qu'ils retiendront heureusement mieux que les règles de la grammaire. C'est certainement avec plaisir qu'à cette occasion ils apprendront de mémoire les maximes de la *Science du bonhomme Richard* et celles non moins sûres et vraies, émises par de grands esprits, et qui doivent porter à aimer le travail : suivant l'Apôtre, *qui travaille prie.*

Guizot pose en fait que le *travail est un besoin ;* or, celui qui se prive des satisfactions matérielles et morales que procure le travail et supprime ou altère ce besoin, en reculant ainsi vers les temps primitifs où l'homme avait les mêmes et presque les seuls besoins de la brute, est indigne de comprendre et d'admirer les merveilles de la civilisation. De Maistre, le *lépreux*, assure que le *sentiment de la solitude s'adoucit par le travail ; que l'homme qui travaille n'est jamais complètement malheureux.* Voltaire affirme que le *travail éloigne de nous trois grands maux : l'ennui, le vice et le besoin*, c'est-à-dire le fait ou la *crainte de manquer des choses nécessaires à la vie ;* et J. Garnier, *que le travail entretient la santé et la vigueur des organes et de l'esprit.* Laboulaye déclare que le *travail nous modère dans la prospérité, nous console dans nos misères. Travaillez*, dit Thiers, *le travail vous rendra le plaisir plus sensible, la douleur moins amère. Rien*, ajoute Murger, *ne vaut et n'égale cette joie honnête et calme, ce légitime contentement de soi-même que le travail donne aux laborieux comme un premier salaire.* Mirabeau proclame que *tout homme qui vit sans rien faire est une chenille dans l'Etat.* Dupont de Nemours prend l'opposé du travail et soutient que *la paresse est une rouille qui détruit toutes les vertus ;* et Servan, que *l'oisif est un méchant commencé*, alors qu'Adam Smith prouve que *le travail conduit au bonheur.* Franklin pose un superbe couronnement à ces vérités, en disant que *l'oisiveté rend tout difficile ; le travail rend tout aisé*, et que *fainéantise va si lentement que la pauvreté l'a bientôt attrapée.*

Enfin, en nous tenant dans le domaine pratique, nous ajoutons que : le travail entretient et développe en famille les meilleures affections. Dans son énergie, il exalte le devoir jusqu'à l'héroïsme ; générateur de l'économie, il conjure la misère en assurant le présent et sauvegardant l'avenir ; il rend honorables les vêtements les plus simples, les plus râpés et les mieux appropriés à l'ouvrage, tandis que la paresse dissout la famille et l'état social ; escompte, éparpille et détruit les plus belles espérances présentes et futures, et montre l'immoralité des haillons comme des plus beaux atours.

Au point de vue des idées fausses qui peuvent, à un certain degré, influer sur le paupérisme, il y a beaucoup à attendre des démonstrations faites par Frédéric Bastiat, un de nos plus illustres économistes, pour prouver que *thésauriser n'est pas dessécher les veines du peuple;* que *le luxe des grands ne fait pas l'aisance des petits;* que *les prodigues se ruinent sans enrichir l'Etat, et que ce n'est pas sur le superflu du riche que germe le pain du pauvre.* Un autre non moins illustre nous dit que: « l'économie politique, en combattant les faux systèmes, les abus, les préjugés, les utopies, les illusions; en montrant la véritable nature des choses, contribue pour une très large part à la diminution de *l'erreur,* c'est-à-dire de la *misère,* et à l'augmentation de l'aisance et de la moralité, car, ainsi que Malebranche l'a dit, en reprenant une pensée de Zénon, *l'erreur est la cause de la misère des hommes* ».

Nous pouvons donc, en finissant, conclure avec deux illustres fondateurs de la science: « que la nation soit instruite des lois générales de l'ordre naturel qui constituent évidemment les sociétés » (Quesnay, 2e maxime), « et l'on verra moins souvent l'affligeant spectacle de ces sottises, de ces fausses opérations, si fatales au bonheur des particuliers et à la prospérité des nations. » (J.-B. Say, discours préliminaire de son *Traité.*)

Au second degré et pour bien préparer aux devoirs que les enfants ont à remplir dans la société, l'instruction devrait sans nul doute s'acquérir dans de bonnes conditions de théorie, mais surtout de pratique, sans l'ensemble desquelles les connaissances les mieux assimilées en apparence ont fort peu de durée. Il nous serait facile de donner de cette vérité des preuves tristement manifestes. Il ne serait point rare en effet, après une seule année d'intervalle, de pouvoir rencontrer des bacheliers ès lettres ou ès sciences qui ne seraient plus reçus en repassant les mêmes examens. Les matières apprises ont été si prématurément et si abondamment accumulées dans le cerveau qu'elles sont devenues forcément indigestes et ont été rejetées tout naturellement par l'organe lui-même voulant se sauver.

C'est un grand tort, au point de vue de la condition mentale des générations futures, d'imposer, pour un temps préfixe très restreint, l'obligation d'être prêts pour les examens et pour les concours. De la sorte on ne tient aucun compte, d'une part, des retards intellectuels existants pour bon nombre de sujets qui, ainsi évincés de certaines carrières préférées, brillent ensuite dans d'autres du plus bel éclat (1), et, d'autre part, des conséquences souvent funestes d'une absorption trop hâtive de toute la matière des programmes. Il existerait un autre avantage considérable à conserver dans des éta-

(1) Un savant homme de lettres, tout en étant d'avis qu'on apprenne aux enfants le latin et le grec, critique, en se fondant sur des faits qui se produisent annuellement, la méthode de l'enseignement :

« Supposez, dit-il, qu'un professeur intelligent, comme l'Université en compte par mille, ait pour programme d'initier ses élèves au génie des anciens. Il leur lira ou leur fera lire en 20 mois une trentaine de chefs-d'œuvre traduits du grec et du latin; nous avons des traductions excellentes. Il analysera les passages trop longs, étudiera en détail les morceaux les plus remarquables, se fera résumer de vive voix ou par écrit la substance de chaque leçon. Tous les élèves écouteront avec plaisir, car la matière est variée et intéressante; ils comprendront pourquoi on les enferme dans des salles d'étude, pourquoi on les réunit autour d'une chaire; ils verront bien clairement qu'il s'agit d'élever leurs esprits au niveau de ce qu'il y a de plus grand, par la connaissance générale de l'antiquité. Dans une classe ainsi gouvernée, il n'y aurait pas de *cancres*, ou bien peu. Et sans effort surhumain, sans se casser la tête contre l'angle des dictionnaires, toute une génération saurait en deux ans ce que nous n'avons pas appris en huit années, malgré tout notre bon vouloir et tout le talent de nos maîtres... J'ai connu plus d'un jeune homme qui passait pour une brute au collège, qui faisait la honte de ses parents, le désespoir de ses maîtres et la risée de ses camarades... Il a fait un beau chemin dans les arts, ou dans l'armée, ou dans la marine, dans l'agriculture, le commerce ou l'industrie. Le cancre, qui n'était bon à rien parce qu'il ne savait pas faire parler Alexandre en latin devant le Perse Bessus, a prouvé depuis ce temps-là qu'il pouvait autre chose. Il écrit des livres charmants; il fait jouer des comédies pétillantes d'esprit; il prononce en bon français des discours plus intéressants que les invectives peu vraisemblables du roi Alexandre au satrape vaincu. »

« S'il est utile et facile d'apprendre à lire les langues mortes, essayer de les écrire en vers et en prose n'est pas seulement superflu : c'est tenter l'impossible; la vie de l'homme le mieux doué n'y suffirait pas. Il faut penser dans une langue pour l'écrire un peu proprement; tous les professeurs vous le diront. Un homme arrive en quelques années à penser en anglais, en italien, en espagnol, parce que ces langues sont analytiques comme la nôtre, et surtout contemporaines de la nôtre. Mais penser en

blissements d'instruction et dans un âge assez avancé la jeunesse qui est aujourd'hui rendue à la liberté bien avant d'être en état de s'en servir raisonnablement. Aussi on pourrait accuser le gouvernement de préparer, sans le vouloir, son étiolement physique et moral à la fois par la facilité de ses autorisations et la rigueur de ses prescriptions.

Notre manière de voir, en cette occurrence, est le corollaire de nos idées sur l'instruction primaire; si ces idées se réalisaient, il y aurait évidemment plus de chance pour que l'instruction, dans ce second cas, mieux comprise par les jeunes gens parvenus à l'âge de la réflexion et du pourquoi de toutes choses, leur fût agréable et profitable au sortir des collèges, au lieu d'exciter, comme aujourd'hui pour le plus grand nombre d'entre eux, le dégoût et l'aversion.

Il paraît, du reste, que cet état d'esprit collégien n'est pas nouveau. Montaigne rapporte qu'il fut mis par son père entre les mains d'un maître qui ne lui parlait que latin, en donnant à son enseignement « la forme d'esbat et d'exercice », et qu'il apprit cette langue « sans dictionnaire, sans rudiment, sans fouet et sans larmes », à ce point de la parler à six ans, ajoutant que son précepteur particulier était « un homme d'entendement, qui aiguisait sa faim, le laissant, à la dérobée, gourmander ses livres aux dépens des devoirs et de la reigle. S'il eût été si fou de rompre ce train, j'estime, dit Montaigne, que je n'eusse rapporté du collège que la haine des livres, comme fait quasi toute notre noblesse ».

Ce n'est pas la généralisation de l'instruction secondaire qu'il faut activer de nos jours. Les amours-propres de parents, les rivalités de condisciples, les ambitions qui poussent les déshérités de la fortune et qui leur

grec ancien! Les Grecs modernes n'y arrivent pas. Penser en latin! L'Eglise romaine, qui écrit cette langue depuis 18 siècles, se traîne encore péniblement dans la basse latinité. La fleur des pois de notre Université prononce tous les ans, dans la grande salle de la Sorbonne, un chef-d'œuvre de discours latin. Ce n'est, cinq fois sur dix, qu'un ramassis de centons, entrecoupés de gallicismes barbares. Si l'élite des professeurs en est là, que peuvent faire les élèves? Huit ans de collège! Il en faudrait 80. »

font convoiter les fonctions publiques (1), préférablement à l'agriculture, au commerce ou à l'industrie, suffiront toujours à assurer cette fin. Ce qui est le plus à désirer, c'est la direction prudente en vertu de laquelle tout devrait marcher. Sans nul doute, il est superbe d'avoir le cerveau meublé d'une infinité de connaissances, mais il sera toujours meilleur d'en faire une bonne application. Or, ce que nous constatons à regret, c'est que le nombre des esprits égarés augmente en proportion de la généralisation de l'instruction (2). Les idées excentriques ou

(1) La raison de cette préférence, un savant la donne en ces termes : « La société française commence à considérer un homme le jour où il ne travaille plus. Elle met l'industriel et le commerçant qui font marcher la grande machine nationale au-dessous du fonctionnaire inutile et gourmé qui place solennellement des bâtons dans les roues... Ah [illegible] jeunesse de notre pays connaissait un peu mieux le néant des carrières publiques ! elle porterait son activité sur d'autres points... Mais il faudrait d'abord que le peuple le plus spirituel du monde apprît à estimer le travail. » Si la généralisation de l'instruction secondaire et de l'instruction supérieure n'apporte pas des changements à cette manière d'envisager les situations, les grandes industries, et les grands commerces français, déjà infiniment au-dessous de ce qu'ils eussent été sous l'empire d'autres idées, ne feront que décroître ; les dynasties de fabricants et de commerçants disparaîtront pour faire place à une multitude de petits trafiquants et industriels, et la France végétera au-dessous des autres nations qui n'ont pas les mêmes préjugés, d'après l'opinion du même savant : « Je me suis laissé dire que M. Victor Hugo en exil avait trouvé de grandes consolations dans l'amitié d'un homme éclairé, lettré, versé dans toutes les études libérales et entouré d'une admirable bibliothèque. C'est, si je ne me trompe, un épicier de Guernesey. Qu'en pensent les loustics de Paris ? »

(2) A l'appui de notre opinion, nous pouvons citer plusieurs passages d'un article du *Moniteur universel* du 9 septembre 1880, tiré du dernier dénombrement de la population : « Il est constant que le nombre des aliénés va croissant ; il y a aussi celui des malades qui augmente dans les hôpitaux et à domicile. Le nombre des malades constate l'usure prématurée du corps dans notre état de civilisation, et celui des aliénés, l'usure prématurée de l'âme. »

« Aux chiffres des aliénés dans les asiles de l'Etat et des particuliers il convient d'ajouter les aliénés ou idiots soignés à domicile, ce qui fait un total de 82.873 en 1876. C'est 22 aliénés par dix mille habitants. On remarquera de plus que durant les 4 années précédentes, la folie paralytique, la plus dangereuse, car elle est incurable et même a un denoûment rapide, a augmenté de 37 o/o. »

« Parmi les aliénés, il y a un peu plus d'hommes que de femmes. Quelques spécialistes cherchent la cause de cette différence dans

déraisonnables, les rêves utopiques se sont tellement multipliés et sont présentés avec tant de persévérance et une si grande apparence de conviction ou de naïveté, qu'il est impossible de ne pas croire qu'un pareil changement dans les têtes n'ait point une origine commune, c'est-à-dire l'influence d'une instruction précipitée; les dangers d'une mauvaise éducation, des plus honteuses habitudes et des plus criminelles aspirations, et l'absence de l'idée religieuse qui ne cesse de rappeler les individus aux devoirs de l'honorabilité. Ceci nous paraît encore plus certain, après avoir questionné un grand nombre d'hommes honnêtes, intelligents, ayant créé de grandes industries, mais sachant tout bonnement lire, écrire et compter, pères de famille de beaucoup supérieurs à leurs enfants lettrés ou instruits, qui nous ont paru, sur toutes les questions soulevées et pendantes, avoir des idées parfaitement saines et les traduire par de courtes phrases empreintes du plus pur bon sens ; ce qui prouverait qu'en matière de jugement, la nature fera toujours plus que l'art de la logique; nous ne voulons pourtant pas dire qu'il soit inutile de redresser les idées de ceux qui les ont fausses ; nous tirons au contraire de là cette conséquence qu'il importe au plus haut degré d'assurer par l'éducation et l'instruction la droiture de l'âme en même temps que celle de l'esprit. Il faut absolument armer les générations successives d'écoliers contre le fléau des doctrines subversives et criminelles qui entretiennent les espérances les plus folles et les plus anti-économiques au sein des familles de travailleurs, et qui, dans leur application, conduiraient à une ruine générale et à la misère de tous. On n'y parviendra que par l'enseignement de l'économie politique, qui, suivant M Joseph Droz, est le meilleur

l'alcoolisme, plus fréquent chez l'homme que chez la femme. Leur supposition paraît inexacte. La folie alcoolique est assez rare. L'alcool tue la plupart de ses victimes sans les rendre fous. Une cause bien plus efficace de l'aliénation mentale est l'*entraînement cérébral*, expression bizarre mais d'un sens profond. L'entraînement cérébral résulte d'exercices destinés à accélérer le mouvement de la pensée. On apprend à penser comme on apprend à courir ; or il est hygiénique d'apprendre à courir, il ne l'est pas autant, semble-t-il, d'apprendre à penser : au lieu de fortifier l'organe, on l'étiole ou on le tue souvent. »

auxiliaire de la morale. C'est par ce côté que l'instruction secondaire se rattache à la question du paupérisme.

Au degré supérieur de l'instruction, les idées saines et pratiques sont encore plus indispensables; tous ses enseignements doivent avoir ce but; il importe en effet que, dans le monde et dans toutes les occasions, les pourvus de grades supérieurs et de connaissances économiques puissent démontrer notamment par les exemples les plus palpables, les raisonnements les plus serrés et les arguments les moins réfutables, aux esprits prévenus et faussés, que le capital est loin d'être antipathique aux honnêtes aspirations du prolétariat; que c'est à la faveur du meilleur emploi du plus gros capital que l'élite de ses membres peut sortir le plus glorieusement de cet état, et que le commun des prolétaires peut assurer sa meilleure existence; de même que c'est par l'abus de l'emploi de ce même capital que ses possesseurs sont souvent plongés dans le prolétariat, système de bascule à l'usage de notre société, ce dont nous avons déjà eu des millions d'exemples. Ces gradués prouveraient encore avec facilité aux prolétaires qu'il y aurait une erreur grossière de leur part à jalouser la richesse, puisque plus une personne est fortunée, plus elle augmente son budget pour les pauvres, en même temps que par ses dépenses considérables et annuelles, elle paie *en impôts volontaires* des sommes qui atteignent le total de ses revenus et souvent les dépassent; ils mettraient de la sorte ces prolétaires en mesure de réfléchir que le travail général de la confection des fortunes entrepris et poursuivi par l'intérêt personnel de chacun, et en fait pour l'intérêt de tous, s'épure par la réalisation même de la propriété individuelle qui, à tous les degrés, constitue la *ressource* ou la *réserve du pauvre* se répandant pour lui en travail ou en secours. Ils devraient n'avoir pas de peine à convaincre, parmi les simples égarés les hommes de sens et de bonne foi, que les membres tombés du haut de la richesse ou de l'aisance, par leur faute ou par accidents, comme tous ceux qui manquent de courage au point d'insulter par calcul ou ingratitude une société qui ne demande qu'à les soutenir et à les élever, s'ils sont capables de l'être, ne peuvent pas être crus, dans leurs insanités, quand ils l'accusent d'injustice (1) envers tous les infortunés dont ils partagent la condition, et qu'ils conspirent pour amener son bouleversement, alors que leur devoir serait de se livrer à un travail honnête et d'arriver par ce moyen à se tirer de la misère.

C'est par toutes les considérations précédentes que les enseignements de l'économie politique devraient être généralisés; il est même regrettable qu'on n'ait pas encore mis en pratique le conseil du célèbre Rossi (2) : « Faisons des économistes, si nous ne voulons pas avoir des niveleurs ». Si on l'avait suivi, M. Wallon (3) n'aurait peut-être pas eu à s'exprimer en les termes sui-

(1) Sur ce point et dans son ouvrage *Du mode de rétribution du travail*, M. John Moschell, ingénieur civil, nous prête l'appui de son opinion : « Aussi peut-on sans trop se hasarder, dit-il, affirmer que le thème de l'exploitation de l'homme par l'homme et la théorie qui veut que les fruits soient à tous et la terre à personne ne sont pas des conquêtes contemporaines, car il a toujours dû être commode à ceux qui n'avaient pu atteindre le but de leurs désirs d'en rendre l'organisation sociale responsable et de l'accuser de tous leurs déboires. Aussi peut-on affirmer que dans l'avenir, comme dans le passé, chez tous les peuples et sous tous les climats, en dépit des réformateurs anciens, contemporains et à venir, l'organisation sociale restera ce qu'elle est et ce qu'elle a toujours été, c'est-à-dire que le travail et l'épargne demeureront les seules ressources de la richesse, et que le désir d'acquérir cette richesse restera le véritable stimulant du travail et de l'économie, d'où dépend la prospérité des nations ».

C'est aussi ce que nous enseignent tous les savants en économie politique. Un membre de l'Académie des sciences morales et politiques s'exprime à ce sujet de la manière suivante :

« Nous nous révoltons, nous qui savons comment la richesse s'est formée peu à peu de science, d'activité, de prévoyance et de vertu, quand nous entendons crier autour de nous que la richesse n'est qu'une proie ravie par la force ou par la ruse à la simplicité ou à la faiblesse, et réclamer, au nom de la primitive égalité, contre l'usurpation coupable qui a substitué à la commune jouissance des premiers jours la propriété exclusive de nos sociétés civilisées. »

De son côté, M. Jules Simon nous donne en ces termes, dans *l'Ouvrière*, une des conséquences des idées socialistes ou communistes : « Les théories communistes, en tarifant les salaires et en ôtant à l'ouvrier la libre disposition de sa force qui est son apport social, remontent le courant et nous ramènent au travail esclave ».

(2) Etude du droit considérée dans ses rapports avec la civilisation.

(3) Préface de l'*Histoire du tribunal révolutionnaire de Paris*.

vants sur les aspirations actuelles : « Un esprit corrupteur fait appel à toutes les convoitises au sein des populations de nos villes, et en l'absence de tout sentiment religieux qui le contrebalance, tend à les jeter dans des luttes où elles ne triompheraient pas sans se perdre bientôt elles-mêmes. C'est en effet aux conditions vitales du travail que l'on s'attaque, sous prétexte de l'intérêt du travailleur. La bourgeoisie qui n'est pas autre chose que le peuple lui-même, le peuple ne connaissant ni privilégiés au-dessus de lui, ni disgraciés au-dessous, est présentée comme une aristocratie nouvelle qu'il faut déposséder. Et de quoi la dépossédera-t-on, sinon du fruit d'un travail dont l'ouvrier ne peut nier les droits sans condamner ses propres enfants à la condition du prolétaire ? C'est cependant là que les théoriciens veulent en venir. La question est posée, débattue, résolue par plusieurs dans le sens le plus violent. On ne répudie aucun souvenir, on ne regrette aucun moyen. »

VIII

La thèse du *développement du travail au moyen de l'organisation du crédit étendu à toutes les classes de la société* pour lui faire jouer un rôle important dans le grand problème de l'anéantissement du paupérisme est des plus intéressantes, et pour en mieux faire saisir la complexité, nous allons en diviser le sujet. Nous parlerons d'abord du *travail*. Il est évident que si son développement, qui est le but à atteindre, pouvait être porté à son apogée sans avoir besoin d'étendre le crédit à toutes les classes de la société, on n'aurait pas à se préoccuper de cette organisation. Dans tous les cas, il est certain que le crédit ouvert à tout le monde, au point de mettre l'abondance de l'argent dans toutes les poches, ne favoriserait pas le développement du travail ; ne ferait qu'amener l'oisiveté, et prouverait matériellement que la richesse ou l'aisance générale équivaudrait à la pauvreté, à la ruine et à la destruction de tout, si tant était que sur le globe la majorité de ses habitants ne voulût plus alors travailler comme les nécessiteux d'aujourd'hui, et produire ce qui formerait le besoin de tous.

Nous concluons de ceci, que le crédit n'est qu'un accessoire dans l'activité et le développement du travail, et que la nécessité de travailler pour vivre, pour élever sa famille, est un agent essentiel à l'économie générale du monde et à la perpétuelle existence des humains. Cette nécessité est une montagne à mettre en parallèle avec l'atome du crédit.

Ceci étant énoncé, nous disons que le développement, soit en quantité, soit en qualité, du travail dans une nation ne peut être atteint que par la mise en activité du plus grand nombre d'ouvriers, puis du talent de ceux qui en sont l'élite, et par la diffusion corrélative de l'écoulement des produits de cette prodigieuse main-d'œuvre, sans quoi un pareil travail deviendrait frustratoire et s'anéantirait promptement de lui-même. Aussi parmi les consommateurs des fruits du travail qui deviendraient ainsi à leur tour nécessaires dans la société, il faut classer ces riches qui, par leur faste, leur luxe et leurs largesses, favorisent ceux qui travaillent pour s'enrichir (1), vivre ou améliorer leur position; ces bourgeois nés dans la fortune parce qu'ils ont eu des auteurs économes, qui emploient des ouvriers en si grand nombre, et les aident si puissamment à réussir; ces cultivateurs, marchands, industriels et ouvriers rangés, retirés dans l'aisance par eux désirée et acquise au prix d'un travail persévérant, excessif; d'une épargne étendue à toutes les choses ne rentrant pas dans un besoin absolu, qui dépensent leurs revenus au profit de la société et dans un repos mérité. L'existence de ces consommateurs, aussi indispensable que celle des producteurs, empêche que chaque membre du corps social ne soit obligé de se suffire à lui-même, comme cela existerait sur un sol également et erronément partagé par un aveugle procédé de l'envie ou de recourir à des échanges incommodes de produits grossiers, ce qui nous ramènerait à l'enfance de l'univers et enrayerait le fonctionnement des industries, la fondation des monuments et habitations, les commerces terrestre et maritime, les progrès agricoles, toutes créations occupant des millions d'ouvriers suivant leurs

(1) C'est la juste appréciation d'un pareil fait qui a été l'origine du proverbe : *on ne s'enrichit point à la porte d'un gueux.*

goûts et leurs facultés morales, physiques et intellectuelles, créations qui ne peuvent pas être contemporaines des temps primitifs et barbares où nous reculerions par le renversement insensé de l'état étonnant et progressif des choses de ce monde et du temps actuel, et qui ne sont dues qu'à l'admirable et incessante activité de l'intérêt personnel (1) réalisant pour soi des prodiges, et pour l'humanité des bienfaits, des merveilles et des splendeurs.

Le développement du travail étant donc la conséquence de la quantité des travailleurs, un des premiers devoirs à remplir vis-à-vis de la société est de combattre la paresse, la fainéantise, les grèves, les jeux, l'ivrognerie et les débauches qui sont le triste apanage d'un trop grand nombre, et qui nuisent en même temps au corps social par la privation de leurs bras, par leurs mauvais exemples et la perspective d'avoir à leur fournir des secours, et aux individus ainsi plongés par leur faute dans le contingent de la misère. Nous avons, dans une partie antérieure de ce mémoire, dit comment il nous semblerait facile et bon de s'y prendre pour préserver les mineurs d'habitudes si funestes, et pour en corriger les majeurs.

Le *crédit*, dans son sens appliqué aux matières de finances, signifie la confiance en vertu de laquelle on peut obtenir des prêts de capitaux, soit sur un gage matériel, soit sur l'opinion qu'on a fait concevoir de sa solvabilité. Lorsque l'emprunt et le prêt des capitaux se font par suite de l'assurance que donne le gage de la propriéte immobilière, le crédit est appelé *foncier*. Si, au contraire, ils se font par le fait d'une confiante présomption, inspirée par la moralité, l'intelligence et les aptitudes des emprunteurs ou par le gage des valeurs mobilières, le crédit est nommé *mobilier*.

(1) « On confond trop souvent (dit très justement l'ouvrage la *Morale rationnelle*, p. 130) l'égoïsme avec le sentiment de l'intérêt personnel. Il existe entre l'un et l'autre cette différence que le sentiment de l'intérêt privé peut se coordonner, et se coordonne le plus souvent avec l'intérêt général, tandis que l'égoïsme n'admet pas de coordination ; il est absolu, sans règle, et ne s'arrête que devant la force. C'est l'exagération de l'intérêt privé corrompu et abaissé ».

Sans exposer ici les vicissitudes qu'ont subies d'abord les nombreux projets d'organisation, et ensuite l'organisation primitive du *Crédit foncier de France*, qui a été fondé comme établissement privilégié d'utilité publique, pour prêter à la propriété foncière moyennant un intérêt minime, et pour lui faciliter le remboursement à long terme des sommes empruntées, par le paiement de faibles annuités successives se cumulant avec leur propre intérêt composé, recomposant peu à peu le capital et amortissant ainsi la dette au bout d'une période de temps déterminée à l'avance, nous avons à dire quelques mots de cette institution. Pour nous, c'est une excellente création, qui a mis à la portée des capitalistes la commodité et la sécurité des placements, la régularité dans le service des intérêts, la possibilité d'emprunter dans de bonnes conditions ; mais elle n'a pu convertir qu'une partie de la dette hypothécaire et n'a nullement satisfait la majorité des personnes qui, à cor et à cri, avaient sollicité son fonctionnement. La raison de ceci est toute simple. Cette grande institution, malgré les avantages mis à la disposition de ses présumés clients, ne pouvait pas remédier à des situations désespérées demandant des ventes plus ou moins immédiates et des changements radicaux d'habitudes de dépenses inconsidérées ; en de telles occurrences, des réalisations d'emprunt n'auraient fait que précipiter des dénouements inévitables et même les aggraver. Ceux qui ne pouvaient déjà pas payer avec leurs revenus les intérêts de leurs dettes auraient encore moins payé des annuités plus élevées, et par suite le *Crédit foncier* devait, en pareil cas, refuser son inutile intervention. Aussi n'ayant pas trouvé le débouché de tous les capitaux offerts aux cultivateurs, il a été autorisé à prêter aux départements, communes, associations syndicales, hospices et autres établissements publics ; à recevoir des capitaux en dépôt avec ou sans intérêt, et à faire des avances sur dépôts d'obligations foncières, toutes opérations ne rentrant point dans les premiers desseins de ses fondateurs. C'est pour atteindre ce but poursuivi mais irréalisé qu'il lui a été créé comme annexe indépendante et sous le nom de *Crédit agricole* une institution mobilière, également privilégiée, ayant pour objet de procurer des capitaux ou des crédits à l'agriculture et aux industries qui s'y rattachent, en faisant ou en facilitant par sa garantie l'escompte sur la négociation d'effets à 90 jours; d'ouvrir des crédits ou prêter à plus longue échéance sur nantissement ou autre garantie spéciale; de recevoir des dépôts avec ou sans intérêts; d'ouvrir des comptes courants, d'opérer des recouvrements, et de faire toutes autres opérations ayant pour but de favoriser le défrichement du sol, l'accroissement de ses produits et le développement de l'industrie agricole. Le cercle d'action du nouvel établissement n'étant pas restreint dans d'étroites limites, il lui a été facile de combler les lacunes laissées par l'institution à laquelle il est venu se juxtaposer. C'est le Crédit foncier lui-même qui a demandé cette création, obtenue par la loi du 28 juillet 1860, et encouragée par une garantie de l'Etat qui, à défaut de prospérité, aurait pu s'élever à deux millions. Ce qu'on peut relever à ce sujet, comme indice de l'esprit des réclamations, c'est que les nombreux réclamants qui avaient longtemps fait figurer leurs clameurs dans les journaux jusqu'à l'époque du fonctionnement du Crédit foncier, s'étaient après très bien contentés des mots, sans plus s'embarrasser de la chose et des obstacles individuels que cette institution mettait en évidence.

Le *Crédit appelé mobilier* a de tout temps existé dans les relations personnelles des individus entre eux; mais, pour rendre de plus en plus accessible aux entreprises commerciales et individuelles et aux travailleurs intelligents l'usage des capitaux, il s'est généralisé par les maisons financières de toutes sortes, les banques de toutes les villes, les crédits mobiliers, les comptoirs d'escompte, la Banque de France, établissement privilégié, et ses succursales, à ce point qu'il y a lieu de se demander s'il reste encore à organiser une des branches d'un crédit qui est aujourd'hui descendu de proche en proche vers tous les agents de l'activité laborieuse, pour en favoriser l'action et le mouvement, et à produire ainsi, par l'utilisation de toutes les forces à mettre en jeu, des avantages incalculables de richesse, et par conséquent de bien-être pour le public, réalisant dans la pratique cette théorie économique ou mettant en relief cette vérité incontestable : qu'il n'y a ni existence ni bien-être pour le corps social sans production ; qu'il n'y a point de production sans travail et sans activité laborieuse ; qu'il n'y a point de travail sans impulsion, et qu'il n'y a point d'impulsion sans capitaux versés facilement, régulièrement et avec abondance suffisante sur les forces productives, pour leur communiquer le mouvement, la vie et la fécondité.

Le crédit qu'il s'agirait d'organiser et d'étendre à toutes les classes de la société, en vue de l'extinction du paupérisme, ne saurait pas être autre que celui dont pourraient profiter ceux qui, manquant de solvabilité, ne sont pas en position d'inspirer confiance aux détenteurs d'argent ; ce qui revient à dire qu'ici la question à étudier consiste à voir quelles mesures de crédit il y aurait à offrir aux aspirations des personnes pauvres, dans l'espérance de les mettre ainsi à même d'améliorer leur sort. Sous ce rapport, il a paru possible, en 1848, aux membres de l'Assemblée nationale de venir en aide aux classes laborieuses, d'encourager partout la volonté du travail, de lui donner le moyen de se développer et de grandir ; d'assurer à l'ouvrier un salaire légitime et de le protéger contre les spéculations faites sur son isolement et sa misère, et c'est dans le but de pourvoir à ce grand intérêt que les décrets, arrêté et loi dont nous avons déjà parlé à l'occasion des grèves, ont été promulgués. Si le parti qu'on pouvait en tirer n'a donné que de rares résultats, cela a tenu à ce que ce sont les têtes rassises et carrées qui ont manqué pour prendre les gérances des associations ouvrières. Il en devait être de celles-ci comme des sociétés commerciales et industrielles formées entre ceux qui y font des apports plus ou moins considérables ; elles ne pouvaient se constituer ni surtout réussir que par de bonnes et sages impulsions et directions. C'est un grand tort de croire que le *crédit* ou l'*argent* soit capable de suffire, en toutes sortes de mains, à donner prospérité et longue vie à des sociétés, quand en France on peut compter annuellement par des milliers les faillites et les déconfitures qui accusent une grande pécurie de gestions prudentes et profitables, alors même qu'il s'agit d'intérêts personnels.

Par le fait même des difficultés inhérentes à la formation et à la gérance de ces sortes d'associations d'ouvriers pauvres et pas assez intelligents pour se faire distinguer de l'ordinaire, il est certain que le commun des ouvriers n'en pourrait jamais profiter. Pour que les plus habiles pussent même s'associer utilement pour l'exécution de travaux déterminés, il faudrait que sur tous les points industriels ces derniers fussent patronnés et dirigés soit gratuitement, soit avec appointements, par des désœuvrés prudents et capables, qui trouveraient là la satisfaction de se montrer propres à quelque chose, d'utiliser pour une bonne œuvre des loisirs susceptibles, sans cette louable occupation, de les entraîner à l'immoralité, et de s'honorer aux yeux de toutes les âmes honnêtes et charitables en acceptant de pareilles fonctions. Cette idée est surtout émise ici pour répondre au besoin évoqué d'un crédit qui nous paraît impossible à généraliser outre mesure, et dont nous ne saurions faire dépendre ni l'extinction du paupérisme ni même une sensible amélioration.

Ce qui nous paraîtrait en tout préférable, ce serait l'organisation d'un patronage, aussi général que possible, qui aurait pour but d'intervenir auprès des commerçants et industriels pour les décider à faire participer leurs employés et ouvriers à leurs bénéfices, en leur procurant des comptables sûrs et capables de tenir des livres dans toutes les meilleures conditions connues, et surtout en partie double (1), ou tout au moins à majorer leurs salaires d'un tantième pour cent.

(1) On pourrait nous accuser d'insister sans raison sur la valeur et la difficulté d'une tenue de livre en partie double, si nous étions soupçonné de ne pas savoir au juste et ne disions pas en quoi consiste cette pratique de certaines grandes maisons commerciales : si nous nous rappelons bien ce que nous avons appris, bénévolement et sans maître, comme complément de nos études, cette tenue se composerait, notamment, de cinq comptes généraux se balançant tous l'un par l'autre et donnant, à un moment quelconque de l'année, sans inventaire préalable, et par une balance finale, la position réelle des affaires, ainsi que des profits ou pertes d'une maison. Lorsque, dans les opérations à écrire sur les livres, se trouvent des sommes productives d'intérêt, l'œuvre accessoire de leur calcul à une époque fortuite est également rendue facile et rapide par la tenue des comptes particuliers suivant la méthode dite à supputation rétrogade, heureusement substituée à celle à supputation progressive.

Pour obtenir ce résultat, il y aurait à créer des écoles professionnelles théoriques et pratiques de comptabilité, se recrutant parmi les adultes de 18 à 25 ans, examinés au point de vue du jugement, des bonnes mœurs et de la tenue, et non pas à celle absolue d'une orthographe irréprochable et de beaucoup d'autres connaissances qui ne nuisent pas par elles-mêmes, mais qui meublent trop souvent des têtes sans cervelle. Nous ne croyons pas qu'il soit nécessaire d'insister pour faire comprendre la nécessité de cette distinction.

En considérant, dans ce qui précède, les bons effets des écoles supérieures de comptabilité, et non pas seulement les notions élémentaires, nous désirons faire comprendre qu'il y a un intérêt majeur à tenir, en toutes les écoles, à ce que comporte cet enseignement dans sa plus grande extension. C'est par son application que les commerçants et industriels pourront annuellement et utilement juger leurs situations et les consigner dans les inventaires prescrits par l'article 9 du code de commerce, ce qui se fait aujourd'hui sur une infiniment petite échelle et révèle des contraventions presqu'à l'occasion de chaque faillite. A ce sujet, l'instruction n'aura rien amené de favorable pour la bonne direction des affaires et pour éviter les catastrophes qui entraînent la misère, et sont des suites de négligence et de désordre, aussi longtemps que la loi n'exigera pas, sous peine d'amende, le visa annuel *ne varietur* des inventaires.

Puisque nous sommes sur l'article des écoles professionnelles, nous demandons qu'il nous soit permis de dire quelques mots de notre pensée sur ces créations ; ce ne sera pas pour en atténuer l'importance, mais pour parler des endroits qui conviennent le mieux à leur établissement. Nous regretterions en effet, pour le bien général de l'humanité, que ce fût dans les villes ou à leur proximité que ces écoles se fondassent ; nous souhaiterions qu'il fût tenu un plus grand compte de la salubrité des campagnes et du calme qui s'y trouve pour les y installer. Dans tous les cas, ce qui nous paraîtra toujours meilleur pour l'ouvrier pourvu de l'instruction primaire, ce sera d'apprendre l'état de son choix, dans un isolement plus ou moins relatif, chez un patron moral et habile. Malheureusement il n'est que trop vrai que les agglomérations sont pernicieuses : *il ne faut qu'une brebis galeuse pour gâter tout un troupeau*, et c'est précisément à l'âge des bonnes ou mauvaises résolutions, de 15 à 25 ans, qu'elles offrent le plus de dangers.

Tout ce qui est étranger *au crédit* dont nous nous occupions, il y a un instant, est une digression assez importante, à la suite de laquelle nous reprenons notre sujet, en laissant de côté la catégorie des associations coopératives, dont nous parlerons à part.

L'institution des *banques de prêts d'honneur* a été recommandée par une circulaire ministérielle du 20 février 1850 comme devant vulgariser le crédit en le fondant sur la moralité, les habitudes de travail et l'estime publique ; elle vient en aide à tous les besoins légitimes des classes laborieuses et pauvres ; elle combat énergiquement les abus de l'usure qui ruine les campagnes et les petites industries ; l'institution étant destinée à améliorer la condition de la partie souffrante et morale du peuple, aucun prêt ne doit excéder 200 francs.

La *Société des prêts de l'enfance au travail*, fondée le 26 avril 1862, a pour but de faire des prêts destinés à faciliter l'achat des instruments, outils, ustensiles ou matières premières nécessaires au travail ou à l'établissement d'ouvriers pauvres et laborieux.

Nous croyons que ces deux œuvres ne fonctionnent plus, mais comme elles pourraient être relevées par des amis de l'humanité, nous n'avons pas hésité à en exposer le but, avec d'autant plus de raison qu'elles sont l'expression de besoins réels qui sont à satisfaire.

L'institution du *Mont-de-Piété* a pour but de faciliter à ceux qui ont besoin d'argent un emprunt immédiat contre le dépôt d'un nantissement. Quoique servant à toutes les classes de la société, elle a la prétention de rendre des services individuels aux malheureux ou pauvres qui en usent, en leur prêtant à neuf pour cent par an. Elle a même l'outrecuidance d'être prévoyante et bienfaisante, parce qu'elle doit faire le versement de ses bénéfices à l'assistance publique, sans avoir l'air de se douter *qu'en fait ce sont alors les nécessiteux qui secourent les indigents*. Il nous est impossible de comprendre qu'un *Mont-de-Piété* puisse plus longtemps prêter à 9 0[0 (1), si contrairement à l'équité et à l'égalité qui voudraient que le taux ne dépassât pas 3 0[0, puisque de tels prêts se font avec sécurité et qu'en cas pareil les grands établissements financiers livrent leur argent à ce taux. S'il en était ainsi, la généralisation de l'institution produirait le plus grand bien ; elle permettrait de connaître partout les pauvres honteux et de les secourir. On trouverait, comme pour les caisses d'épargne, dans toutes les villes, des administrateurs gratuits.

IX

Il est un genre de progrès social qui certainement peut apporter un bon contingent de secours à l'amélioration du sort des pauvres ; il consiste à inoculer aux masses ouvrières les principes de la solidarité dans un but de protection mutuelle et sous trois formes de coopération, savoir : l'association de *consommation*, l'association de *crédit*, et l'association de *production*.

La première achète en gros et dans les meilleures conditions de prix et qualité des marchandises de première nécessité pour les vendre le moins cher possible, soit exclusivement aux associés, soit à ceux-ci et au public. La seconde reçoit les épargnes du travailleur pour les faire servir à créditer le travail par des banques de crédit populaire. La troisième donne un emploi au capital progressivement amassé, en permettant à l'ouvrier intelligent et travailleur de se constituer patron à son tour, et en répartissant le travail conformément aux facultés de chacun des associés. Ces trois formes de l'association populaire, constitutive du système coopératif, peuvent évidemment marcher de front et se prêter un mutuel appui, à moins que des mœurs particu-

(1) Ce n'est pas seulement le taux qui est onéreux, c'est l'impossibilité de retirer les objets pour les vendre ce qu'ils valent, ce qui, en certains cas, peut faire revenir le taux de l'emprunt à la plus extrême usure. C'est ainsi qu'une institution présentée à la confiance des malheureux pour leur venir en aide constitue pour eux une facilité de se plonger plus vite dans la misère.

lières et des coutumes locales n'en rendent difficile l'application simultanée. On a déjà remarqué que dans l'ordre de leur création l'Angleterre figure par la Société de *consommation ;* — l'Allemagne, par le *Crédit populaire,*—et la France, par la Société de *production.* Ce qui est à considérer, c'est qu'elles s'adressent aux ouvriers intelligents, travailleurs et économes, et qu'elles laissent de côté tous ceux, en grand nombre, qui ne remplissent pas ces trois conditions de réussite certaine ; d'où résulte cette conséquence qu'elles ne visent pas, même théoriquement, à l'extinction du paupérisme.

Les sociétés de *consommation* sont très répandues en Angleterre ; celles de *crédit* et de *production* n'y ont pas pris la même extension. En Allemagne, un célèbre économiste a mis le *crédit* à la portée de tous par l'établissement des *banques populaires* (1), basées sur les principes de la confiance réciproque et de la solidarité, et dont les fonds sociaux sont alimentés par des droits d'entrée, des cotisations mensuelles et des sommes empruntées avec la garantie solidaire des associés. Chacun de ces derniers peut emprunter à sa caisse, sur sa signature, une somme égale au montant de ses propres versements ; il est libre d'emprunter davantage, mais alors avec la garantie d'un ou de plusieurs sociétaires. Ces associations de *crédit mutuel* offrent à la fois les avantages des caisses d'épargne et des banques d'avances. Tout naturellement les sociétés de *consommation* et de *production* fleurissent dans ce même pays. De plus, il y existe des associations pour l'achat en commun des matières premières et pour la vente en commun de leurs produits.

En France, il s'est également fondé des Sociétés coopé-

(1) *Les banques du peuple*, dont celle de Delitsch servira toujours de modèle, ne pouvant évidemment favoriser que les travailleurs se faisant remarquer par des considérations d'activité, d'habileté, d'esprit d'ordre et de probité, n'ont pour sociétaires que des ouvriers d'élite; aussi il résulte des statistiques présentées par M. Luzzatti que les journaliers n'y participent que pour 8 o/o en Allemagne et 7,25 o/o en Italie. C'est donc avec une sagacité, justifiée par les résultats, que l'éminent créateur du crédit populaire a réclamé l'intervention des *associés honoraires*, permettant de faire peu à peu descendre les bienfaits de l'institution vers les travailleurs qui n'offrent pas rigoureusement toutes les garanties.

ratives. Parmi les sociétés de *consommation*, celles qui réussissent le mieux sont généralement dues à l'initiative, à l'épargne et aux efforts des travailleurs. Il est évident qu'en s'approvisionnant en grand nombre au magasin coopératif on assure son succès, ce qui permet alors de partager des bénéfices résultant de la vente au comptant, soit par tête, soit proportionnellement à la mise, soit au prorata des achats de chacun des associés ; l'importance des acquisitions étant, pour ce dernier cas, constatée par des jetons représentant pour chaque cent francs un bénéfice variant entre 2,50 et 3 francs, ou par des carnets d'inscription de fournitures.

Dans ce même pays, une première société de crédit mutuel a été fondée en 1857 sous le nom de *Banque de solidarité commerciale*, par un groupe d'ouvriers de la même profession, pour centraliser leurs épargnes ; puis est venue la *Société du crédit au travail*, formée en commandite, établissant le crédit mutuel entre ses membres et une banque pour les associations coopératives. Cette société sans actions, à responsabilité proportionnelle et à capital variable, a été, en quelque sorte, le prélude de la loi du 24 juillet 1867, sur les sociétés de cette nature. Le *Crédit au travail* aide à la formation des sociétés coopératives, au développement des principes de mutualité et de solidarité ; crédite les associations ouvrières ; reçoit à l'escompte les valeurs commerciales créées ou endossées par ses membres ; accumule les épargnes des travailleurs pour les prêter à d'autres travailleurs ; assure à ses associés un crédit égal pour chacun à son capital versé dans la commandite, et pouvant dépasser ce chiffre avec la garantie solidaire de plusieurs membres ou même de tiers, et fait des opérations de banque déterminées.

MM. Léon Say et Léon Walras président à Paris au fonctionnement de la *Caisse d'escompte des associations populaires*, qui s'est fondée pour créer le crédit coopératif par l'émission d'*obligations populaires* du prix de 20 francs chaque, payables par des versements successifs de deux francs au moins par semaine, s'inscrivant sur un livret afin de faciliter l'échange de cette pièce contre une obligation libérée. Se basant sur les succès des associations ouvrières en Angleterre, en Allemagne et en Italie, les organisateurs de cette caisse ont pensé qu'ils pouvaient entreprendre des opérations consistant à recueillir les plus petits capitaux pour constituer des millions, à leur faire produire des intérêts à cinq pour cent par an, à favoriser sur une grande échelle la création d'associations ouvrières, en plaçant et garantissant leurs obligations populaires et nominales, et à les faire prospérer en leur avançant des fonds sur dépôt d'obligations libérées et en acceptant leurs seuls effets à l'escompte. Cette caisse prend les meilleures mesures pour assurer la solidité de ses fondations. Sachant que l'association de production est très difficile à gérer, par le motif qu'elle suppose chez les associés les qualités intellectuelles et morales les plus rares, elle ne patronne, parmi les associations de ce genre, que celles qui doivent être dirigées par des chefs d'un mérite reconnu.

La *Caisse des associations coopératives,* due à l'initiative du gouvernement, reçoit en compte courant et à intérêts les fonds des associations populaires, escompte leurs effets, facilite à quelques-unes l'achat des matières premières et du complément de leur matériel, accorde son concours au travailleur isolé, à l'ouvrier en chambre, au petit patron.

Des sociétés coopératives de *production* se sont établies en France par les ouvriers et artisans mus par l'idée de se soustraire au patronage de leurs chefs, depuis surtout que les convulsions de leurs désirs ont pu trouver une calme et sage fixité dans une partie du rapport de la commission de la loi sur les sociétés conçue en ces termes : « Les ouvriers éclairés, et il en est un grand nombre, ont cessé de considérer le capital comme un ennemi ; ils en connaissent la nature et la fonction économiques ; ils savent qu'il a pour origine le travail et l'épargne, qu'il est indispensable à l'achat des matières premières, des outils ; indispensable aux avances, sans lesquelles il n'y a pas d'industrie possible ; au lieu de le maudire, ils aspirent à le posséder. Dans cette œuvre collective de la production, ils sont les bras, ils voudraient être en même temps l'intelligence et le capital, afin de réaliser, pour eux seuls et par eux seuls, les profits du travail. »

La gérance des sociétés de *production* est généralement confiée à un ou plusieurs de leurs membres (1) réunissant les conditions de moralité, de capacité et d'expérience nécessaires pour diriger la comptabilité, les achats de matières premières, la production et l'écoulement des marchandises fabriquées ; les associés travaillent exclusivement pour l'association aussi longtemps qu'elle fournit du travail ; ils reçoivent des salaires courants et spéciaux, soit pour la journée, soit pour la tâche. Il y a aussi des sociétés dirigées par un Conseil d'administration, dont les opérations sont contrôlées par un comité de surveillance et par un conseil de la famille ouvrière, composés de sociétaires choisis par rang d'ancienneté et à tour de rôle. Ce conseil juge ordinairement les contestations entre associés ; fixe l'interprétation des statuts et règlements ; donne son avis sur l'admission ou l'exclusion des sociétaires et sur la révocation des administrateurs.

L'association de *production* ne devrait être que la

(1) Il faut dire cependant que ces membres ne sont pas tous des ouvriers ; c'est ce que nous apprend M. A. Fougerousse : « Quelles que soient aujourd'hui, dit-il, les erreurs économiques des ouvriers ; quel que soit leur parti pris de repousser l'homme riche et savant, c'est lui que chaque association coopérative choisira comme directeur, quand elle ne voudra pas péricliter, car il lui apportera la confiance et la prospérité. Actuellement il y a autant de patrons que d'ateliers ; sous le régime de l'association, il y aura autant de directeurs que de sociétés ; les mêmes hommes rempliront les mêmes fonctions ; l'attribution des rôles n'aura guère changé ; ce qui sera différent, ce sera la valeur morale des travailleurs, qui sera plus élevée ; ce sera la répartition des fruits du travail, qui sera plus équitable ».

Nous avons une preuve de cela dans la destinée d'un grand établissement de peinture dont le fondateur, honoré par un monument élevé à sa mémoire par ses ouvriers associés, a été glorifié dans la publication : *Biographie d'un homme utile,* par M. Ch. Robert, ancien conseiller d'État, qui apprécie en ces termes l'entreprise dont il a toujours eu la direction : « Sans tomber dans l'anarchie ou le chaos, la maison Leclaire, société en commandite, prend aussi plusieurs des caractères d'une association coopérative de production ». Pourtant les statuts de l'association posent le principe de l'avènement de l'ouvrier au rang suprême, tout en conservant la faculté de prendre le directeur même parmi les étrangers à l'association. M. Leclaire avait tenu à exciter le zèle, la bonne conduite et l'application professionnelle des ouvriers par cette ambitionnée perspective.

résultante des deux autres. Lorsque les ouvriers ont pris l'habitude de l'épargne et réglé leur existence de manière à vivre économiquement et peuvent compter sur le crédit, il paraît naturel qu'ils tentent alors l'association de production.

X

En dehors de l'instruction, du travail et du crédit, dont l'influence a été signalée comme pouvant contribuer à l'extinction du paupérisme, les termes de la question posée mettent en relief les institutions qui relèvent de la *prévoyance* et de l'*assistance* comme visant au même but. Nous allons commencer par dire ce que l'Etat a fait ou favorisé, à ce point de vue, pour venir en aide aux souffreteux et au-devant des inclinations prévoyantes des travailleurs.

Il connaissait par l'existence des caisses de retraite formées par différentes corporations d'ouvriers, alimentées au moyen de retenues et dons particuliers, par les progrès des assurances sur la vie fondées en France et des sociétés similaires fonctionnant en Angleterre sur une bien plus grande échelle, tout le profit à retirer du placement des épargnes s'accumulant par l'addition des intérêts composés et des chances attachées à la mortalité. Il lui était difficile de rester indifférent aux avantages qu'il pouvait seul offrir au même degré à l'ouvrier, parce que seul il a une persistance, une durée assez longue pour donner à tous une sécurité complète. Il lui incombait le devoir de créer une caisse dans laquelle les économies grossissantes produiraient, à l'âge de la retraite, le plus grand bénéfice possible pour celui qui aurait à la recevoir.

C'est pour accomplir cette obligation que la loi du 18 juin 1850 a créé, sous la garantie de l'Etat, la *Caisse de retraites ou rentes viagères pour la vieillesse*. Après avoir subi de nombreuses modifications, la législation permet aujourd'hui des versements volontaires qui ne sont pas inférieurs à cinq francs ou à des multiples de cinq francs, et dont le maximum annuel ne peut pas excéder quatre mille francs au profit de chaque personne âgée de plus de trois ans. Les dépôts effectués, soit en vertu de décisions judiciaires, soit par les administrations publiques, par les sociétés de secours mutuels ou par les sociétés anonymes au profit de leurs employés, agents et ouvriers, ne sont pas soumis à cette limite. Le versement fait pendant le mariage par l'un des conjoints profite séparément à chacun d'eux par moitié. Le montant de la rente viagère à servir à chaque titulaire est fixé par un tarif connu, en tenant compte pour chaque versement de l'intérêt composé du capital à raison de cinq pour cent par an ; des chances de mortalité en raison de l'âge des déposants et de l'âge auquel commence la retraite, calculées d'après les tables dites de Déparcieux, et même du remboursement au décès du capital versé, si le déposant en fait la demande au moment du versement. Cette pension ne peut pas excéder 1,500 francs.

L'entrée en jouissance de la rente est fixée, au choix du déposant, à partir de chaque année d'âge accomplie de 50 à 65 ans. Dans le cas, cependant, de blessures graves ou d'infirmités prématurées entraînant incapacité absolue de travail, la pension pourra être liquidée même avant 50 ans et en proportion des versements faits avant cette époque. Les rentes viagères au profit des personnes âgées de plus de 65 ans sont liquidées suivant un tarif particulier. Le déposant qui a stipulé le remboursement à son décès du capital versé peut, à toute époque, faire abandon de la totalité ou de partie de ce capital à l'effet d'obtenir une augmentation de rente, sans qu'en aucun cas le montant total puisse excéder 1,500 francs. Le donateur qui a stipulé le retour du capital, soit à son profit, soit en faveur des ayants droit du donataire, peut également, à toute époque, faire l'abandon du capital, soit pour augmenter la rente du donataire, soit pour se constituer à lui-même une rente, si la réserve avait été faite à son profit. L'ayant droit à une rente viagère qui a fixé son entrée en jouissance à un âge inférieur à 65 ans peut, dans le trimestre qui précède l'ouverture de la retraite, reporter sa jouissance à une autre année d'âge accomplie, sans que, en aucun cas, la rente augmentée d'après les tarifs en vigueur puisse excéder 1,500 francs, ni qu'il y ait lieu au remboursement d'une partie du capital déposé. Au décès du titulaire de la rente, avant ou après l'époque de l'entrée en jouissance, le capital déposé est remboursé sans intérêt aux ayants droit, si la réserve a été faite au moment du dépôt et s'il n'y a pas renoncé implicitement depuis. Le capital réservé reste acquis à la caisse des retraites en cas de déshérence ou par l'effet de la prescription trentenaire.

Enfin le législateur, trouvant un avantage à offrir à l'étranger qui vient chercher du travail en France un moyen sûr de placer ses économies et de les faire fructifier, l'a admis à faire des versements à la caisse des retraites pour la vieillesse, aux mêmes conditions que nos nationaux, qui jouissent en Angleterre, Belgique et Italie, de la réciprocité.

Lors de sa présentation, la loi de 1850 donna lieu à beaucoup d'objections ; ceux qui visent, soit naïvement, soit par hypocrisie (1), à la perfection d'un état social impossible, prétendirent qu'il fallait apporter moins de timidité à la solution de la question ; qu'il importait d'organiser largement des institutions de crédit permettant d'augmenter le salaire des travailleurs et les mettant à même de réaliser des économies ; qu'ils ne voyaient aucun obstacle à établir des retraites, non pas seulement avec les économies des travailleurs, mais au moyen d'une dotation de l'Etat ; ils voulaient que les versements fussent obligatoires, et que les ouvriers fussent, en quelque sorte, enrichis malgré eux.

Ces objections procédant des théories empruntées à l'école socialiste furent naturellement combattues par des raisons s'induisant de l'état pratique des choses. La discussion fit reconnaître que si on embrassait un système de retraites à un point de vue trop général, que si on faisait de ce qui doit être facultatif, une obligation réelle, au lieu du bienfait espéré on ne créerait qu'un impôt

(1) Beaucoup y a-t-il, qui peuvent bien avoir la connaissance des lois économiques, qui enseignent que les masses n'ont pas raison de s'en prendre à la société du mal qu'elles voient dans son sein et dont elles souffrent, et qu'il y a sagesse pour elles à profiter des avantages qu'elle leur offre et à chercher dans une direction rationnelle les conditions de leur bien-être ; il est fâcheux que ces masses ne soient pas assez instruites pour résister aux doctrines contraires et illusoires dont « les leurrent honnêtement (mais niaisement), comme dit un éminent économiste, les partisans convaincus de ces doctrines, et malhonnêtement les charlatans et les ambitieux politiques qui veulent avoir de l'influence sur elles ».

qui serait vu avec un sentiment de haine et d'hostilité par tous ceux qui seraient forcés d'y concourir ; qu'on fonderait ainsi une institution en sens inverse de ce qu'on croirait faire, puisque le peuple regarderait comme une oppression une chose qu'on avait l'intention de lui offrir comme moyen de secours et de progrès; que d'ailleurs l'État assumerait sur lui une charge tellement considérable et se jetterait dans des sommes si énormes et des chiffres tels que l'exécution deviendrait une de ces mesures que l'imagination peut rêver, mais qu'il est impossible de réaliser dans la pratique raisonnable des affaires d'une nation.

Les travailleurs, même les plus pauvres, n'ont pas envisagé les bienfaits de la caisse des retraites comme ceux qui s'étaient constitués d'autorité leurs défenseurs ; ils ont compris qu'en pouvant compter sur une égale sécurité, une égale protection, ils profiteraient par leur fait ou par le secours de leurs amis d'une institution fondée dans leur intérêt et destinée à améliorer leur sort. Le bon sens leur disait que la société ne peut pas affranchir les familles de leurs devoirs, dispenser l'homme de s'aider et d'aider tous les siens; qu'il doit être lui-même son principal bienfaiteur, et qu'une dotation émanant de la généralité des membres du corps social, par l'entremise de l'État, a le besoin plus grand d'être épurée pour être agréée par une conscience fière, exposée à devenir ainsi l'*obligée de tous*, que celle qui provient de la générosité privée, de la fraternité pratiquée sans contrainte. Est-ce que l'aumône publique, sous n'importe quelle forme, alors qu'elle est acceptée sans esprit de restitution et constatée par des états nominatifs, n'est pas plus humiliante que celle privée qui ne laisse aucune trace, et qui peut être glorifiée par la reconnaissance ou acquittée par des services ultérieurement rendus ? La fierté, celle qui n'est pas le partage des gens d'un petit esprit ou d'une sotte éducation, consiste précisément à ne rien recevoir gratuitement ni de l'État ni de personne, à ne pas convoiter le bien d'autrui par des moyens socialistes ou collectivistes plus ou moins sincères qui, mis à exécution, ne pourraient jamais s'épurer, comme aussi à se fonder sur son travail, son intelligence, sa conduite, sa probité, et ce qui a été toujours considéré comme des vertus publiques et privées pour se tirer d'une condition précaire, ce qui est beaucoup plus facile que ne le pensent les fainéants ou ceux qui les exaltent.

Nous pouvons encore classer parmi les établissements reconnus d'utilité publique comme institutions de prévoyance les *caisses d'épargne*, la *caisse d'assurance en cas de décès, la caisse d'assurance en cas d'accidents.*

La philanthropie s'occupait depuis fort longtemps de créer, sous les noms de tontines, associations de secours mutuels et compagnies d'assurances sur la vie, des établissements pour offrir aux personnes laborieuses la facilité d'y déposer sûrement leurs épargnes, lorsqu'une ordonnance du 25 juin 1817 établit à Rive-de-Gier une caisse de prévoyance en faveur des ouvriers de l'exploitation des mines. Cette première institution fit créer à Paris, en 1818, une *caisse d'épargne et de prévoyance* qui depuis a servi de type pour les caisses qui se sont ensuite fondées en vertu de la loi du 5 juin 1835. Les avantages de cette institution ont été révélés d'une manière expressive et en ces termes par M. de Cormenin : « Les caisses d'épargne se mêlent par le dépôt public de leurs fonds au mouvement et aux destinées de la fortune du pays, agissent avec la puissance de l'intérêt composé, recueillent les plus petites économies de l'ouvrier et ne laissent rien à l'éventualité de ses passions, rien à l'éventualité du sort, précisent nettement le positif de son épargne par le positif de son travail ».

Les caisses d'épargne qui depuis se sont généralisées en France détenaient, au 31 décembre 1877, francs 862, 834, 155, 19, par elles versés à la Caisse des dépôts et consignations sous la garantie du Trésor public. Le système qui fait assister les caissiers par des directeurs pris dans les localités mêmes aux versements et retraits effectués a produit les meilleurs résultats. En vertu d'un décret du 23 août 1875, les percepteurs des contributions directes et les receveurs des postes (1) peuvent servir d'in-

(1) Depuis le jour où ce mémoire a été déposé pour figurer au concours Péreire, il a été créé par la loi des 9-10 avril 1881, la *Caisse postale* servant aux déposants un intérêt de 3 0/0 et fonctionnant, sans concurrence, à côté des autres caisses qui continuent à payer 3 1/2 ou 3 3/4 0/0. Le *maximum* du dépôt à faire individuellement a été élevé à 2,000 fr. Chaque personne ne peut jamais avoir qu'un seul livret de caisse d'épargne.

termédiaires pour ces opérations. Aujourd'hui le *maximum* du compte de chaque déposant ne peut pas excéder mille francs, et l'intérêt reçu par les caisses est de 4 0|0, et celui servi aux déposants varie entre 3 1|2 et 3 3|4 pour cent.

Les caisses d'épargne ont un grand nombre de succursales, mais les plus appréciables de leurs affluents, comme étant conformes au but de l'institution qui est de favoriser l'économie et non pas d'offrir une caisse pour le placement temporaire des grosses sommes, sont les caisses d'épargne scolaires et les bureaux d'épargne. A Paris, les bourses d'apprentissage ont été très heureusement remplacées par des livrets de caisses d'épargne en faveur des élèves des écoles primaires communales de garçons et de filles.

La *caisse d'assurance en cas de décès*, fondée par la loi du 11 juillet 1868, sous la garantie de l'État, a pour objet d'assurer aux héritiers ou ayants cause de l'assuré, lors du décès de celui-ci, le paiement d'un capital déterminé. Les assurances sont contractées sur la tête de toute personne âgée de 16 ans au moins et de 60 ans au plus, moyennant le paiement d'une prime unique ou de primes annuelles payables jusqu'au décès de l'assuré ou pendant un temps fixé. La somme assurée sur une même tête ne peut pas excéder 3,000 francs. Elle ne peut pas être saisie ni cédée jusqu'à concurrence de la moitié et sans que la moitié réservée puisse descendre au-dessous de 600 francs. Les assurés ne sont pas soumis à la visite d'un médecin, mais les assurances faites moins de deux ans avant le décès de l'assuré demeurent sans effet, et les primes payées sont remboursées avec intérêts simples à 4 0|0. Les sociétés de secours mutuels sont admises à contracter des assurances collectives sur une liste indiquant le nom et l'âge de tous les membres qui les composent, pour assurer au décès de chacun d'eux une somme fixe ne pouvant pas excéder 600 francs.

La *caisse d'assurance en cas d'accidents*, fondée par la loi du 11 juillet 1868, sous la garantie de l'État, a pour objet de constituer des pensions viagères au profit des assurés qui, dans l'exécution des travaux agricoles ou industriels, seront atteints de blessures entraînant une incapacité absolue ou temporaire de travail, et de donner des secours aux veuves et aux enfants mineurs, ou à leur défaut au père et à la mère sexagénaires des personnes assurées qui auraient péri par suite d'accidents survenus dans l'exécution desdits travaux. Les assurances en cas d'accidents sont faites pour un an, moyennant le versement d'une prime de 8 francs, de 5 francs ou de 3 francs au choix de l'assuré; elles peuvent être indéfiniment renouvelées. Tout individu âgé de plus de douze ans peut s'assurer ou être assuré par un tiers. Le *minimum* de la pension allouée pour les accidents entraînant une incapacité absolue de travail est de 150 francs pour les personnes ayant versé 3 francs, et le *maximum* de 644 francs pour celles ayant versé 8 francs, la pension variant suivant l'importance de la prime et l'âge de l'assuré. Les pensions allouées pour les accidents entraînant une incapacité permanente du travail de la profession sont de moitié moins élevées. Le secours alloué en cas de mort à la veuve, et à son défaut au père et à la mère sexagénaires de l'assuré, est égal à deux années de la pension à laquelle il aurait droit. Les enfants mineurs reçoivent un secours égal à celui qui est attribué à la veuve. Les administrations publiques, les établissements industriels, les compagnies de chemins de fer, les sociétés de secours mutuels, les compagnies de sapeurs-pompiers peuvent être assurés collectivement.

Les *sociétés de secours mutuels* qui existent aujourd'hui tiennent de la prévoyance et de l'assistance. Elles ont remplacé les *associations de secours mutuels*, qui remontaient à la plus haute antiquité. Dans tous les temps, les hommes adonnés au travail manuel ont senti le besoin de s'associer pour se protéger mutuellement et se prêter secours dans les épreuves de la vie. Chez les Athéniens, il existait des collèges pour les travailleurs libres; leurs membres versaient dans une caisse commune une cotisation afin de venir au secours de ceux d'entre eux qui seraient frappés par l'adversité. A Rome, les professions industrielles furent érigées en syndicats ou corporations. Il y avait aussi des collèges de personnes de métiers, où le principe du secours mutuel avait été introduit.

Durant et après le moyen âge, les associations de secours entre personnes de métiers se perpétuèrent sous les titres de confréries, corporations ou communautés;

elles n'eurent pas toujours les résultats moraux qu'on devait en espérer ; plusieurs fois des ordonnances royales interdirent les confréries à cause des débauches dont elles étaient l'occasion et qui servaient à dissiper inutilement les collectes faites entre les confrères. De semblables abus se produisirent dans les corporations d'arts et métiers et furent également réprimés. Les cotisations durent alors être soumises à des autorisations.

D'un autre côté, le système exclusif des corporations, en repoussant de l'exercice des professions une foule d'hommes laborieux, créait des misères qu'elles ne soulageaient point ; le régime de l'assistance mutuelle était même très mal organisé au sein de chacune d'elles ; les conditions du secours n'étaient pas déterminées ; tout restait à l'arbitraire des chefs ou des syndics. Aussi, lorsque la liberté de l'industrie fut proclamée le 2 mars 1791 et renversa les jurandes et les maîtrises, on n'eut pas regret de voir disparaître les institutions de prévoyance et de secours mutuels qui coexistaient avec elles.

Aux corporations d'arts et métiers s'ajoutaient des associations qui se sont perpétuées jusqu'à nos jours, savoir : le *compagnonnage* et la *franc-maçonnerie.*

On fait remonter l'origine des *sociétés de compagnonnage* à l'époque de la construction, à Jérusalem, du temple élevé à Dieu par Salomon, roi des Juifs. Chacune d'elles procure à ceux qui en font partie d'importants avantages : quand un compagnon, faisant son tour de France, arrive dans une ville, on l'embauche chez un maître ; s'il n'a pas d'argent, il a du crédit ; en cas de besoin, la société lui accorde des secours de ville en ville jusqu'à sa destination. Si un membre de la société est mis en prison pour des faits non dégradants, on fait pour lui tout le possible ; s'il tombe malade, chacun va le voir à son tour et lui porte les choses utiles ; dans certaines sociétés, on remplace la visite par 50 centimes par jour payés au sortir de l'hôpital ; si un membre meurt, la société l'accompagne à sa dernière demeure. Au bout d'un an, son souvenir est rappelé à la mémoire de ses frères. Si la société d'une ville éprouve des malheurs et demande des secours, les sociétés des autres villes la soulagent promptement. Les lois du compagnonnage ne commandent que l'amour et l'abnégation ; mais, en fait, les compagnons continuent en partie, pour les ouvriers, la tyrannie des anciennes corporations ; ils provoquent les coalitions et les grèves générales qui jettent la perturbation dans l'industrie et dessèchent la source des salaires et des profits, pour ainsi produire en somme beaucoup plus de mal que de bien.

La *franc-maçonnerie* s'est longtemps rangée, sous certains rapports, parmi les sociétés de prévoyance et de secours mutuels : elle a pris naissance, au XIIIe siècle, parmi les ouvriers allemands qui bâtissaient les cathédrales de Cologne et de Strasbourg. Ils formèrent une confrérie qui se *reconnaissait à certains signes et cachait au vulgaire les règles de son art.* Ils se distinguaient en maîtres et en compagnons. L'association était divisée en loges du nom de l'habitation de l'architecte près chaque édifice en construction. Les statuts de la société étaient tenus secrets. Avant d'être reçus, les frères s'engageaient sous serment à l'obéissance et à garder un silence absolu sur tout ce qui concernait leur union. Les maximes de l'art ne devaient jamais être écrites ; elles étaient exprimées par des figures symboliques empruntées à la géométrie et aux instruments d'architecture et de maçonnage. La connaissance de ces symboles n'était communiquée qu'aux seuls initiés. On n'était reçu franc-maçon qu'après avoir fait des preuves de maîtrise dans un examen d'autant plus sévère et plus scrupuleux, que la confrérie répondait du talent de ses membres, désignait souvent les maîtres et les compagnons qui devaient entreprendre un édifice, les encourageait, les réprimandait et les punissait selon le mérite de leur ouvrage. Un contrôle sévère s'étendait sur la conduite privée de ses membres, qui pouvait être soumise à des tribunaux inférieur et supérieur jugeant les délits et les différends. C'était une association de fraternité et d'assistance mutuelle qui avait des principes de désintéressement et de moralité.

Lorsqu'à la Renaissance l'art architectural fut modifié, l'association se transforma ; d'industrielle elle devint philosophique ; les symboles n'eurent plus le même sens ; le tablier de peau de l'ouvrier devint l'emblème du travail ; le compas, celui de la justice ; l'équerre, celui de la droiture ; le niveau, celui de l'égalité ; le maillet, celui de la puissance. Dieu fut appelé le grand architecte de l'univers ; en un mot, on forma un vocabulaire tout entier de nouveaux symboles. A la faveur du secret de ses doctrines et de ses pratiques, la franc-maçonnerie finit par s'occuper presque exclusivement de politique. « Or, la politique, qui est pourtant une belle chose, entendue comme elle devrait l'être, est devenue, suivant un savant académicien, pour le malheur des passions humaines, l'art de se supplanter les uns les autres ou de se dire des choses désagréables en public, sans parler de celles qu'on se dit par derrière ; et aussi, dans bien des cas, l'art de saper les gouvernements par la base et de bouleverser les sociétés. »

De nos jours, les *sociétés de secours mutuels* accordent, moyennant une cotisation mensuelle dont le chiffre est fixé par les statuts, les soins du médecin, les médicaments et une indemnité quotidienne pendant la maladie et la convalescence des sociétaires ; elles pourvoient aux frais funéraires ; la plupart d'entre elles donnent un secours à la femme ou aux enfants des membres décédés. Il y a des membres participants et des membres honoraires ; ces derniers paient les cotisations sans recevoir les secours, ce qui augmente les ressources des sociétés. Un grand nombre des associations mutuelles versent à la caisse des retraites une partie de leurs économies pour assurer des pensions à leurs membres les plus anciens et les plus âgés. Il y a les sociétés libres simplement autorisées par les préfets ; les sociétés reconnues comme établissements d'utilité publique par les lois des 15 juillet 1850 et 14 juin 1851, et les sociétés approuvées qui remplissent les conditions et jouissent des avantages du décret du 26 mars 1852.

En sus des secours religieux et intellectuels qu'un gouvernement doit toujours favoriser, nous comprenons en premier lieu les *secours* qui s'adressent aux pauvres mères en couches. Les bureaux de bienfaisance des 20 arrondissements de Paris et les hospices de la province offrent aux femmes sans travail et sans épargne, aux filles trompées ou perdues, dépourvues de tout, des abris et des sages-femmes pour leur délivrance. La *Société de charité maternelle*, administrée à Paris par 4 vice-présidentes, un secrétaire, un trésorier et 80 dames patronnesses, fondée par Mme Fougeret, subventionnée par le gouvernement et le département de la Seine, encourage le mariage en secourant seulement, au moment de leur accouchement, les femmes mariées, les femmes abandonnées par leurs maris ou devenues veuves pendant leur grossesse, qui sont dans des conditions particulières d'indigence et de besoin, et qui consentent à nourrir elles-mêmes leurs enfants et à les élever pendant la première année. L'établissement dit *Maison et école d'accouchement* reçoit au dernier moment les femmes enceintes sans justification d'indigence et de résidence, et les occupe ensuite à des travaux pendant un temps nécessaire. Avant l'époque réglementaire de leur entrée dans la maison d'accouchement, les filles coupables d'une première faute, et dénuées d'appui et de ressources, sont reçues à l'œuvre charitable et privée dite *Asile Sainte-Madeleine*, pendant les derniers mois de leur grossesse ; celles qui n'en peuvent pas profiter sont, sur demande et à titre d'hospitalité, envoyées dans la maison de répression de Saint-Denis, où elles se forment un pécule en travaillant, et d'où elles sortent à leur volonté, soit avant, soit après leurs couches.

Lorsque les accouchées se trouvent, par des causes multiples, dans l'impossibilité d'élever leurs enfants, elles ont la ressource suprême des *Hospices d'enfants assistés*, où elles les abandonnent ostensiblement en fournissant les documents nécessaires sur leur état civil et leur famille ; cette pratique remplace celle des *tours* autrefois placés dans les hospices d'*enfants trouvés*, où les nouveau-nés étaient recueillis secrètement sans formalités et sans renseignements. Un grand nombre d'enfants sont, de la manière autorisée aujourd'hui, confiés à la tutelle de l'assistance publique ; c'est de l'effrayant accroissement de ce déplorable état des choses que sont nées pour les uns la question accessoire des tours ouverts ; pour les autres, des tours fermés, et pour nous et pour d'autres sans doute, la question principale de la moralisation générale et surtout de celle des filles.

L'idée de la *Crèche* correspondait à une telle nécessité qu'elle n'a pas été plutôt émise, qu'elle a donné lieu à une très large mise à exécution dans les 20 arrondissements de Paris, et dans de nombreuses villes de province; celle de la *Salle d'asile*, qui en est la continuation, a eu un succès plus considérable, plus général, à ce point, que des agglomérations de mille à 1,500 âmes en sont aujourd'hui pourvues.

L'assistance qui s'exerce au profit de l'enfance n'est presque toujours que temporaire; en élevant, occupant et instruisant les enfants jusqu'à l'âge où ils peuvent se livrer au travail, l'Etat les met en mesure de décider eux-mêmes de leur sort: assidus et rangés, ils sont sûrs de l'avoir prospère; indolents et désordonnés, ils végètent dans la misère. C'est pour venir en aide à l'imprévoyance de ces derniers et aux besoins des indigents adultes, devenus tels pour d'autres causes, que des bureaux de bienfaisance ont été établis dans presque toutes les communes de France; ils sont chargés de la distribution des secours à domicile, gérés par les maires, les adjoints et des administrateurs. Dans les grandes villes où les membres des bureaux sont les premiers à reconnaître que leurs fonctions sont plutôt honorifiques que pratiquement secourables, on s'en remet du soin de découvrir les pauvres et de les assister à des commissaires de bienfaisance et à des dames de charité. Les nécessités les plus diverses sont calmées par des médecins, des chirurgiens, des sages-femmes et des sœurs de charité, et par des dons de toutes choses. Les bureaux ne sont pas limités dans le choix des personnes à secourir; leur libéralité pouvant s'adresser même à celles qui se trouvent dans des cas extraordinaires et imprévus.

Il y a une catégorie de pauvres qui, de beaucoup, préfère se livrer au vagabondage et à la mendicité que de recevoir des secours à domicile et de cesser leur vie errante; on en trouve même de valides qui sont tellement enclins à la fainéantise, qu'ils s'accommodent de passer des périodes de temps en prison à purger des condamnations successives, et qui continueront jusqu'à ce qu'ils soient obligés d'y travailler et d'y séjourner longtemps (1).

(1) En dehors des mendiants libérés de condamnation auxquels l'art. 274 du Code pénal impose un asile dans un dépôt de mendicité, il y a, dans les centres populeux, des individus qui sont dans l'impossibilité de se procurer des moyens d'existence,

Lorsque la misère se complique d'une maladie qui entraîne le chômage, le secours en argent ou en objets de première nécessité peut s'adresser à la famille du pauvre; mais pour lui c'est l'hôpital qui, souvent, est devenu indispensable. Pourtant l'administration ne saurait trop développer l'institution du traitement à domicile. Les promiscuités, en certains cas dangereuses dans les maisons particulières, le sont pour le moins autant dans les lieux hospitaliers où s'entassent les malades. A Paris et dans certaines grandes villes, il y a, à côté des établissements généraux consacrés aux maladies aiguës et aux blessures, des hôpitaux spéciaux qui ont pour but d'en corriger les inconvénients, étant réservés à certaines maladies.

Les divers hôpitaux assurent gratuitement aux pauvres malades ou blessés des asiles convenables, les soins les mieux appropriés à leur situation et les secours médicaux des plus habiles médecins. En convalescence, les

et qui cependant ne peuvent pas recourir aux bureaux de bienfaisance. C'est à Paris que ces malheureux pullulent fortuitement par des motifs divers et sont arrêtés sous prétexte de vagabondage, ainsi qu'il ressort des termes suivants de l'enquête parlementaire faite en 1872 sur les établissements pénitentiaires : « Ce sont des nécessiteux de toutes sortes, attirés à Paris par un espoir d'assistance; des étrangers pour lesquels il faut demander l'appui de leurs légations; des ouvriers sans ressources en quête de travail; des enfants indigents trop âgés pour pouvoir obtenir la tutelle de l'assistance publique ; des découragés ou des exaltés arrachés au suicide; des filles mères ayant leurs enfants et des filles enceintes ne pouvant se placer ni travailler; des femmes délaissées recherchant leurs maris ou leurs familles ; des pauvres d'intelligence imprévoyants, déclassés, venus de tous les points de la France; des plaideurs malheureux, réclamants obstinés, voulant personnellement recourir à l'autorité suprême ; des émigrants à rapatrier; des solliciteurs indigents demandant un asile, un secours, une place, une pension; des inventeurs quasi aliénés; des gens éperdus ayant quitté leurs pays, leurs familles par un coup de tête et ne voulant plus retourner en arrière; des indigents atteints d'infirmités incurables, venus pour chercher à Paris des secours efficaces ou dont les départements se débarrassent; des vieillards sans asile et sans ressources à diriger sur un dépôt de mendicité; des malades refusés par les hôpitaux. Pour répondre à des besoins si pressants, le département de la Seine possède, comme succursales des prisons, la maison de répression de Saint-Denis et le dépôt de mendicité de Villers-Cotterets, où les délinquants séjournent par mesure d'hospitalité, avec la faculté d'en sortir à première demande. »

hommes sont reçus à l'asile national de Vincennes et les femmes à celui du Vésinet.

Les hospices sont des établissements fondés pour recevoir les personnes dont l'âge et les infirmités réclament un asile et des secours que leur état de pauvreté ne leur permettrait pas de trouver ailleurs. On peut également les diviser en généraux et spéciaux. Dans beaucoup de cas aussi, il y a réunion de l'hôpital et de l'hospice en un seul établissement.

Une fois admis suivant les règles hospitalières, le pauvre y est logé, nourri, vêtu, entretenu et traité dans ses maladies pendant le reste de ses jours. Une partie des revenus des hospices est quelquefois distribuée en secours à des personnes qui seraient en position d'y être reçues comme pensionnaires.

Les aliénés indigents sont placés gratuitement et séquestrés d'office, en vertu de la loi du 30 juin 1838, par les soins de la police, lorsque leur état mental présente un danger pour leurs familles ou leurs voisins. Il y a en France de nombreux hospices où ils sont reçus et soignés. Pour le département de la Seine, ce sont : l'*Asile Sainte-Anne* pour les malades des deux sexes; *Bicêtre* pour les hommes, et la *Salpêtrière* pour les femmes.

Les aveugles adultes et indigents de l'un et de l'autre sexe sont secourus à l'hospice des Quinze-Vingts.

La loi du 10 décembre 1850 permet aux indigents d'avoir gratuitement les pièces nécessaires pour leur mariage; celle du 22 janvier 1851 leur fait obtenir l'assistance judiciaire, c'est-à-dire le moyen d'exercer leurs droits en justice sans avoir rien à payer; celle du 13 avril 1850 a pour but de leur assurer des logements salubres.

Différents ministères sont chargés d'accorder des asiles, subventions et secours : celui de l'Intérieur distribue des subventions aux établissements publics de bienfaisance ainsi qu'aux œuvres de charité privée; il peut accorder des secours annuels à des indigents atteints de cécité et qui demeurent à la charge de leurs familles; celui de la Guerre peut secourir les anciens militaires, leurs veuves, orphelins ou ascendants, et utiliser pour les premiers l'hôtel des Invalides; celui de la

Marine prend ses libéralités notamment dans la caisse des invalides de la marine; ces deux derniers puisent ensemble dans la caisse des offrandes nationales en faveur des armées de terre et de mer. La chancellerie de la Légion d'honneur leur vient indirectement en aide en favorisant certains légionnaires, leurs veuves ou orphelins. Le ministre de l'Agriculture et du Commerce accorde des indemnités aux victimes des accidents, tels qu'incendies, inondations, grêles; c'est encore lui qui vient en aide aux ateliers d'apprentissage, aux écoles professionnelles et aux établissements d'enseignement technique fondés par des initiatives publiques ou privées.

Le dénouement de la vie, accidentée ou non, qui à son déclin végète dans l'indigence, étant la mort, il est naturel qu'à cette occasion l'*assistance publique* se manifeste par des funérailles gratuites; elle trouve une recette dans le tiers du produit des concessions de terrains dans les cimetières, produit qui devrait se généraliser par des concessions faites dans tous les cimetières. A ce premier article du budget de la charité il faut ajouter le droit des pauvres en matière de recettes théâtrales établi par une ordonnance de 1699 et les subventions. Ces ressources officielles sont grossies par les produits extraordinaires et charitables des fêtes, bals, concerts et représentations théâtrales; par la charité privée qui fait des legs et donations dont l'importance capitale se perpétue; par des offrandes spontanées, des souscriptions provoquées à l'aide de moyens persuasifs; des collectes entre membres d'une même association, et par des quêtes, ventes et loteries de charité. Il faut répéter à ce sujet que la loi du 21 mai 1836, en prohibant les loteries d'une manière absolue, a fait une heureuse exception pour celles d'objets mobiliers destinés à des actes de bienfaisance ou à l'encouragement des arts.

XI

Désormais nous allons expliquer l'agencement des institutions de retraite et de prévoyance et secours mutuels créées pour les employés et ouvriers des grandes compagnies de chemins de fer. Comme il y a diversité dans les statuts, nous sommes forcément appelé à parler distinctement de l'organisation de chacune d'elles.

Une retraite est assurée aux employés et ouvriers de la *Compagnie du Midi* par un fonds de dotation alimenté par la retenue de trois pour cent sur leurs appointements et salaires ; par le versement fait par la compagnie d'une somme égale aux deux tiers du total des retenues opérées sur ses agents et par la retenue du premier mois sur toute augmentation de traitement. La retenue est obligatoire pour les traitements au-dessous de 3,000 francs, et facultative pour les ouvriers payés à la journée, pour les employés ayant plus de 3,000 francs de traitement et pour ceux jouissant d'une pension de retraite civile ou militaire égale ou supérieure à 300 francs. Les agents entrant au service de la compagnie à 40 ans révolus ne sont pas soumis à la retenue ; ceux passant à un traitement supérieur à 3,000 francs peuvent renoncer au bénéfice de la *caisse de retraite.* Celui qui a plus de 12,000 francs de traitement ne subit la retenue que sur ce chiffre.

La retraite est donnée à 55 ans d'âge et après 25 années de service sans interruption. Cette retraite est égale à la moitié du traitement moyen de l'agent pendant les dix dernières années de son service, sans pouvoir excéder 6,000 francs. La compagnie peut mettre à la retraite tout employé ayant 15 ans de service et au moins 55 ans d'âge, ou des blessures ou infirmités prématurées le mettant dans l'impossibilité de travailler. Dans les deux cas, la retraite est fixée, suivant les années de service, à raison d'une augmentation d'un 60e par an, de 15/60 à 24/60 du traitement moyen des dix dernières années.

La pension est reversible par moitié sur la tête de la veuve de l'agent retraité ou ayant droit à la retraite, pourvu que le mariage ait été contracté 5 ans au moins avant la cessation des fonctions du mari dans le cas où il y a des enfants, et dix ans s'il n'y en a pas. Ce droit n'existe pas pour la veuve séparée de corps sur la demande du mari.

Aucun employé quittant la compagnie par suite de démission, révocation ou toute autre cause, n'a droit au remboursement des retenues. Toutefois la veuve d'un employé non retraitable, ayant versé les retenues sans interruption, a droit au remboursement sans intérêts de la moitié des sommes retenues sur le traitement, pourvu qu'elle soit mariée depuis 5 ans au moins et non séparée de corps sur la demande du mari.

La compagnie, au lieu de placer elle-même comme elle fait actuellement les retenues à intérêts composés par le moyen de sa *caisse de retraite*, avait eu d'abord recours à la *caisse des retraites pour la vieillesse;* les employés qui étaient déjà possesseurs de livrets de cette caisse sont retraités d'après des règles particulières soumettant la *caisse de retraite* à payer une différence seulement. Cette caisse est gérée par le Directeur, trois membres du conseil d'administration et deux employés de la compagnie.

La *Compagnie d'Orléans* fait, aux termes d'un règlement du 26 juin 1863, *participer ses employés aux bénéfices annuels* de l'exploitation de son réseau de chemins de fer dans les conditions suivantes. Elle fait sur ses produits annuels distraction d'une somme à répartir entre ses employés en proportion des traitements ou en raison des services. Chaque année, avant toute répartition, il est opéré, pour le fonds de secours et d'encouragement, un prélèvement qui n'excède pas 15 o/o de la somme à répartir, et qui ne peut être supérieur à la somme nécessaire pour, avec le solde resté disponible de l'exercice précédent, compléter un chiffre *maximum* de 250,000 francs. Les sommes à prendre sur ce fonds pour être attribuées aux employés qui durant leurs fonctions ont reçu des blessures, contracté des maladies ou des infirmités qui les mettent dans l'impossibilité de continuer leur service, aux familles de ceux qui ont succombé par suite des mêmes circonstances ou d'événements extraordinaires, aux employés nécessiteux et à ceux qui se sont distingués dans leur service, sont fixées par le conseil d'administration de la compagnie. Le surplus est réparti entre tous les employés dans la proportion du traitement dont chacun d'eux a joui dans le cours de l'année. Tout employé qui quitte la compagnie n'est admis à la répartition qu'en raison de la portion touchée de son traitement annuel.

Le montant de la somme attribuée à chaque employé

est versé à son compte à la *caisse des retraites pour la vieillesse*, à fonds perdu ou à capital réservé, selon son option, jusqu'à concurrence de 10 0/0 de son traitement, à lui-même jusqu'à concurrence de 7 0/0, et à la Caisse d'épargne de Paris pour le surplus. Les sommes versées à ces caisses sont incessibles et insaisissables.

La rente viagère date pour l'employé de l'âge de 50 ans ou d'un âge plus élevé s'il continue de rester au service de la compagnie. Lorsque le maximum de la pension est atteint, les 10 0/0 et même les arrérages de la rente liquidée sont versés et consignés à la Caisse d'épargne de Paris, jusqu'à ce qu'il cesse de faire partie du personnel de la compagnie. Les livrets de chaque employé à la caisse des retraites et à la caisse d'épargne sont conservés par la compagnie. Les employés sont annuellement éclairés sur leurs situations financières par un bulletin individuel.

La *Compagnie de l'Ouest* a constitué une *caisse des retraites* pour tous les employés faisant partie du personnel classé et ayant au moins 600 francs de traitement, et dont le fonds est alimenté par les valeurs d'une caisse précédente, sauf déduction du passif de celle-ci; par la retenue de 4 % des traitements fixes, sans rien comprendre pour le surplus de ceux excédant 12,000 francs; par une dotation de la compagnie égale au montant des retenues; par les dons fortuits, les amendes infligées au personnel et le produit des placements. Les retenues opérées sont versées au compte de chaque employé à la *caisse des retraites pour la vieillesse*, à fonds perdu ou avec réserve du capital, suivant choix manifesté. Le surplus des fonds est placé en obligations de la compagnie, en immeubles ou en rentes sur l'Etat.

Les agents qui ont 55 ans d'âge et 25 ans de service ont droit à la retraite et reçoivent moitié de leur traitement moyen des six dernières années, avec augmentation d'un 60e du traitement moyen pour chaque année excédant 25 ans de service et limitation aux deux tiers, ou 40/60 ou au *maximum* de 6,000 francs. La compagnie peut mettre d'office à la retraite les employés âgés de plus de 50 ans et ayant au moins 20 ans de service, en leur faisant une pension égale à 25/60 de leur traitement moyen des six dernières années, avec accroissement d'un 60e du même traitement pour chaque année de service au delà de 20 ans et au maximum de 30/60. Sur ces pensions, la compagnie impute celles liquidables, réellement ou fictivement, à la *caisse des retraites pour la vieillesse,* pour des versements à capital aliéné, et ne paie que les différences.

Chaque pension est reversible pour moitié sur la tête de la veuve de l'employé, mariée depuis plus de 3 ans avant la liquidation et non séparée de corps sur la demande du mari, ou, à son défaut, sur celles de ses enfants âgés de moins de 18 ans. La veuve qui n'a pas 50 ans reçoit seulement un secours annuel du tiers de la pension du mari jusqu'au moment où elle jouira, après 50 ans, de la moitié. Les orphelins d'un premier lit profitent jusqu'à 18 ans, sur la pension de la veuve, d'un quart, s'il y en a un; de moitié, s'ils sont plusieurs. La veuve ou les enfants mineurs d'un employé décédé avant d'être retraitable mais ayant 15 ans de service, a droit à la partie reversible d'une pension totale calculée à raison d'un 60e du traitement moyen des six dernières années, pour chaque année de service.

Les pensions sont incessibles et insaisissables. Le conseil d'administration de la compagnie statue en dernier ressort sur les questions de liquidation de pension de retraites. Il est chargé de la gestion de la caisse aux frais de la compagnie; il s'adjoint, pour les détails, une commission de trois membres au moins et pris à son choix.

La *Compagnie du Nord* fait une retenue de 3 % sur traitements et salaires, obligatoire pour ses employés commissionnés, appointés à l'année, et facultative pour les ouvriers payés à la journée; cette retenue est versée au compte de chaque agent à la *caisse des retraites pour la vieillesse,* à fonds perdu ou à capital réservé, suivant l'option de ce dernier. Les livrets délivrés par cette caisse restent à la compagnie jusqu'à la démission ou à la révocation des titulaires ou à la liquidation des pensions. Des bulletins annuels et individuels font connaître le montant des sommes versées.

La compagnie, de son côté, assure aux agents admis à la retraite qui se sont soumis à la retenue pour la *caisse des retraites pour la vieillesse,* des pensions viagères indépendantes, incessibles et insaisissables, s'élevant pour le personnel commissionné à 1/80 du traitement moyen des six dernières années, pour chaque année de service accomplie sans interruption, et pour les ouvriers à la journée, une rente viagère égale à celle acquise à la *caisse des retraites pour la vieillesse*, et au minimum 100 francs.

Les retraites sont acquises à 50 ans d'âge et 25 ans de service au moins en qualité d'employés du service sédentaire, ou 20 ans de service au moins en qualité d'employés du service actif, suivant des distinctions réglementées. Les infirmes ou blessés incapables de travail reçoivent des pensions proportionnelles à la durée de leur service effectif.

La pension à la charge de la compagnie est reversible pour un tiers sur la tête de la veuve de l'agent retraité ou retraitable, pourvu que le mariage ait eu lieu six ans auparavant et qu'il n'y ait pas eu séparation de corps sur la demande du mari.

Son fonds de réserve est alimenté par des prélèvements sur les recettes de la compagnie et par des amendes infligées à son personnel.

La participation aux avantages de la *caisse des retraites* organisée par la *Compagnie de l'Est*, suivant règlement en date du 24 juillet 1879, est obligatoire pour tous ses agents et facultative pour les attachés temporaires. Le fonds de cette caisse est formé par une retenue mensuelle de trois pour cent sur les traitements n'excédant pas 12,000 francs ; par une allocation mensuelle de la compagnie égale à 8 o/o de la somme des traitements soumis à la retenue ; par l'apport d'un fonds provenant d'une caisse de retraite déjà existante ; par les ressources de dons et legs fortuits et par le produit du placement de l'argent disponible de cette caisse en obligations des six grandes compagnies ou valeurs créées ou garanties par l'État.

Tout agent ayant au moins 55 ans d'âge et 25 ans de service effectif a droit à une retraite égale à la moitié de son traitement fixe moyen des six dernières années, avec augmentation d'un 60ᵉ du traitement moyen par année passée au delà de cette double limite d'âge et de service, sans jamais pouvoir dépasser 40/60 ni 6,000 francs.

Aucune pension n'est inférieure à 500 francs pour un célibataire et à 600 francs pour un agent marié ou veuf avec enfants. La compagnie peut mettre d'office à la retraite tout employé ayant au moins 20 ans de service et 50 ans d'âge, en lui allouant alors une pension égale à 1/60 de son traitement moyen des six dernières années, par année de service effectif, mais sans excéder 29/60 ni 5,800 francs. La retraite accordée aux agents atteints d'infirmités les rendant impropres à leurs fonctions et ayant 20 ans de service est égale aux 18/60 du traitement moyen des six dernières années, avec augmentation d'un 60e par année de service, sans pouvoir surpasser 24/60 ni 4,800 francs.

Au décès d'un agent retraité, moitié de sa pension est reversée sur la tête de sa veuve, pourvu que le mariage remonte à deux ans au moins et qu'il n'y ait pas séparation de corps prononcée contre elle, ou à défaut sur celles de ses enfants mineurs âgés de moins de 18 ans. Cette pension succédanée ne doit pas être inférieure à 365 francs.

Les femmes commissionnées ont comme les hommes droit à une retraite ; à leur décès, leurs enfants âgés de moins de 18 ans en profitent jusqu'à concurrence de moitié.

La caisse rembourse le montant des cotisations personnelles, augmenté des intérêts cumulés annuellement, au taux bonifié par la Caisse d'épargne de Paris à ses déposants, aux employés démissionnaires, révoqués ou frappés d'incapacité de travailler avant d'avoir 20 ans de service effectif ; aux veuves et enfants des employés pour lesquels des pensions n'ont pas été liquidées, et aux ascendants des célibataires décédés durant l'exercice de leurs fonctions.

Il est expliqué qu'à l'expiration de la concession faite à la *Compagnie de l'Est*, la *caisse des retraites* assurera le service de ses pensions liquidées ou à liquider en versant la somme nécessaire à une compagnie d'assurances sur la vie ou d'une autre manière approuvée par le conseil d'administration. Cette caisse est gérée par des administrateurs délégués et le directeur de la compagnie.

La *Compagnie Paris-Lyon-Méditerranée* a 1 une *caisse des retraites* alimentée par une retenue mensuelle, obligatoire, de 4 o/o opérée sur les traitements de ses employés; par une subvention annuelle fournie par la compagnie, égale à 3 o/o des traitements soumis à la retenue; par des subventions supplémentaires fournies par la compagnie dans des cas éventuels ou spéciaux prévus par un règlement, et par les produits des placements de fonds provenant des ressources précédentes.

La pension de retraite est basée sur la moyenne des traitements soumis à la retenue dont l'ayant droit a joui, soit pendant ses six dernières années de service, soit pendant toute la durée de ses services, si ce dernier décompte lui est plus avantageux.

L'agent de la compagnie, actif ou sédentaire, qui remplit les conditions d'âge et de service fixées par le règlement, a droit à une pension de retraite égale à la moitié de son traitement moyen déterminé comme il est dit. La pension est augmentée d'un 60e par chaque année excédant 30 ans de service. En aucun cas, la pension ne peut dépasser 6,000 francs.

La pension de retraite est reversible, pour moitié, sur la tête de la veuve de l'agent retraité ou ayant droit à la retraite, pourvu que le mariage ait été contracté dix ans au moins avant la cessation des fonctions du mari et qu'il n'y ait pas séparation de corps prononcée sur la demande de ce dernier.

Les retenues sont acquises sans retour à la *caisse des retraites* du jour où elles sont opérées; cependant la compagnie, dans des cas exceptionnels dont elle est seule juge, peut rembourser sans intérêts la totalité ou une partie des retenues de l'employé qui cesse de faire partie de ses cadres avant l'ouverture de son droit à la retraite, pourvu que cet employé ne jouisse pas d'un traitement supérieur à 5,000 francs.

La *Compagnie du Midi* procure à ses employés et ouvriers des secours qu'elle prend à sa charge et d'autres secours qu'elle fait administrer par une caisse de prévoyance. Dans le premier cas, elle fait soigner par ses médecins les blessures, infirmités ou maladies de ses agents contractées dans l'exercice de leurs fonctions et dues à leur service; elle fournit gratuitement les médicaments, appareils et bandages; paie leurs traitements pendant six mois, pourvoit aux frais de leur inhumation et accorde des indemnités aux femmes et aux enfants. Les employés atteints de maladies arrivées en dehors du service reçoivent l'intégralité de leur traitement pendant 8 jours et la moitié pendant 2 mois; les ouvriers à la journée reçoivent moitié de leurs salaires pendant 15 jours.

Dans le second cas, la caisse de prévoyance est alimentée par la cotisation des employés à raison de 1 o/o de leur traitement et des versements opérés par la compagnie s'élevant à pareille somme, le tout destiné à être placé à intérêts composés pour former un fonds de réserve. La cotisation est obligatoire pour tous les employés ou ouvriers ayant au plus 3,000 francs de traitement ou de salaire annuel; elle est facultative pour tous les autres agents.

Cette caisse pourvoit aux frais de maladies des cotisés, de leurs femmes et de leurs enfants, et aux frais de leur inhumation autres que ceux dont la compagnie prend la charge; aux secours à accorder aux cotisés en cas de maladie lorsqu'ils n'ont pas droit à leur traitement; aux pensions et indemnités à accorder aux veuves et aux enfants en cas de décès, en sus de celles allouées par la compagnie, ou aux employés atteints d'infirmités entraînant incapacité de travail définitive, à moins que la cause n'en soit honteuse. Les secours accordés par la caisse sont limités au montant des cotisations et versements opérés dans l'année.

Cette caisse de prévoyance est gérée par le conseil d'administration de la compagnie; un comité de 12 employés ou ouvriers désignés par le conseil et présidé par le Directeur de l'exploitation est constitué pour en suivre les opérations.

La *Compagnie d'Orléans* a fondé une société de secours mutuels et de prévoyance pour ses ouvriers et employés. Ses ressources consistent dans les souscriptions, dons et legs de membres honoraires et les cotisations fixées par un tarif et variant avec l'âge de membres titulaires âgés de 21 ans au moins et 45 au plus, d'une conduite régulière et attachés à la compagnie depuis six mois au moins, et des amendes de contravention aux statuts. Les cotisations des titulaires qui n'ont pas quitté le service sont retenues sur leur solde.

Les pensions sont payées aux sociétaires âgés de 55 ans, ayant au moins 8 ans d'admission et acquitté les cotisations. Ceux qui sont reconnus dans l'impossibilité absolue de se livrer à aucun travail, quel que soit leur âge, et qui ont déjà versé au moins 400 francs, reçoivent la pension à laquelle ils auraient eu droit à 55 ans. En cas de déficit, ils peuvent compléter ce chiffre de 400 francs pour avoir droit à la pension précédente. En s'en tenant aux versements opérés, la pension est fixée proportionnellement aux cotisations perçues.

La société vient en aide à la veuve ou aux enfants orphelins d'un sociétaire décédé et, à défaut de ceux-ci, à la mère veuve d'un sociétaire décédé célibataire et habitant avec lui. Les secours accordés ne peuvent excéder la moitié du secours ou de la retraite du mari, père ou fils ; ils ne sont qu'une fois payés si le sociétaire n'avait pas droit à la retraite. Les veuves ou les mères veuves en contractant un nouveau mariage, les filles en se mariant et les enfants en atteignant 18 ans, perdent tous droits. Le mariage contracté par un sociétaire déjà en jouissance d'un secours ou d'une retraite ne crée aucun droit pour la femme. Le veuvage tardif de la mère d'un célibataire incapable de travailler et jouissant de la pension anticipée n'a droit à aucun secours temporaire ou viager.

Les démissions et les radiations pour conduite déréglée et notoirement scandaleuse ou condamnations portant atteinte à l'honneur entraînent la perte de tous droits et de toutes les sommes versées par le membre sortant.

L'administration de la société est confiée à un conseil composé de 12 membres élus.

La *Compagnie de l'Ouest* a fondé une société de secours mutuels pour tous ses ouvriers du service du matériel et de la traction. Elle est alimentée par une retenue de 1 1/2 0/0 faite sur les salaires et par une dotation égale de la compagnie. Les sociétaires malades reçoivent une indemnité s'élevant à la moitié de leurs salaires ; plus, s'ils sont mariés, 25 centimes pour la femme et 25 centimes pour chaque enfant ; ils ont en outre gratuitement les soins du médecin et les médicaments.

En cas de décès d'un sociétaire, une indemnité qui peut s'élever à 200 francs et une cotisation de 20 centimes par sociétaire sont allouées par le bureau de la société à la veuve et aux orphelins. Les frais funéraires sont à la charge de la société jusqu'à concurrence de 60 francs par sociétaire décédé.

Des secours exceptionnels sont accordés en outre par le bureau aux sociétaires qui se trouvent dans la misère ou qui sont malades des suites de blessures reçues pendant le travail.

La société est administrée par un président, un vice-président et par dix délégués élus par les sociétaires.

La *Compagnie du Nord* a fondé une société de secours mutuels pour ses agents du service actif, ayant un traitement inférieur à 2,400 francs, âgés d'au moins 16 ans, valides et d'une conduite régulière, sans que le nombre excède 500. Les ressources de cette société se composent des droits d'admission, des cotisations des sociétaires et des versements des membres honoraires, des dons et legs particuliers, du produit des amendes et des intérêts des fonds placés. La démission, la radiation pour défaut de paiement des cotisations et l'exclusion pour indélicatesse et avoir volontairement causé préjudice aux intérêts de la société, ne donnent lieu à aucun remboursement.

La société accorde aux malades ayant fait leurs premiers versements depuis au moins trois mois les soins du médecin, les médicaments et une indemnité de deux francs par jour pendant les 45 premiers jours de maladie, et 1 fr. 50 centimes durant les 90 autres jours, aux conditions d'être en règle pour les versements, de ne se livrer à aucun travail lucratif en convalescence et de rester à leur domicile. Les sociétaires malades qui vont se faire soigner en province n'ont droit qu'à l'indemnité pécuniaire et sont privés des soins de médecin, médicaments et autres frais. Les malades qui reçoivent la totalité de leur traitement n'ont droit qu'à une indemnité de 75 centimes par jour pendant trois mois au plus. Toute maladie non distante d'un mois de la précédente ou qui a la première pour cause est considérée comme rechute, et les jours des deux sont comptés pour compléter les journées à deux francs, et ainsi de suite. Il n'est accordé aucun secours pour les maladies occasionnées par la débauche.

Dans le cas où, par suite de circonstances malheureuses et indépendantes de sa volonté, un sociétaire vient à perdre son emploi, la société lui accorde un secours ; elle fait également tout son possible pour lui procurer du travail.

Un fonds de retraite formé par des prélèvements faits sur les excédents de recettes et des legs et dons permet d'allouer des pensions aux sociétaires âgés au moins de 55 ans et versant des cotisations depuis dix ans au moins. Les sociétaires incurables ou devenus infirmes avant cet âge reçoivent, à la place d'une pension qui ne peut être liquidée, un secours annuel variant suivant les ressources de la caisse.

La société accorde à la veuve, aux orphelins et aux ascendants d'un sociétaire, un secours en rapport avec ses ressources ; elle pourvoit aux frais des funérailles de ses membres. Les convoqués aux enterrements sont tenus d'y assister. La société est administrée par un conseil composé de 12 membres élus.

La *Compagnie de l'Est* met à la disposition de tous les employés et agents de son service les soins de ses médecins durant les maladies ; elle continue de payer 8 jours du traitement entier et deux mois de la moitié. En cas de mort, elle accorde à la veuve et aux enfants mineurs un secours égal à deux mois d'appointements. Les maladies provenant exclusivement du service sont soignées pendant trois mois à ses frais, soit à domicile, soit à l'hôpital, et les malades reçoivent pendant ce temps l'intégralité de leur traitement. En cas de décès, la compagnie paie les frais d'inhumation. Toutes ces dispositions sont applicables aux ouvriers payés à l'année. Si les employés et ouvriers à la journée sont entrés depuis plus de 6 mois au service de la compagnie, ils reçoivent gratuitement les soins du médecin et moitié de leurs salaires pendant 15 jours. Dans le cas opposé, ils ne profitent que des soins et médicaments gratuits. La bienfaisance de la compagnie s'arrête devant les maladies contractées par la faute de ses agents et qui seraient de nature à les faire renvoyer.

La Compagnie a institué une caisse de prévoyance pour augmenter les secours précédents au profit de ceux qui concourent à la formation de ses ressources par des cotisations pouvant varier entre 1 et 2 % par an de leur traitement ; elle y verse elle-même une somme égale au montant des cotisations. La participation à cette caisse est obligatoire pour tous les employés souscripteurs à la caisse des retraites. Les fonds sont définitivement acquis à la caisse du jour de leur versement. Ils sont placés en obligations de la compagnie ou en rentes sur l'Etat et exclusivement employés à venir en aide aux cotisés. Les agents incapables de travailler reçoivent une indemnité égale à la moitié de leur traitement à partir du jour et pendant les deux mois où la compagnie cesse de leur accorder l'intégralité. Il peut leur être alloué une subvention pour médicaments nécessaires. La caisse pourvoit aux frais funéraires si la compagnie ne s'en charge pas. Elle accorde à la veuve et aux enfants du défunt une indemnité égale au secours qui leur est bonifié par la compagnie. A défaut de veuve ou d'enfants, une indemnité peut être versée au père et à la mère. Si l'incapacité du travail causée par la maladie devient définitive, il est accordé aux employés et ouvriers une indemnité égale au montant intégral de leurs cotisations et des versements correspondants opérés par la compagnie, pourvu que les maladies soient moralement dignes d'intérêt. Les secours à distribuer ne peuvent pas excéder les cotisations et versements de l'année. La caisse de prévoyance est gérée par les administrateurs de service et le directeur de la compagnie.

La *Compagnie du chemin de fer Paris-Lyon-Méditerranée* étant restée tout à fait étrangère à l'organisation et au fonctionnement d'une société de secours mutuels et de prévoyance au profit de ses employés et ouvriers, il s'en est formé deux indépendantes, dont une à Paris et l'autre à Lyon.

Sous le nom de *Société de secours mutuels des agents des chemins de fer de Paris à Lyon et à la Méditerranée*, il s'est fondé à Paris, le 1er avril 1867, une société ayant pour but de pourvoir aux maladies, infirmités et chômages de ses membres, de leur assurer à 50 ans une pension de retraite et d'assister par tous les moyens possibles les femmes, les veuves et les orphelins des sociétaires. Pour y être admis, il faut avoir 21 ans au moins et 40 ans au plus, jouir d'une bonne santé, être attaché à la compagnie depuis au moins un an. L'admission oblige à immédiatement verser 1 fr. pour inscription par le membre parisien et 1 fr. 50 c. par le provincial, et à payer mensuellement et avec exactitude, sous peine d'amende, 2 fr. 25 c. de cotisation, et annuellement 1 fr. pour frais de bulletin. Les secours consistent en une allocation de 2 fr. par chaque journée de maladie au-dessus de trois et pas au delà de 90 pour douze mois. Cette allocation cesserait si le malade était soigné aux frais de la société dans une maison de santé. Les sociétaires atteints d'infirmités temporaires ou résultant d'accidents graves peuvent recevoir pendant six mois un secours en espèces. Les maladies dues à la débauche, les blessures reçues dans un duel ou une rixe où le sociétaire a été l'agresseur, ou dans une émeute à laquelle il aurait pris volontairement part, ne sont l'objet ni d'une allocation ni d'un secours. Les sociétaires sont tenus de visiter les malades pour constater sur des feuilles de maladie l'état du malade et les soins donnés par le médecin. La cotisation de la femme participante est de moitié de celle du mari. Les indispositions occasionnées par la grossesse ne sont pas considérées comme des maladies dont la société soit chargée.

Il est alloué au décès d'un sociétaire 200 fr. et d'une sociétaire 150 fr. Cette allocation est payée au veuf ou à la veuve, ou à leurs enfants mineurs, ou aux ascendants, suivant certaines distinctions réglementaires. Les funérailles entraînent pour la société une dépense maximum à Paris de 150 francs, et en province de 100 francs.

Pour assurer une pension à ses membres, la société a créé une *caisse des retraites* qui s'alimente par un prélèvement de 50 centimes sur chaque cotisation mensuelle, par les dons et legs faits au service des pensions, les intérêts et revenus des biens affectés à cette caisse et les sommes distraites de la *caisse des secours*. Les sommes ainsi recueillies sont placées en rentes sur l'Etat, en obligations ou actions des compagnies de chemins de fer français, en obligations des villes ou du Crédit foncier de France, ou en immeubles. Le montant de la retraite, après 20 ans de service et 50 ans d'âge, est en raison de l'importance des deux tiers des revenus disponibles. Celle d'une femme est de la moitié de celle d'un homme. Les membres fondateurs de la société ont droit à la retraite après dix ans de service et 50 ans d'âge. Pour tous les sociétaires, les années de service en plus que celles fixées donnent droit à un supplément d'un franc par chaque année en plus. Les hommes blessés ou infirmes, incapables de travailler, sont retraités prématurément et après dix ans de service, et reçoivent, suivant les cas, une moitié ou la totalité de la retraite. Toute veuve sociétaire a droit à la moitié de la retraite due à son mari et peut la cumuler avec la sienne. Le droit à la pension n'existe pas pour la veuve dans le cas de séparation de corps prononcée en justice. Un nouveau mariage la prive non seulement du droit à la pension, mais encore fait cesser celle qui lui aurait été servie depuis le décès de son précédent mari. Les orphelins d'un sociétaire retraité ou ayant droit à la retraite, si leur mère est décédée, ou inhabile à recueillir la succession, ou déchue de ses droits, reçoivent un secours annuel égal à la pension que leur mère aurait obtenue ; ce secours est partagé entre eux par parts égales par les enfants au-dessous de 16 ans, jusqu'à ce que le dernier finisse par jouir seul de la totalité jusqu'à cet âge. Tout retraité peut profiter des avantages de la mutualité en continuant de verser la cotisation mensuelle.

La société est administrée par un conseil de 21 membres élus en assemblée générale, parmi lesquels sont ensuite nommés un président, deux vice-présidents, un trésorier et deux secrétaires.

Sous le nom de *Société de secours à la vieillesse pour les deux sexes,* une association de secours mutuels a été formée à Lyon en faveur des agents et ouvriers de la *Compagnie Paris-Lyon-Méditerranée*, le 1er avril 1875. Ayant pour but de donner une pension de retraite aux membres fondateurs stagiaires de 43 à 50 ans et aux membres adhérents stagiaires de 40 à 50 ans, et de venir en aide aux sociétaires atteints d'infirmités par l'âge ou par accident, et étant alimentée par les droits d'admission, les dons, legs et souscriptions de membres honoraires et les cotisations des membres participants âgés de 20 ans au moins, elle procède des caisses de retraite et des sociétés de secours mutuels ; elle prévoit le cas où un membre honoraire pourrait avoir un revers de fortune pour le faire profiter, comme titulaire, des avantages de son inscription à la date de son premier versement.

Les sociétaires peuvent augmenter le chiffre de leur pension de retraite en prenant plusieurs livrets d'inscription et en payant les cotisations en conséquence. En cas de décès avant l'âge de la retraite, les sommes versées sont de droit et définitivement acquises à la société, même vis-à-vis de ceux qui en sont exclus.

Une pension anticipée n'est accordée aux infirmes qu'après cinq ans de versements pour les membres fondateurs et 8 ans pour les adhérents. Dans tous les cas, elle est basée sur les ressources de l'association et proportionnée au nombre d'années de versements. Le rentier continue à payer la cotisation. Un sociétaire quittant volontairement la compagnie peut continuer à faire partie de la société.

L'association est administrée gratuitement par un conseil de 21 membres. L'argent courant se place au *Crédit lyonnais*, au *Comptoir d'escompte* ou à l'*Union générale*, pour être ensuite consolidé en obligations de chemin de fer ou valeurs offrant un intérêt sûr et des garanties sérieuses. Les titres des placements faits au nom de la société sont déposés à la *Banque de France*.

Depuis sa fondation, la *Société de secours à la vieillesse* n'a pas cessé de prospérer dans des conditions d'abord inespérées et d'améliorer ses statuts. Une commission de 12 membres est chargée d'étudier la question de la caisse des retraites, le *quantum* des pensions ayant été par prudence ajourné.

Comme nous l'annoncions en commençant ce sujet, les compagnies de chemins de fer ont créé des caisses de retraite, de prévoyance et secours mutuels, très différentes entre elles sur divers points ; ce qui se trouve au fond de toutes ces institutions, c'est la libéralité des compagnies leur permettant, en se faisant généreuses, de rendre la retenue ou la participation obligatoire pour des catégories d'employés et ouvriers, et les retraites incessibles et insaisissables. On découvre très facilement dans les stipulations prévoyantes et bienfaisantes qui s'y remarquent le degré de sollicitude qu'elles portent au présent et à l'avenir matériels et moraux de tous leurs agents et de leurs familles. Plusieurs utilisent, des façons les mieux combinées, la *Caisse des retraites pour la vieillesse* et ouvrent ainsi la voie que toutes les sociétés à *participation aux bénéfices* ou à *majoration de salaires* peuvent parcourir. Sans nul doute il y aurait pour tous les ouvriers des avantages considérables à ce que tous les établissements qui les emploient et tous les particuliers qui en occupent pussent agir de la même manière; puis veiller sur leur conduite avec une attention toute paternelle et protéger leur inexpérience à l'occasion des prodigieux résultats des petites économies et de leurs intérêts composés; mais il faudrait méconnaître les inclinations de la nature humaine pour croire la chose praticable d'une façon absolue et générale, autrement que par la volonté individuelle des chefs d'entreprises, maîtres ou patrons. Quand il serait même établi par une loi que ces derniers sont imposés pour une quote-part des salaires et obligés de la verser dans la *Caisse des retraites pour la vieillesse* au nom de chaque travailleur, serait-il possible d'arriver à l'application, alors que la partie la plus nombreuse de la population ouvrière travaille à la journée et change de maître presque journellement ? Du moment que le législateur serait réduit à faire une loi discutable au seul point de vue de son principe et de ses exceptions, il nous serait impossible de supposer qu'elle ne fût pas repoussée par les chambres, après un sérieux examen. Dans tous les cas, une pareille loi n'aurait pas la vertu de convertir les joueurs, les ivrognes, les fainéants, les grévistes et les débauchés; elle ne profiterait qu'à ceux qui peuvent être satisfaits par des mesures privées, comme cela existe déjà en fait pour les employés et ouvriers des compagnies de chemins de fer et pour ceux des autres industries où il leur est accordé une part d'intérêt ou un sursalaire, moyens qui sont par eux-mêmes épuratifs, parce que partout, pour être admis à participation ou majoration, il faut donner des garanties de conduite et de travail.

XII

En sus des compagnies de chemins de fer, nous pourrions dès maintenant citer un grand nombre d'importants établissements privés qui, en France, n'ont pas attendu les objurgations de l'opinion publique pour se préoccuper de l'amélioration du sort de leurs ouvriers ; l'examen que nous avons pu faire des statuts les plus variés nous a permis de voir que les avantages spontanément offerts par les patrons se sont traduits des deux manières connues : la majoration des salaires et la participation aux bénéfices.

La *majoration* se diversifie et devient fixe, proportionnelle ou progressive, selon que l'attribution annuelle faite par le patron à l'employé est d'une somme fixe ; ou que l'accroissement du salaire est proportionnel aux sommes gagnées par le travailleur, ou que le sursalaire est donné à raison de l'âge de l'ouvrier ou de l'ancienneté de ses services, ou de sa qualité de célibataire, de marié ou père de famille.

Ce supplément de salaire annuel destiné, soit en totalité, soit en partie, à créer des pensions de retraites pour la vieillesse des ouvriers, est le plus ordinairement versé en leurs noms à la *Caisse des retraites pour la vieillesse*, à capital réservé ou aliéné, à leur choix; quelques maisons se chargent elles-mêmes de remplir l'office de caisse publique; d'autres appellent l'intervention des compagnies d'assurances sur la vie. Certains patrons exigent que leurs ouvriers versent une part égale à la donation qui leur est faite; d'autres se contentent d'une part moindre ; ces versements se font soit à partir de l'entrée des ouvriers dans la maison, soit après un stage plus ou moins long. Il y a des maisons où les versements effectués au nom de l'ouvrier lui sont acquis par le temps écoulé et pour en jouir à l'âge fixé, quelle que soit la cause de son départ ; d'autres qui laissent éventuels les droits de l'ouvrier jusqu'à l'accomplissement de l'âge ou des services réglementaires, ou de ces deux conditions réunies.

La *participation* consiste à faire jouir les ouvriers, en sus d'un salaire fixe et ordinaire, d'une quote-part des bénéfices d'une entreprise. Cette rémunération généreuse est un tantième pour cent, soit du total des dividendes des actionnaires, soit des salaires, soit des bénéfices réalisés sur la main-d'œuvre, soit sur le chiffre des affaires, soit sur ce qui passe un certain chiffre d'affaires. Ailleurs on partage proportionnellement les bénéfices nets entre le capital rapportant un intérêt fixe et prélevé, et le travail représenté par la masse des salaires, avec répartition se faisant entre les ouvriers au prorata de cette masse et du montant du capital engagé, ou bien entre l'intérêt, salaire du capital, et la masse des salaires qui est le salaire du travail. Souvent le chiffre des bénéfices est fixé par les patrons sans contrôle possible, en vertu de clauses formelles à ce sujet.

Dans la répartition individuelle, généralement adoptée, les sommes sont ou immédiatement remises aux ouvriers en espèces, ou inscrites à l'avoir de chacun d'eux sur un livret nominatif, pour en avoir une jouissance plus ou moins différée ou seulement la propriété sous des éventualités résultant de conditions à remplir. Cette répartition est collective lorsque l'argent est versé en partie ou en totalité dans un fonds de retraite ou de capitalisation pour constituer la propriété commune des travailleurs d'un atelier, et susceptible de favoriser les opérations les plus variées, notamment celle des prêts garantis par la quote-part des emprunteurs.

La répartition individuelle se fait proportionnellement aux salaires, appointements totaux ou limités, années et heures de service, ou en tenant compte du mérite, de l'ancienneté, de l'assiduité, ou bien uniformément, en attribuant à tous les ouvriers le même zèle et le même dévouement.

Lorsque les chefs d'établissements veulent que les parts de bénéfices revenant aux ouvriers tournent en totalité ou en majeure partie au profit de l'épargne, ils se chargent alors d'en diriger et surveiller l'emploi. Les uns convertissent l'argent de ces parts entières ou partielles en actions ou obligations des entreprises qui les ont produites ou en toutes autres valeurs solides ; d'autres les versent aux caisses d'épargne, à la caisse des retraites pour la vieillesse, aux compagnies d'assurances sur la vie ; presque tous prennent des précautions pour que les ouvriers n'aient que l'usufruit de leurs pécules et en transmettent la propriété à leurs représentants.

L'expérience a déjà établi que, pour être admis à participer aux bénéfices des établissements industriels, commerciaux et agricoles, il ne suffit pas d'être en force de travailler ; il faut encore remplir des conditions réglementaires de conduite, de capacité, d'assiduité, de moralité; il y en a qui exigent un temps de stage et des preuves de prévoyance, comme celles de faire partie d'une société de secours mutuels, d'avoir de l'argent à une caisse d'épargne; toutes conditions souvent impossibles à justifier de la part des prolétaires qui s'improvisent les mandataires de la population ouvrière et qui crient, par une funeste erreur, contre le capital qui pourtant est seul capable d'assurer son bien-être.

Il résulte de ce qui précède que les patrons, en accordant la majoration ou la participation, font acte de générosité, et qu'en pratiquant l'épargne pour leurs ouvriers, ils les rendent capitalistes.

XIII

Avant la création de la *Caisse des retraites pour la vieillesse* et de la *Caisse d'assurances en cas de décès*, il y avait, comme il y a encore aujourd'hui, les *compagnies privées d'assurances sur la vie*, offrant une parfaite sécurité et les mêmes grands avantages que ces caisses publiques, en ce qui concerne les rentes viagères équivalentes ; mais le champ de leur exploitation n'est pas, comme pour celles-ci, limité. Aussi, depuis plus de 50 ans, les travailleurs ont pu placer leurs économies de la façon la plus fructueuse. C'est en appréciant avec équité les succès de ces compagnies qu'il a pu être dit par un savant écrivain que « de tous les mécanismes qu'on a inventés pour réparer la destruction des capitaux existants et pour en constituer de nouveaux sur la terre, le plus ingénieux et le plus honnête est l'assurance sur la vie ; c'est par elle que nous serions tous capitalistes dans un temps donné ».

Les compagnies d'assurances sur la vie font les combinaisons de prévoyance les plus diverses basées sur la durée de la vie humaine ; leurs résultats procèdent tous des chances de mortalité calculées en raison de l'âge et de l'anatocisme ininterrompu. Moyennant un capital versé de suite ou des versements périodiques viagers ou temporaires, elles s'engagent à payer, lors du décès de l'assuré, un capital fixé et connu au moment du contrat, ou à payer un capital également fixé et connu d'avance à l'assuré lui-même s'il vit à un moment déterminé par le contrat, ou à ses héritiers aussitôt son décès, s'il vient à mourir avant cette époque. Elles font aussi des opérations au moyen de primes uniques ou de primes annuelles qu'elles reçoivent pour payer, si l'assuré est vivant à l'époque prévue dans le contrat, soit un capital fixé, soit une rente viagère. Enfin elles constituent, moyennant finance suffisante, des rentes viagères immédiates et régulièrement soldées au profit des personnes qui veulent accroître les ressources de leur vieillesse.

Par conséquent, les compagnies pratiquent les assurances en cas de décès et les assurances en cas de vie. Les annuités, les rentes viagères et les capitaux à payer sont fixés par des actes appelés *polices*. Parmi les clauses qui y sont ordinairement portées, il faut remarquer, dans l'assurance en cas de décès, celle qui conserve à l'assuré la faculté d'interrompre l'exécution de la première convention et d'en réduire les effets en négligeant de payer la prime, et celle qui lui permet de convertir son contrat à terme éloigné en un bénéfice immédiat proportionnel au chiffre de ses versements et à l'importance du risque couru. Il faut cependant que la prime ait été payée pendant un certain temps pour qu'il en soit ainsi, et pour que les sommes versées ne soient pas acquises sans compensation à la compagnie.

Nous ne dirons rien des assurances mutuelles sur la vie, parce qu'elles rentrent dans un système à peu près abandonné.

Le bon parti qu'il est possible de tirer des assurances sur la vie au point de vue du paupérisme consiste à pouvoir léguer aux pauvres individuellement ou à des hôpitaux, bureaux de bienfaisance, œuvres et établissements hospitaliers et charitables, les avantages importants et futurs d'assurances contractées en sacrifiant de très légers capitaux, et à décider toutes les personnes dont l'avenir est incertain à profiter d'un moyen qui est de nature à les garantir, ainsi que leur postérité, contre les éventualités d'une situation précaire.

« L'assurance, dit un savant de l'Institut, est avantageuse à toutes les classes de la société sans exception, mais elle favorise surtout l'individu sans fortune acquise, qui est pourvu de talent et riche de probité, d'amour du travail, et qui veut que ses talents, sa probité, son application à de rudes labeurs soient convertis en une ressource certaine pour les objets de son affection. Elle est l'appui de cet homme ; elle sert sa sollicitude pour les siens et sa légitime ambition d'élever sa famille et de la placer au-dessus du besoin. Voilà ce qu'est l'assurance sur la vie et ce qui en fait le succès dans l'Europe moderne et aux Etats-Unis. Elle est pour l'esprit d'égalité un admirable auxiliaire. Elle convertit l'avoir et l'activité en un capital sonnant, en un patrimoine effectif, qui se transmet infailliblement et qui devient réalisable à point nommé. Il ne serait pas facile de citer des institutions qui donnassent mieux satisfaction à l'esprit d'ordre et à l'esprit de progrès tout à la fois. « Comme le dit M. Reboul, l'assurance sur la vie, « c'est en même temps une épargne, c'est *l'épargne solidarisée,* c'est-à-dire l'épargne sous sa forme la plus féconde, l'épargne élevée à sa plus haute puissance ».

En résumé, ce ne sont pas les institutions qui ont manqué à la prévoyance ; c'est le fait d'ignorer leur existence qui peut tout excuser, ou c'est l'idée de s'en servir qui n'est pas venue, ou c'est l'opinion de l'insécurité qui a dominé sans préoccupation d'éclaircissement ; dans ces trois cas, c'est l'imprévoyance elle-même qui a été mise en défaut. Nous dirons plus loin ce qu'il importerait de faire pour conjurer l'ignorance et pour disposer à contracter des assurances sur la vie, soit à la caisse garantie par l'Etat, soit aux compagnies ; nous ne voulons traiter ici que de la sécurité offerte par ces dernières et d'un complément qui pourrait leur être imposé.

D'abord il y a une garantie pour tous les assurés dans ce fait qu'avec aucun d'eux les compagnies ne risquent de perdre, puisqu'à défaut de recevoir les sommes promises, elles réduisent les conséquences de leurs engagements à la mesure de ce qu'ils auraient été pour les seuls versements effectués ; ensuite ces sociétés sont constituées à des capitaux considérables ; puis elles ont un fonds de réserve qui est le meilleur thermomètre de leur prospérité et qui se forme d'au moins le 20ᵉ de leurs bénéfices nets, et elles placent leurs capitaux dans des valeurs de premier ordre ; de plus, l'art. 66 de la loi du 24 juillet 1867 dispose que les associations de la nature des tontines et les sociétés d'assurances sur la vie, mutuelles ou à primes, sont soumises à l'autorisation et à la surveillance du gouvernement ; enfin elles sont tenues par l'ordonnance ou le décret qui les a autorisées à remettre, tous les six mois, un état de leur situation au Ministre de l'agriculture et du commerce, au préfet du département, à la chambre de commerce et au greffe du tribunal de commerce. Les dernières autorisations n'ont été accordées qu'à la condition de dresser cet état, de le déposer dans les lieux prescrits et de le publier dans les journaux désignés pour les annonces légales dans la ville du siège social de chaque compagnie.

Toutes ces garanties sont certainement très solides, mais nous considérons qu'elles peuvent paraître illusoires à ceux qui n'ont ni la capacité nécessaire pour surveiller les opérations où leurs intérêts seraient en jeu, ni le droit d'exercer ce contrôle. Les *dépôts de situation* qui sont faits et qui s'enfouissent dans des lieux où presque personne ne les lit présentent des résumés tellement laconiques et peuvent cacher des erreurs si compromettantes, entre les mains de comptables plus que légers, que les méticuleux ou les trop prévoyants se demandent si ces mesures sont de nature à donner une dose suffisante de confiance imperturbable ; ils se font la même question à l'égard de la publicité du même état de situation dont la critique par les intéressés ou les rivaux est permise en théorie, mais qui, en réalité, ne peut pas se faire tant pour cause de sage réserve que pour défaut d'éléments de discussion.

Nous venons de voir que les assurances sur la vie sont soumises à la surveillance du gouvernement ; cette action qui, en sûre pratique et par imitation de celle qui s'exerce à juste raison de la part des puissants et sages établissements financiers sur leurs clients, devrait consister à discerner la tenue ordonnée et les habitudes morales des directeurs, administrateurs et employés des compagnies, n'amènerait aucun résultat favorable si elle n'emportait pas une intervention directe; si le fait d'être gérées par des viveurs et des dissipateurs ne pouvait être par lui contemplé que d'un œil morne ou indifférent ; si enfin les sûretés les plus précieuses ne se puisaient pas au sein des familles unies, travailleuses et mues par une sincère affection pour l'avenir des enfants et une honorable survivance.

Nous connaissons les réflexions qui sont quotidiennement faites sur ces points dans la vie intime où les avis ne sont pas dissimulés, et nous nous rendons l'écho des désirs souvent exprimés devant nous, en souhaitant que, dans l'intérêt de tous, le gouvernement soit appelé à exercer successivement par des inspecteurs des finances un contrôle sérieux et annuel de toutes les opérations des compagnies d'assurances sur la vie, et que les examens en soient consignés dans des procès-verbaux publiés comme certificatifs des états de situation. Nous sommes persuadé qu'à ce compte, ce qui permettrait de supprimer les dépôts semestriels, les compagnies seraient loin de regarder comme excessive une ingérence qui leur assurerait un immense progrès dans la confiance générale et qui offrirait au gouvernement l'occasion de servir à la louable avidité du public des données statistiques de la plus haute importance.

En cette occurrence, il ne suffit pas de mériter la foi de solvabilité ni même d'en profiter vis-à-vis des barons de la finance et certaines catégories de personnes ; il faut en jouir d'une manière générale et irréfragable pour qu'elle fasse, surtout dans la population ouvrière où il y a tant de bien à en retirer pour celle-ci, des prosélytes et des adhérents ; car il n'est que trop vrai que cette partie notable et particulièrement intéressante reste à peu près étrangère à de telles transactions, ainsi que nous le dit en ces termes un honorable magistrat : « La situation florissante des compagnies françaises révèle toute la portée du mouvement d'idées qui, depuis quelques années, attire les chefs de famille vers l'assurance en cas de décès ; mais elle témoigne aussi que ce progrès si désirable n'a pas encore dépassé un certain milieu intelligent et aisé où il se développe sans pénétrer dans les classes moins favorisées ».

Ce ne sont pas uniquement les assurances sur la vie qui sont avantageuses et doivent être recommandées à la prévoyance des humains, ce sont toutes celles qui peuvent les exonérer des suites de toutes espèces de sinistres ou éventualités désastreuses. Les pertes matérielles qu'elles ont pour but de réparer arrivent dans des conditions si fortuites et si variées qu'il faut applaudir à toutes les initiatives qui se produisent par la formation de compagnies les prenant à leur charge. Les chances fâcheuses qu'un individu, pris dans la société, peut courir et qui consommeraient sa ruine, deviennent des avantages pour des associés en nombre immense sur lesquels se divisent à l'infini les risques hasardés par un seul. Pour qu'il en soit ainsi, il suffit qu'une compagnie à primes fixes ou une mutualité puisse recueillir de la part d'une multitude d'intéressés, impuissants à se protéger isolément, de légères cotisations annuelles se mesurant au sacrifice imposé, pour obtenir une sécurité entière. En se faisant l'utile intermédiaire de la formation d'un capital considérable composé des sommes les plus minimes, la mutualité ou la compagnie s'en sert pour indemniser les victimes des pertes causées chaque année par le petit nombre de sinistres auxquels la presque totalité des assurés a eu la bonne fortune d'échapper. Ce sont ces cotisations proportionnelles qui se paient aux compagnies sous le nom de *primes*. Ces points sont si peu abstraits que nous les considérons comme à la portée de tout le monde. Il s'ensuit que les envieux de s'assurer contre divers dangers à courir, et notamment pour garantir les navires contre le naufrage, les combustibles contre l'incendie, les récoltes contre les ravages de la grêle, se multiplieraient infiniment si, aux yeux des masses ignorantes et défiantes, les compagnies et les mutualités ne laissaient rien à désirer. Ce qui paraît de la dernière importance pour ceux qui jusqu'à ce jour n'ont pas voulu ou su en profiter, ce serait de les éclairer sur la solidité de chacune des compagnies ou mutualités qui s'offrent à la confiance publique. Du moment que le gouvernement n'est pas le premier à signaler les excellentes et à n'autoriser que celles-ci, nous voudrions que les amis éclairés et prévoyants de l'humanité étendissent leur patronage, en cette matière, sur les excitations à l'assurance et sur le choix des assureurs. Ces amis du moins auraient le moyen de se fixer à ce sujet pour donner des avis sûrs. Il ne leur serait pas difficile de lire les statuts des compagnies, de connaître les garanties offertes, de les apprécier; de suivre les succès des compagnies, de consulter le cours de leurs actions. La seule difficulté que nous constatons dans les comparaisons à faire n'est pas celle entre les compagnies entre elles, mais celle entre ces dernières et les mutualités.

Dans les pays où il se trouve des compagnies d'assurances mutuelles contre l'incendie, leurs adhérents, comme leurs administrateurs, font valoir, par esprit de concurrence, que les cotisations ordinaires sont moins élevées que les primes fixes à payer aux compagnies, et que la garantie mutuelle des propriétaires associés d'un ou de plusieurs départements est moins chancelante et plus tangible que celle offerte par les compagnies qui ont leurs sièges à Paris. Ce n'est pas devant ces déclarations qu'il faut s'arrêter. La question à résoudre est celle du *maximum* de la cotisation annuelle d'une mutualité et de la progression de ses ressources disponibles. Les faits passés n'ont que trop souvent prouvé que de pareilles sociétés ne pouvaient point se passer d'un fonds de réserve considérable, dussent-elles, pour le composer, élever les cotisations annuelles jusqu'à les égaler aux primes fixes. Au moins, en agissant de la sorte, elles n'exposeraient pas les associés à payer pendant de nombreuses années le *maximum* annuel et autorisé de cotisations dont une seule surpasserait le montant de plusieurs annuités fixes, et même à voir les adhérents se retirer en laissant quelques sinistrés en peine. Il ne pourrait en être autrement que si les incendies arrivaient comme des faits ordinaires et périodiques, ou si les associés étaient si nombreux, les cotisations si fortes et les secours si prompts, qu'on n'eût jamais à redouter de grands désastres.

XIV

Nous avons jusque-là discuté et amplifié les matières du programme du concours dans ce qui repose sur des pratiques actuelles, fructueuses et raisonnables, et par conséquent exclusives d'utopies ou théories creuses et irréalisables. Il nous reste, avant de résumer et conclure, à produire l'opinion d'un auteur dont l'idée peut ne pas être entièrement stérile, à parler de deux établissements financiers fonctionnant d'après des procédés et combinaisons de nature à être utilisés dans le but que nous voudrions et devrions atteindre, et à combattre deux projets formulés dans des conditions que nous ne saurions approuver; ce sera le sujet du présent chapitre et du suivant.

La bonne idée mise en application par les bureaux d'épargne a donné à M. Paul Maret celle de préconiser, dans un opuscule, *la puissance de l'épargne journalière* pour assurer l'avenir ou garantir la vieillesse. Il voudrait que chaque individu continuât pendant sa vie la pratique de l'épargne exercée sur les bancs de l'école, et pour l'y disposer, il lui prouve qu'en versant à la caisse des retraites une cotisation sur le pied de 5 centimes par jour depuis l'âge de 18 ans jusqu'à 60, l'Etat lui paierait, à partir de ce dernier âge, une pension viagère de 408 francs 50 centimes par an qui, différée jusqu'à 65 ans, s'élèverait à 740 francs. Ne voyant que le but à atteindre, le moyen qui serait pratiqué lui serait indifférent; mais il indique cependant l'emploi possible de *bons d'épargne* créés et vendus par l'État, comme les timbres, puis par lui reçus au pair à la *Caisse des retraites*, alors qu'ils seraient devenus nominatifs et auraient été oblitérés par ce fait. Ces *bons d'épargne* représenteraient la part du salaire journalier consacrée à l'épargne. L'opération devant être excellente en cessant d'être théorique et volontaire, il appelle de tous ses vœux la promulgation d'une loi fixant une règle obligatoire d'épargne *minima*. Il déclare qu'elle réussirait à combattre l'indolence générale et à mettre les ressources successivement réalisées à l'abri des défaillances personnelles. Il pose en fait qu'une telle loi, favorable à la société et à l'intérêt de chacun, serait moins restrictive de la liberté individuelle que bon nombre de dispositions mises en vigueur pour des objets de moindre importance; nous regrettons qu'il n'ait pas cité ces dispositions, afin de pouvoir procéder à la comparaison.

Nous ne sommes certainement pas fanatique de la liberté absolue, mais nous doutons fort qu'une telle loi puisse être votée par le Parlement français, alors qu'il aurait à se décider non pas seulement sur la question déjà très grave de la liberté, mais malgré les grandes difficultés d'exécution d'une loi ne concernant que des catégories de personnes. D'ailleurs serait-il bien sûr qu'une fois votée, elle ne changeât pas l'indolence à épargner en indolence à travailler, et ne fût pas considérée comme une gêne blessant et contrariant tout le monde, même ceux qui ont l'habitude d'économiser ou de prêcher l'économie ? En viendrait-on à imposer l'obligation du travail, qui est une excellente chose, et à faire de l'ouvrier un nouvel esclave ? Cette condition civilement légale ne serait-elle pas aux yeux de tous pire que la condition naturelle de travailler pour vivre ? N'y aurait-il pas à faire des distinctions pour les salaires eux-mêmes, et la simple obligation produirait-elle, à défaut de sanction, le résultat qui en serait attendu ? serait-il même obtenu par une sanction quelconque vis-à-vis de ceux qui n'obéissent ni à l'obligation d'être honnêtes, ni à celle de respecter la vie humaine, ni à celle de ne pas céder à une tentation d'ivrognerie ou à toute autre ?

En supprimant l'obligation, l'idée de M. Maret pourrait être appliquée de la part du gouvernement en créant des *bons d'épargne*, et de celle des patrons en majorant les salaires. Ce moyen, qui a une certaine analogie avec celui que nous recommanderons en concluant, permettrait de convertir les journaliers et ouvriers cosmopolites à l'habitude de l'épargne.

Il existe à Paris, sous la direction de M. Lévy, un établissement financier, dit *Maison du bon génie*, qui cherche à favoriser les classes ouvrières en lui délivrant des *bons* qui sont reçus en paiement dans les magasins les plus honorables de la capitale et de la banlieue, ou payés aux porteurs eux-mêmes. Pour obtenir un bon de 20, 30, 40, ou 50 francs, il suffit d'en verser de suite le 10e, et après de payer par semaine, jusqu'à parfaite libération, 1, 1.50, 2 ou 2 francs 50 c., c'est-à-dire la moitié de ce qui est payé comptant. Pour obtenir un bon de 60, 80, 100, 120, 140, 160, 180 ou 200 francs, il suffit de verser de suite le quart de chacune de ces sommes, et après de payer par semaine 1.50, 2, 2.50, 3, 3.50 ou 4 francs. Chaque abonnement ou renouvellement donne droit à un numéro d'une tombola comportant cent lots d'objets divers et cent numéros gagnants. L'espérance de gain qui s'attache à cette loterie est la principale garantie d'exactitude des versements hebdomadaires.

Cette *Maison du bon génie* est depuis assez longtemps en grande activité. Il y a apparemment un certain mystère à observer à l'occasion des lois de son fonctionnement, car il ne nous a pas été donné de pouvoir tout connaître. Nous ignorons à combien de jours sont émis les bons en question ; s'ils sont ou ne sont pas productifs d'intérêt, comme aussi si les sommes versées en contractant ou par semaine donnent elles-mêmes un intérêt, si minime qu'il soit; mais alors même que, de part et d'autre, il n'y aurait aucun intérêt servi, et que l'avantage recherché par la *Maison du bon génie* consisterait tout simplement à profiter de l'intérêt des sommes versées jusqu'à l'époque de l'exigibilité des bons, et que celui envisagé par les clients serait le gain possible d'un lot de tombola, il nous semble entrevoir un succès appréciable dans ce fait que l'âpreté d'un gain éventuel est assez fort pour pousser à l'épargne, cette excellente conseillère de la prospérité, et qu'à ce point de vue une pareille loterie montrerait la nouvelle perspective d'un bon côté : une société qui voudrait utiliser l'idée mise en pratique par la *Maison du bon génie*, dans des conditions plus philanthropiques, pourrait certainement procurer aux travailleurs s'assujettissant à l'économie, de très satisfaisants résultats.

A l'instar de la société Anglaise *The general expediture Assurance company limited*, il vient de se créer en France une société qui d'elle-même se met à notre disposition pour favoriser l'amoindrissement du paupérisme et offre sur ce point une solution des plus avantageuses. Nous voulons parler de la *Société anonyme des coupons commerciaux*. Cette société, se fondant sur ce qu'un franc placé à intérêts composés pendant 99 ans fournit à cette échéance un capital excédant démesurément cent francs et assure un bénéfice considérable à celui qui l'a pu utiliser ainsi, reçoit comme mandataire (ou emprunte de tout le monde), mais surtout des commerçants, des sommes de cinq francs en échange de cent francs de ses *bons commerciaux* émis à 0,25 ; 0,50 ; 1, 2, 5 et 10 francs, payables au pair 99 ans après. Les commerçants sont amenés à se procurer ces bons parce qu'en les remettant gratuitement à leurs acheteurs à concurrence des prix payés, ils escomptent ainsi en papier ce qui leur eût été, à peu près, retranché en espèces ; profitent d'une publicité énorme ; accroissent leur vente au comptant, tout en évitant ainsi les pertes ordinaires de temps et d'argent, et participent aux avantages de la société au moyen d'une combinaison qui se traduit pratiquement en leur faveur par la réception *d'un coupon d'escompte* nominatif par chaque cinq francs, et dont vingt s'échangent contre un *bon de capitalisation privilégié* leur conférant le droit d'avoir une part des bénéfices nets de la société. L'intérêt des commerçants adhérents à la société étant ainsi alléché par des avantages réels, on peut s'en rapporter à eux pour le soin qu'ils auront à répandre les *coupons commerciaux ;* ils ne négligeront point de remettre aux acquéreurs des bulletins fournis par la société et conçus à peu près en ces termes : *N'achetez rien sans réclamer de vos fournisseurs des coupons commerciaux vous assurant le remboursement gratuit du prix de toutes marchandises ;* ils se feront aussi leurs conseillers et leur diront que ces *coupons commerciaux* ne sont valables que pour l'année dont ils portent la date et, pour en perpétuer la valeur, qu'il faut les échanger, chez les agents de la société, contre des *bons de capitalisation* qui sont de 100 francs, de 500 francs et de 5,000 francs ; ils expliqueront que les garanties de la société reposent sur les dix millions de son capital et l'obligation que lui imposent ses statuts d'employer les sommes affectées à la capitalisation en acquisitions d'immeubles, en créances privilégiées ou sur 1re hypothèque, en obligations du Crédit foncier de France, en rentes sur l'Etat français, en bons du Trésor ou autres valeurs créées ou garanties par l'Etat ; en actions de la Banque de France ; en obligations des départements, des communes ou des compagnies de chemin de fer qui ont un *minimum* d'intérêt garanti par l'Etat. Ils annonceront volontiers que les émissions de *bons d'épargne* de cent francs chaque permet à la société d'accorder à ses clients la facilité de faire, au lieu du versement d'une somme unique, une suite de versements successifs. Enfin ils couronneront leurs renseignements par la séduisante déclaration que la société fait participer les porteurs de ses *bons de capitalisation et d'épargne* aux avantages d'un tirage par série annuelle ayant pour but de rembourser par anticipation les bons portant les numéros sortants. Nous croyons nécessaire d'ajouter ici d'autres détails des statuts de cette société.

Les bons d'épargne ou de capitalisation sortis à un tirage, et dont le remboursement n'est pas réclamé dans les cinq ans de leur exigibilité, sont prescrits au profit des porteurs de bons de la série à laquelle appartenaient les bons à rembourser, et servent à augmenter dans cette série le chiffre des remboursements anticipés. Les porteurs de bons d'une série sont déchus de tous droits, et le montant desdits bons est prescrit au profit de la société lorsqu'ils ne se font pas rembourser dans les cinq ans de l'époque fixée pour l'amortissement des bons de cette série.

Les bons en cours de capitalisation peuvent, sur la demande des porteurs, être achetés à toute époque par la société et de la sorte annulés.

La société agit, à l'égard des porteurs de bons, comme mandataire chargée d'administrer pour leur compte commun les sommes affectées à la capitalisation, d'en accumuler les intérêts et d'effectuer le remboursement des capitaux reconstitués soit à la date des reconstitutions, soit aux époques de tirage pour les numéros sortis ; elle ne peut acquérir aucun droit sur les sommes affectées à la capitalisation et se contente de la fraction qui lui est abandonnée à titre de commission pour subvenir aux frais et bénéfices sociaux.

Pour que nul ne doute de la maturité des perspectives basées sur les chances du sort et les calculs mathématiques appliqués comme dans un bon nombre de sociétés, il suffit de rappeler qu'un franc placé à intérêts composés s'élève à plus de cent francs en 99 ans et que, pour émettre un *bon de capitalisation ou d'épargne* de cent francs, la société reçoit cinq francs. On est donc appelé à juger que ces cinq francs produiraient dans le même temps beaucoup plus de cinq cents francs ; ce qui permet de s'assurer qu'au taux de 5 o/o ces cinq francs fourniraient au bout de 62 ans un capital de 103 francs 45 centimes. Il est donc très facile pour la société de prélever ses droits et de faire des tirages trimestriels pour des remboursements anticipés, même en supposant qu'elle ne puisse placer les fonds qu'à un taux moindre. A cette donnée déjà très considérable il n'est pas téméraire d'ajouter comme accroissement certain de la masse à distribuer ce que peuvent accumuler le fait de la perte de beaucoup de titres et celui de leur prescription. La négligence fait ici les affaires de la prévoyance.

La société nous paraît donc offrir à ses actionnaires de sérieuses garanties de profits importants. Elle est gérée par un conseil d'administration dont les opérations sont soumises aux fréquents examens de plusieurs fidéicommissaires ; ces derniers procèdent à l'inspection des registres et à la vérification des valeurs qui constituent la certitude du remboursement des bons ; ils sont les véritables représentants des intérêts de leurs porteurs ; ils font un rapport annuel qui est imprimé et publié ; ils donnent leur avis, avant tout achat de titres, sur la valeur ou la solidité de l'emploi que la société se propose d'en faire ; il faut encore leur consentement formel pour leur changement ou aliénation. Il est évident que les fondateurs de la société ont pris de bonnes précautions pour inspirer confiance ; elle serait même complète si le gouvernement devait faire apposer aux comptes annuels la prudente estampille de ses inspecteurs des finances.

Maintenant que l'organisme et le pivot autour duquel tournent les opérations de la *Société des coupons commerciaux* nous paraissent suffisamment exposés, nous allons dire l'excellent parti qu'il nous est possible d'en tirer.

Du moment que les commerçants sont intéressés à les distribuer et les livrent gratuitement, tous les acheteurs doivent les prendre ; ceux qui ne voudront pas en profiter pour eux-mêmes pourront les donner aux pauvres, aux hospices, aux bureaux de bienfaisance, aux œuvres et fondations charitables. Comme ces coupons arriveront par surcroît, des personnes riches ou seulement aisées, en grand nombre, n'y attacheront pas d'autre importance ; elles les réclameront pour s'en dessaisir en faveur des nécessiteux ; une pareille habitude est destinée à se généraliser sur une grande échelle et à procurer des ressources incalculables à la charité. Outre que les personnes bienfaisantes pourront seconder un mouvement de générosité si méritoire, les établissements qui font des dépenses considérables sauront demander à tous leurs fournisseurs des *coupons commerciaux* dont les pauvres seront les bénéficiaires. Un jour viendra, et il n'est pas loin, où ces coupons seront comme une monnaie courante dans les œuvres, transactions et affaires les plus diverses.

Rien ne serait plus facile que de les employer à l'*organisation de la prévoyance pour la vieillesse* et de constituer la *Société des coupons commerciaux* ou une *Société similaire en institution générale comme caisse de retraite au profit de tous les travailleurs*, sans lui donner la couleur répugnante d'une contribution imposée aux chefs des diverses entreprises et à tous les patrons. Il suffirait pour cela de diriger les esprits de ces derniers vers un but des plus satisfaisants, et ne mettant à leur charge que cinq pour cent d'augmentation de salaires, sans avoir besoin de dire dans une loi que les travailleurs à la journée, à la tâche, etc. (selon la limite accordée au fonctionnement d'une telle institution) pourraient exiger de leurs chefs, maîtres ou patrons, au moment de la paie, des *coupons commerciaux* pour l'équivalent de leurs salaires, alors que cet avantage peut être obtenu à titre de gratification bien comprise. Il faut même ajouter que les *coupons commerciaux* se prêteraient par leur division à la fixation par les chefs et patrons eux-mêmes de la quote-part qui serait allouée aux ouvriers.

Nous croyons que la *Société des coupons commerciaux* se prêterait admirablement à une combinaison qui lui ferait délivrer des *coupons inaliénables* d'un caractère particulier, pouvant être admis comme versement en argent dans les caisses des compagnies d'assurance sur la vie ou à capitalisation d'intérêt, et qui seraient rendus nominatifs par les chefs, maîtres ou patrons. Ce procédé permettrait aux travailleurs de placer au moins 5 o/o de leurs salaires et de leur faire goûter les premières et douces saveurs de l'épargne. D'ailleurs la *Société des coupons commerciaux* offre déjà par ellemême les résultats exceptionnels d'une *caisse d'épargne à numéros gagnants* à tous ceux qui sont assez économes pour conserver ses *bons*, accroissant de valeur d'année en année, par la force des intérêts composés et à un taux plus élevé que celui payé par les caisses d'épargne ordinaires; de plus, et ce n'est pas là le moindre avantage, à l'aide de ses coupons elle réalise la meilleure condition de l'épargne populaire, cellequi ne commence point par demander de l'argent à ceux qui n'en ont pas.

Si le gouvernement voulait intervenir dans une telle condition, et par un moyen pratique des plus efficaces, parmi ceux nombreux et complexes qui peuvent assurer la diminution intensive du paupérisme ou combler par une *institution* la mesure des satisfactions possibles à donner aux réclamations de tous ceux qui se délivrent des brevets de philanthropie et les mettent à profit uniquement dans des mots sonores et vides, il le pourrait de deux manières : soit en instituant légalement et luimême, en faveur des travailleurs, une caisse calquée sur la *Société des coupons commerciaux* avec coupons spéciaux et rendus nominatifs pour être remis à la *Caisse des retraites pour la vieillesse*, soit seulement en autorisant cette dernière caisse à prendre comme espèces les coupons spéciaux aux travailleurs de la société anonyme qui les aurait émis, ce qui n'engagerait en rien cette *Caisse des retraites pour la vieillesse*, puisqu'elle pourrait immédiatement les échanger contre de l'argent au siège de la société d'émission; ces coupons nominatifs ainsi rentrés serviraient au besoin pour contrôler la régularité des versements faits au nom de chaque individu.

XV

Il nous reste encore à exposer et discuter, parmi de nombreux projets de réformes qui nous paraissent inexécutables, les deux suivants :

M. Ch. Lami, dans l'opuscule : *De l'apprentissage et d'une caisse de retraite pour la classe ouvrière,* soutient qu'on relèverait la moralité des ouvriers en érigeant un monopole en faveur d'ateliers existants et recommandables qui se chargeraient spécialement de l'apprentissage. Suivant nous, le besoin de cette innovation contraire à la liberté ne peut être satisfait que par la fondation d'écoles professionnelles.

Le même M. Lami propose la création d'une *tontine* ou *assurance mutuelle entre tous les travailleurs des grands centres industriels.* Se basant sur ce que l'État n'a pas reculé devant une atteinte à la liberté en soumettant ses employés civils et militaires à la *retenue obligatoire* nécessaire pour constituer le fonds de leurs retraites, il demande que cette tontine soit obligatoire pour les travailleurs à partir de l'âge de 16 ans, et qu'une retenue de 20 o/o soit faite d'autorité par les patrons, et sous leur responsabilité, sur les salaires de 4 francs et au-dessous par jour, et de 25 o/o sur les salaires au-dessus, jusqu'à la formation d'un capital de mille francs, capable de produire ensuite lui seul une retraite suffisante, au bout de 30 ans, à l'ouvrier survivant. Les versements seraient inscrits sur un *livret de tontine* et les fonds confiés à une caisse de l'Etat qui prendrait le nom de *caisse d'épargne et de retraite.* L'auteur de ce projet déclare que les 9/10e des employés actuellement sujets à la retenue la subissent par contrainte légale, par cette raison, dit-il, que « la prévoyance est malheureusement une vertu aussi rare que la bêtise humaine est grande ». et c'est sur cette opinion qu'il s'appuie pour exiger l'*obligation.* Nous rendons hommage à ses bonnes intentions, mais nous n'admettons pas que ce système puisse être inauguré, d'abord parce qu'en imitation de l'*Etat-patron* fixant les règles du paiement des *salaires de ses employés,* cette *obligation de retenue* peut être imposée par tous les chefs d'industrie établissant eux-mêmes des statuts que la liberté comporte, et qu'ensuite ce système vivrait à l'état de mesure exceptionnelle en laissant de côté la majorité des travailleurs.

Dans son ouvrage : *L'Impôt au profit du travail*, M. Jacques Fabien manifeste le désir de voir adopter son projet d'une loi qui *obligerait* toutes les personnes, sans distinction, qui occupent les services d'un ou de plusieurs individus, soit à la journée, soit à l'année, à verser à un intermédiaire de la *Caisse des retraites pour la vieillesse*, dont elle serait ainsi la pourvoyeuse, à titre d'impôt au profit du travail, un tantième pour cent (environ 3 o|o) des gages, salaires ou appointements par elles dus, devant donner pour chaque employé au moins 10 centimes et au plus 30 centimes par jour. Un *carnet de compte* délivré gratuitement par le maire du domicile du salarié, contenant les indications exigées par la caisse des retraites, porterait le montant trimestriel des paiements faits à ce dernier par son patron. Celui-ci serait obligé de déclarer tous les trois mois au percepteur de son domicile, agissant pour la caisse des retraites, les sommes dues ou payées par lui à chacun de ses employés pendant le trimestre précédent et d'acquitter l'impôt. La conformité du *carnet de compte* et de la déclaration du patron serait, en cas de contrôle, constatée par un visa du percepteur.

Outre que le moyen proposé atteindrait la liberté individuelle, il est évident qu'il serait d'une application impossible, puisque la majorité des patrons n'est pas assez instruite pour écrire sur le carnet ; il donnerait d'ailleurs lieu, pour les imposés, à un assujettissement en écritures, démarches et sommes à payer, qui seul serait capable de dégoûter d'employer aucun ouvrier. Les salariés eux-mêmes trouveraient la mesure vexatoire : les uns, comme ayant l'habitude d'économiser sans y être forcés, et les autres comme contrariés dans leurs besoins ou leurs débauches ; tous comme mis dans *une catégorie particulière et soumis à une discipline blessante*, alors qu'il n'y a plus de classes, et que sur ce point un membre de l'Institut s'est ainsi exprimé dans une conférence sur l'enseignement élémentaire de l'économie politique : « Je vous demande un peu où l'on peut voir des classes dans un pays qui a proclamé, sans réserve et sans retour, l'égalité civile et politique pour tous les citoyens; dans un pays où tous ont les mêmes droits, la même liberté, peuvent de même aspirer à tout et arriver à tout; et où il n'y a entre nous d'autres différences que les différences d'intelligence, d'activité, d'énergie qui sont en nous, et les différences de chances qui sont parfois hors de nous, mais qui ne sont pas dans la loi. Qu'il y ait des riches et des pauvres, des heureux et des malheureux, comme il y a des bien portants et des malades, des intelligents et des inintelligents, je ne dis pas non. Mais des classes, c'est-à-dire des catégories distinctes de riches et des catégories de pauvres, je n'en vois pas, pas plus que je ne vois des classes de sots et des classes de gens d'esprit. Je dirais plus que j'en vois moins; car tous les jours des pauvres deviennent riches et des riches deviennent pauvres, tandis qu'on ne voit guère d'imbéciles passer hommes de génie. Le contraire, je ne dis pas. Hélas ! »

Un autre membre de ce même Institut nous dit aussi que « c'est une vérité aujourd'hui bien reconnue que, dans l'ordre moral, le libre arbitre et la responsabilité donnent à l'homme son *maximum* de force et de puissance. Il en est de même dans l'ordre économique, c'est-à-dire quand l'homme procède par le travail et l'épargne à la création de la richesse qui doit satisfaire ses besoins et ses désirs ».

XVI

Au début de notre étude de la question du paupérisme, nous avons mis en relief les causes principales qui empêcheront toujours son extinction absolue; pour croire qu'il en puisse jamais être autrement, il faudrait supposer chez tous les membres de l'humanité une perfection relative, dont le présent et le passé ne nous donnent aucun gage pour l'avenir. Nous sentons pourtant combien il est dur pour des âmes compatissantes de voir émettre en cette matière un jugement inexorable, mais nous ne pouvons pas nous roidir contre le bon sens d'une vérité à la portée de tout le monde, proclamée par la divinité même comme devant toujours exister. C'est donc seulement une amélioration considérable que nous croyons possible d'obtenir par les nombreux procédés que nous signalons.

Nous n'énumérerons pas de nouveau les origines de la pauvreté inhérente à l'individu né sans fortune ou s'attachant sans rémission à celui qui ne sait pas la conquérir ou la garder, alors que, suivant l'adage, *chacun est artisan de sa fortune.* Cet état de dénûment doit être secoué mentalement par une persévérante et raisonnable aspiration au bien-être, et physiquement par l'intérêt personnel, mobile du travail secondé par l'intelligence appliquée à l'économie et au désir d'une parfaite exécution. Ce qui doit soutenir dans cette tâche laborieuse, c'est que l'humilité du point de départ devient alors un superbe titre de noblesse, car il affirme la conquête de la notoriété par les seules forces de l'homme. Plus la condition était basse, plus haute semble celle qui est acquise. Un pauvre, en s'élevant par lui-même au-dessus du besoin, donne à l'humanité la meilleure leçon qu'elle puisse recevoir sur les droits des prolétaires et travailleurs. Les exemples vulgaires en ce genre sont et seront toujours innombrables ; nous pouvons en citer quelques-uns d'incomparables parmi ceux qui ont frappé les humains d'étonnement et d'admiration : c'est Sixte-Quint, berger, devenant pape ; Albéroni, domestique, devenant ministre et cardinal; Amyot, sans chandelle, étudiant la nuit à la lueur d'un brasier et instruisant trois rois de France ; Lulli, quittant son four de pâtissier pour composer des opéras ; Poisson, le mathématicien, se formant seul et arrivant à l'académie des sciences; Francklin, partant d'une condition infime, devenant un grand philosophe, un grand homme d'Etat et le type reconnu du Républicain honnête. Ce qui est non moins méritoire et accuse également une volonté se classant à l'apogée des plus extraordinaires, c'est de se montrer d'abord dans l'humilité pour atteindre ensuite le plus haut degré de la fierté légitime et satisfaite et du sens intime de sa valeur personnelle, de glorifier le travail en se faisant ouvrier charpentier dans les chantiers étrangers de Saardam, quand on doit être le Pierre le Grand de la Russie.

Ce sont tous les exemples, petits et grands, dus à la puissance de l'énergie morale, que les ouvriers sont invités à apprécier avec les sérieuses réflexions dont ils sont capables, pour trouver du plaisir dans le but et les résultats du travail ; c'est à quoi les conviait l'inimitable Lafontaine dans la fable : *Le laboureur et ses enfants*, se terminant ainsi :

Mais le père fut sage
De leur montrer, avant sa mort,
Que le travail est un trésor.

Le présent mémoire était rendu au point où nous en sommes lorsque, dans l'ouvrage d'un célèbre économiste, nous avons lu ces lignes : « L'organisation du travail, prise dans le sens le plus large, doit consister dans un ensemble d'institutions qui offrent au travailleur une assistance efficace dans toutes les positions qu'il traverse, depuis le moment où il naît jusqu'à celui où il va chercher un monde meilleur. Ce n'est plus alors seulement une institution à la faveur de laquelle son travail dans l'atelier reçoive une rémunération équitable ; c'est aussi bien tout ce qui est nécessaire à protéger son enfance, à façonner sa jeunesse, à encourager son âge mûr et à abriter sa vieillesse ». C'est avec satisfaction que, sans consulter cet excellent guide, nous nous trouvons avoir précisément suivi et développé ce programme.

Après avoir posé et justifié, en principe, que la condition des individus ne peut être améliorée qu'en moralisant leurs personnes, nous avons successivement décrit, à cet égard, les devoirs de la famille, ceux que la religion revendique, ceux que s'imposent les amis de l'humanité et ceux qui incombent à l'Etat. Il nous a paru nécessaire de revêtir la famille, agrandie de certains alliés, des droits de surveillance et de répression de l'enfance, aujourd'hui vainement accordés aux seuls père et mère ; l'éducation des enfants indociles ou en apparence indomptables appelle de plus en plus l'emploi des moyens énergiques ; le scandale de la corruption des mœurs est arrivé à un degré qui inspire les plus justes craintes pour l'avenir et motive dès maintenant de signalés changements dans les lois. Celles-ci font actuellement si bon marché des filles pauvres qui sont parvenues à l'âge de 16 ans révolus, sous prétexte que ces dernières sont souvent provocquantes, que l'accroissement de l'immoralité et par suite de la pauvreté n'est point surprenant. Pourtant rien ne serait plus facile que d'obliger à les respecter au moins jusqu'à l'époque de leur maturité supposée à 21 ans, car il suffirait au législateur de le vouloir et d'adopter des mesures tout simplement indiquées et expliquées sous la rubrique des devoirs de l'Etat, pour qu'il en fût généralement ainsi. Il faudrait, en un mot, que la vertu redevînt à la mode.

La nécessité de la religion dans un État n'était pas difficile à prouver alors que, dans tous les temps, elle a été admise par les gouvernements ; qu'elle s'est prêtée à toutes les situations politiques (1) et sociales de la civi-

(1) M. A. Fougerousse, dans *Patrons et ouvriers*, démontre, contre ceux qui prétendent le contraire, que la foi n'est pas une servitude, et qu'il n'y a pas incompatibilité entre la doctrine chrétienne et la doctrine républicaine : « C'est une étrange servitude en vérité, ajoute-t-il, que celle du chrétien sincère qui croit fermement que Dieu, sensible à ses prières et à ses efforts, le soutient dans les combats de la vie ; qui s'applique à vaincre ses passions, à dédaigner le monde et ses plaisirs, s'affranchissant ainsi des convoitises et des craintes terrestres ; qui croit à une vie future où une justice suprême réparera toutes les erreurs d'ici-bas.

« Loin d'être une servitude, la foi chrétienne est l'instrument de la véritable liberté ; loin d'être incompatible avec la doctrine républicaine, elle pourrait et devrait en être la sanction suprême, car le Christ a déclaré qu'après l'amour de Dieu, la vertu chrétienne la plus essentielle était la fraternité; car le décalogue est le code le plus complet, qui existe nulle part, des devoirs de l'homme et du citoyen. M. P.-S. Proudhon, analysant le décalogue, s'écrie : « Quel magnifique symbole, quel philosophe, quel législateur que celui qui a établi de pareilles catégories et qui a su remplir ce cadre ! Cherchez dans tous les devoirs de l'homme et du citoyen quelque chose qui ne ramène point à cela, et vous ne le trouverez pas » (De l'utilité de la célébration du dimanche, 1, 13 et suivantes). Qu'on cesse donc l'illogique combat engagé, au nom de la liberté, contre la croyance en Dieu ; qu'on le cesse au nom du salut de la société ; qu'on le cesse même au nom de la République, car si la masse de la nation est ardemment républicaine, elle est profondément catholique : « Elle ne veut pas qu'on fasse la guerre à la religion » (M. Paul Bert, discours prononcé à Bagnères-de-Bigorre, le 9 octobre 1879). Et si elle était réduite à choisir entre sa foi politique et sa foi religieuse, qui sait où se fixerait son choix ? »

Dans *l'Ouvrière*, p. 434, M. Jules Simon, qui peut être pris pour type du républicain éclairé, exprime sur le même sujet ses

lisation comme de la barbarie ; qu'elle a échappé à tous les assauts ; qu'elle a défié tous les orages ; qu'elle est sortie plus jeune, plus radieuse, plus forte des persécutions, qui ont toujours eu pour effet de raviver la ferveur des fidèles. L'heureuse influence que la religion met au service de la moralisation de l'enfance par les enseignements qui lui sont propres, et qui seuls sont capables d'agir dans d'aussi salutaires conditions, et qu'elle étend à toute la vie des croyants, donne des résultats si consolants, pour la pauvreté surtout, qu'il serait dangereux d'y vouloir apporter obstacle. L'expérience qui vient d'être faite de cette vérité en Allemagne, par le prince de Bismarck, en est une preuve surabondante ; le gouvernement prussien s'est vu obligé de reconnaître, de lui-

convictions en ces termes : « Personne ne nous soupçonnera d'être indifférent sur le fond des croyances. Nous ne renonçons pas, pour les idées qui nous sont chères, au droit sacré de la propagande, et nous croyons du fond du cœur que les doctrines spiritualistes sont à la fois vraies, consolantes, fortifiantes ; que la notion du devoir est plus claire, et que le sentiment de l'obligation devient plus doux, quand on rattache la loi morale à l'ordre universel, et l'ordre universel à l'auteur de toute vérité et de toute harmonie. Nous savons que l'âme s'agrandit et s'épure dans la contemplation de la perfection infinie ; et si le savant et le philosophe ont besoin, pour s'intéresser aux devoirs de la vie et aux peines qu'elle impose, de se rappeler les volontés et les promesses de Dieu, nous comprenons ce que cette continuelle présence, ce que cette douce espérance sont pour le simple et l'abandonné. Il est vrai qu'il faut pâlir sur les livres et déployer toutes les forces de l'intelligence pour arriver à la conception scientifique de Dieu ; mais Dieu, qui est vraiment le père des hommes, se donne sans peine et sans recherche aux cœurs droits, aux âmes innocentes ; il leur montre, dans leurs angoisses, les éternelles consolations de l'avenir ; il les assure dans la justice, en leur apprenant à dédaigner le monde et les plaisirs du monde, et à ne vivre que pour le devoir et le sacrifice. C'est une action virile que d'aller sous le toit du pauvre porter la science de la vie, ranimer les courages, donner un outil, de l'ouvrage, de la fierté, de la sécurité ; mais si l'on pouvait, si l'on osait, à cette âme endormie, parler des vérités éternelles et de la solide espérance, le bienfait ne serait plus comme une pierre que l'on jette dans l'abîme, qui fait un grand bruit et un certain mouvement d'une seconde, suivis d'une éternelle immobilité. Ce qui rend le soldat indifférent au danger et à la peine, c'est le sentiment profond de la justice d'une cause ou l'honneur national exalté jusqu'à l'héroïsme ; et dans le champ de bataille de la misère, où l'on compte tant de blessés et de morts, c'est aussi la foi, c'est la

même, que le *Kulturkampt* a eu pour résultat d'activer la démoralisation de la jeunesse, et principalement celle des classes inférieures, et cela dans un pays où l'instruction est répandue plus qu'en aucun autre et où par conséquent la diffusion des lumières n'a exercé aucun ascendant sur la moralisation du peuple. La *Gazette nationale* constate même qu'à Berlin le nombre des jeunes criminels de 12 à 18 ans augmente d'année en année, et qu'en 1878, d'après la statistiqué, la 20e partie seulement de ces précoces vauriens ne savait ni lire ni écrire, tandis que plus du 6e avaient été à l'école d'excellents élèves ; ce qui démontre que la théorie de la puissance moralisatrice de l'instruction est fausse, et que les modernes auraient grand tort de ne pas user des préceptes de morale procédant de la foi divine, car, comme l'enseigne M. de Tocqueville, « si un peuple veut être libre, il faut qu'il ait des croyances ». Le savant auteur de la *Morale rationnelle* ajoute : « C'est par l'affaiblissement et la divergence des croyances morales que les sociétés déchoient et périssent ».

croyance en Dieu et au devoir qui donne la résignation, le vrai courage, la persévérance infatigable. »

Enfin M. F.-V. Raspail, dans son *Manuel annuaire de la santé*, p. 2, 13e édition, 1846, fait aux riches (sous l'inspiration de la foi divine) une admirable exhortation dans l'intérêt des pauvres : « Les livres sacrés de tous les peuples, dit-il, mais entre tous le plus sublime, le testament du Christ, avaient réalisé le prodige de réunir le riche et le pauvre, le maître et le serviteur, dans le même concert de prières, sur la même dalle, en face du même Dieu, leur indiquant la même tombe, comme symbole de l'égalité qui est l'apanage du ciel. L'esprit du siècle, égoïste et corrupteur de sa nature, était parvenu à nous diviser de nouveau, en jetant les appréhensions de la peur dans l'esprit des uns et les rancunes de la faim dans le cœur des autres.

« Je vous ai vus vous haïr et vous détester cordialement ; j'assiste à un beau spectacle (Dieu veuille que ce ne soit pas une belle illusion !). Je vous vois vous tendre tous la main pour secourir et être secourus, pour vous entr'aider dans le pénible sentier de cette vie de communes misères, le riche se constituant le dépositaire de sa fortune, dans l'intérêt du pauvre travailleur ; le travailleur se constituant le dépositaire de sa force physique dans l'intérêt du riche, et agissant tous ensemble pour la prospérité de notre belle patrie et l'amélioration progressive de toutes nos imperfections.

« Voilà, mes concitoyens et mes frères, de la bonne politique ; n'en écoutez plus d'autre : celle qui divise ne vient pas de Dieu, qui est l'unité. »

Il est sans doute une morale naturelle émanée de la raison seule, et cette morale existe dans le cœur humain ; c'est une lumière qui, du fond de la conscience, réfléchit sur toutes les actions de la vie. Mais, faute de sanction, la conscience qui dirige sans contraindre serait vaine pour un grand nombre, si la religion n'intervenait pas avec l'appareil de la puissance pour expliquer les devoirs et les droits, substituer l'obligation à l'instinct et appuyer par les commandements divins les inspirations honnêtes de la nature. Quand on a la force de faire ce que l'on veut, il est difficile de ne pas croire qu'on en a le droit ; on ne se résignerait pas à se soumettre à des gênes si l'on pouvait avec impunité se livrer à ses penchants. Ce qu'on appelle la *morale publique* ne suffisait donc pas ; il fallait, même pour la vie privée, des préceptes formels et coactifs, relevant du créateur ; ils ont été révélés aux humains ; ils sont utilement enseignés et appliqués par les ministres du culte.

La religion n'a pas borné ses devoirs à l'éducation morale et religieuse et à l'instruction des enfants ; elle a prodigué la charité sous toutes ses formes et dans des œuvres extrêmement nombreuses que nous avons compendieusement relevées, comme s'adressant aux situations les plus perplexes et les plus malheureuses de tous les âges.

Les *amis de l'humanité* se sont multipliés dans des œuvres si nombreuses et si diverses, tendant toutes à l'amélioration du sort des pauvres, qu'il nous a été impossible de les connaître et de les nommer tous ; c'est avec un bonheur inouï que nous avons admiré et signalé les principaux ; nous les avons montrés se préoccupant de la situation cruelle des filles mères et des pauvres femmes enceintes, et leur offrant des abris et des secours ; fondant des crèches et des salles d'asile, des ouvroirs ; des maisons d'éducation, de préservation et de correction ; des orphelinats ; des colonies industrielles et agricoles ; des hôpitaux, des hospices, des maisons de convalescence et de retraite ; organisant des œuvres destinées à favoriser la prévoyance, l'épargne, le mariage civil et religieux des indigents, la légitimation des enfants naturels ; la réhabilitation des prisonniers, des libérés, des unions irrégulières ; fournissant des secours aux blessés, mutilés, naufragés, anciens militaires ; visitant les malades dans les hôpitaux ; offrant l'hospitalité de nuit aux hommes et aux femmes sans asile ; assistant les pauvres à domicile ; recueillant les malades, les convalescents, les vieillards, les infirmes, les épileptiques, les aliénés ; instruisant les bègues, les aveugles, les sourds-muets ; patronnant de toutes les manières les enfants, les adultes, les prévenus acquittés.

Sans nous attarder inutilement à citer ici les institutions préservatrices, moralisatrices et secourables de la pauvreté existantes du chef de l'Etat, nous relevons simplement les améliorations que nous avons déjà longuement exposées et proposées, et celles que nous avons réservées pour figurer comme complément de ce résumé.

Les lois sur l'instruction exigent des maîtres des conditions de tenue et de moralité qui ont toujours été de la part de tout le monde l'objet d'une approbation unanime ; elles supposent chez les élèves une docilité générale contre laquelle la réalité des choses proteste souvent. Aussi il devient de plus en plus nécessaire qu'il y ait dans les grandes villes des écoles destinées à recevoir, sous une discipline assez sévère, les élèves que les familles seraient les premières à présenter comme indociles ou pervers, et ailleurs que la sévérité des punitions à infliger par les maîtres puisse au besoin être autorisée par ces dernières. Il est de la dernière importance que les enfants soient préservés, corrigés ou réhabilités ; la diminution de la misère, des délits et des crimes est à ce prix.

Si les mauvaises inclinations qui se révèlent dans l'enfance ne finissent pas par être domptées à temps, ce sont les cabarets, les tripots et autres lieux funestes qui font la recrue de ces dépravés. Nous avons mis en évidence les mesures simples et faciles qu'il y aurait à prendre pour enrayer l'ivrognerie et dégoûter des jeux et plaisirs nuisibles. Nous avons émis sur ces points des idées nouvelles et décrétables par des législateurs qui auraient la ferme volonté de conjurer les habitudes vicieuses de l'ivresse ; de prévenir les désordres de la passion du jeu, source de tant d'angoisses et de crimes ; de la contenir et de la régler. C'est aussi le plus souvent dans les lieux publics et dangereux que se prennent et s'entretiennent les résolutions relatives aux grèves, causes presque inévitables d'une misère générale ; leur fréquence et leur étendue pouvant, à défaut du bon sens des ouvriers, être de beaucoup amoindries par la majoration des salaires ou la participation aux bénéfices des industries.

Beaucoup d'enfants pauvres, dociles dans le premier âge, devenant vicieux par suite de mauvaise éducation ou de répugnance au travail, nous avons apporté la plus vive attention à la découverte de ce qu'il y aurait à faire pour les préserver de la débauche et de la misère. Par les moyens que nous indiquons à nos législateurs nous parviendrions à protéger l'honneur des filles, la santé des garçons, l'assortiment des conjoints, la moralité du foyer domestique, l'accroissement d'une population robuste et légitime, la rareté des infanticides, la diminution du nombre des enfants naturels.

L'état déplorable des mœurs contemporaines, dû notamment à l'exploitation des mauvaises idées par les écrits, les imprimés et les images, nous a conduit à étudier sous un jour tout particulier la question de la liberté de la presse et à offrir une solution qui, suivant nous, contribuerait à la décroissance de l'immoralité, de la criminalité et de l'indigence. Nous n'avons pas parlé des pièces de théâtre, qui peuvent être si funestes pour les mœurs, parce que nous avons lu une circulaire de M. Turquet, sous-secrétaire d'Etat, qui rassure sur le principe de la moralité. « L'art que nous voulons, dit-il, c'est celui qui élève et non celui qui dégrade. L'œuvre que nous aimons, c'est celle qui assainit, non celle qui corrompt. »

La discussion du programme mis au concours nous a amené à reprendre et à traiter sous un nouveau jour les questions particulières de l'instruction à tous les degrés, du développement du travail et de l'organisation du crédit au point de vue de l'extinction du paupérisme. Les sociétés coopératives nous ont offert le sujet d'un exposé où tous les avantages de ces institutions sont mis en évidence ; nous avons ensuite fait connaître l'organisme des diverses institutions de prévoyance, d'assistance, de secours mutuels et de secours publics relevant de l'Etat;

puis nous avons reproduit les conditions variées des institutions de retraite ainsi que de celles de prévoyance et secours mutuels des six grandes compagnies de chemins de fer ; les avantages privés de la majoration des salaires et de la participation aux bénéfices des industries nous ont donné l'occasion de souhaiter qu'ils se généralisent ; nous avons analysé les statuts des compagnies d'assurances sur la vie faisant les combinaisons de prévoyance les plus diverses, basées sur la durée de la vie humaine. Trouvant dans un opuscule l'explication d'un procédé à employer pour recueillir l'épargne journalière, nous avons reconnu qu'il pourrait être rendu praticable. L'idée mise en œuvre par la *Maison du bon génie* nous a également semblé utilisable. Nous avons fait en de nombreuses circonstances des réflexions sur le parti à tirer des institutions existantes et sur les inconvénients de certaines autres qu'on voudrait créer aux dépens de la liberté. Nous sommes enfin arrivé à nous occuper de la *Société anonyme des coupons commerciaux*, qui se présente comme mettant en pratique une idée simple destinée à la plus immense fécondité, quoique Paris (1) ne rivalise point à cet égard avec la province pour sa propagation, et à résoudre avec le concours de toutes les œuvres et institutions dont il est parlé dans ce mémoire ou seulement avec la plupart, de la manière la plus heureuse et la plus profitable à tous les travailleurs, la grave et palpitante question du paupérisme.

Pour atteindre promptement et sûrement un pareil résultat, il faudrait une forte impulsion. Une société étrangère au pouvoir civil pourrait certainement remplir cet office, mais la question pendante ne serait considérée comme résolue que si l'État se faisait le promoteur des mesures à mettre en œuvre ; cela lui serait très

(1) La *Société des coupons commerciaux* se fonde dans les villes par une suite naturelle de l'esprit de concurrence entre personnes faisant le même commerce ; or, à Paris, où il y a à peu près pour toutes l'activité commerciale, cet esprit est infiniment moins grand. Il ne faut donc pas juger le moyen par ce qui se passe à ce sujet dans la capitale, qui finira par subir le contre-coup de la province.

facile en organisant l'armée (1) considérable des personnes compatissantes, en lui créant des cadres, en l'appelant à l'activité et en la faisant manœuvrer, sans distinction de culte et de politique, sur un terrain de conciliation qu'il pourrait nommer, suivant l'esprit d'un glossaire nouveau, la *solidarité libérale* (2). Cette armée, qui se-

(1) En employant le mot *armée* et plus loin les mots : *divisions, régiments, bataillons, compagnies, sections* et *escouades*, pour désigner la *masse* et les *groupes* des personnes compatissantes plus ou moins nombreuses dans chaque ville, bourg ou commune, et dont le nombre serait certainement suscité par le fait d'une organisation honorifique, nous choisissons cette manière métaphorique pour rendre notre travail plus agréable à lire et pour mieux attirer l'attention. Au fond, il s'agit d'une *Société générale* composée de beaucoup de sociétés particulières soumises aux mêmes idées et ayant les mêmes règles, comme les sociétés de secours mutuels en présentent, à certains égards, des spécimens. Toutefois ici les pourvus de la distinction honorifique devraient toujours être *membres actifs*, puisque l'activité gîrait principalement dans une constante et éclatante générosité ou dans le plus grand zèle charitable.

(2) D'autres diraient : *la fraternité en action*. M. A. Fougerousse, dans *Patrons et ouvriers*, donne de la solidarité une définition qui la présente comme l'expression de la vraie fraternité ou de l'amour du prochain. « A ce mot : solidarité, bien des appréhensions se produisent ; pour beaucoup de personnes, ce mot est le drapeau du socialisme. C'est là une erreur funeste ; à la suite des auteurs les plus autorisés, nous pensons que la solidarité est une nécessité sociale de premier ordre. Elle est commandée par l'intérêt matériel de la société et par le sentiment de la justice naturelle la plus élémentaire.

« Or, la solidarité passive existe à l'état permanent dans la société ; elle y est implantée par le fait même de la réunion des hommes : tout ce qui se passe en un point quelconque de la société se répercute fatalement sur les autres ; on ne pourra jamais faire que cet écho ne se produise pas. Les classes ont beau vouloir s'isoler, se cantonner, elles subissent toujours le contre coup de ce qui se produit à côté d'elles. Tout se tient dans le monde. Si le riche emploie mal sa fortune, il engendre la corruption, et un jour cette corruption se retourne contre lui ; si le travail ne songe qu'à lutter contre le capital, si le capital n'a d'autre but que de rogner sur le travail, l'industrie périclite, le chômage survient et la misère s'abat sur tous. La force des choses créant ainsi, dans les rapports sociaux, une solidarité rigoureuse, implacable, la logique et l'intérêt commandent impérieusement qu'on y réponde par une solidarité dans les actes aussi serrée, aussi active.

« Il faut, dit M. de la Landelle, dans son remarquable ouvrage : *Pauvres et mendiants*, il faut éclairer l'intérêt individuel, afin de le rendre solidaire de l'intérêt collectif, car, dit M. Le Play, dans la *Paix sociale après le désastre*, p. 54, la dépendance réci-

rait chargée d'opérer contre la pauvreté, la misère, l'indigence, la mendicité, la paresse, les vices, les débauches et les souffrances physiques, ne remplirait que son devoir en se montrant disciplinée, entreprenante, prudente dans le zèle et téméraire dans l'habileté. Sur les cadres, soit de l'activité, soit de la disponibilité, seraient inscrits tous ceux qui, s'y faisant incorporer, s'engage-

proque ou, en d'autres termes, la solidarité unit, dans toute société prospère, les individus, les familles et les classes.

« Le caractère essentiel de la solidarité est de prévenir, au lieu de réparer, d'agir sur les hommes avant qu'ils ne soient tombés dans le malheur; avant qu'ils n'aient perdu dans la lutte, le plus souvent démoralisante, les forces physiques, les forces morales et l'espérance.

« La solidarité coûte moins cher (que l'aumône) et fait des utilités sociales de ceux qui seraient autrement devenus des parasites ou des ennemis ; elle est donc un accroissement de la richesse publique.

« Aussi l'intérêt et la justice imposent à l'homme la pratique d'une étroite et active solidarité. Chaque citoyen doit à son pays, outre sa part contributive des charges publiques, une fraction de son temps, de ses soins et de son avoir consacrés à créer autour de lui le bien dans les mœurs et dans les situations. Cette obligation est tellement rigoureuse, que les heureux de la terre ont, en sus de la responsabilité matérielle qu'ils subissent, une part de responsabilité morale dans les vices et les infortunes des malheureux, car chacun de ces malheureux s'est trouvé dans le cercle d'action d'un riche et aurait pu et dû être par lui préservé de la chute. »

Nous trouvons que M. Fougerousse, entraîné par sa philanthropie, finit par aller trop loin dans ses théories ; il n'aurait pas posé des principes différents si les riches avaient le pouvoir de préserver, diriger, faire travailler et assister les pauvres malgré eux. Il y a ici à reconnaître, en fait, que les riches s'appauvrissent en faisant très souvent travailler au delà de leurs ressources annuelles et en enrichissant les ouvriers, et qu'à cet égard il serait juste de les classer en majorité parmi ceux qui remplissent les devoirs sociaux.

Sans méconnaître ce qu'il y aurait de bon à attendre de la solidarité active et volontaire dans les rapports sociaux, nous n'admettons pas que du bon vouloir de la réciprocité on puisse faire découler un droit. Le devoir social reconnu par les plus savants économistes est ainsi formulé dans un ouvrage très justement en crédit : « De tous les services que la charité bien entendue peut rendre aux classes pauvres, il n'en est pas de plus grand que celui de développer chez elles les sentiments de prévoyance, de dignité et d'indépendance ; de leur montrer les tristes effets de l'incurie, de l'inconduite et de la débauche, et de leur faire comprendre que la *société ne doit rien à ses membres, et que chacun doit apporter à l'association générale ses moyens d'existence* ».

raient à payer annuellement une cotisation. Cette armée prendrait le nom de *légion des amis du peuple* ou, si on le préférait, de *légion des bienfaiteurs du peuple.* Il y aurait garnison dans toutes les villes, bourgs et communes où il se trouverait assez de membres pour faire le service de la place. *Même les simples bienfaiteurs* porteraient une décoration ; les insignes de ce nouvel ordre ouvriraient aux escouades les plus réduites les portes de toutes les maisons où il y aurait des expéditions à faire, c'est-à-dire des conseils ou des secours à donner. Comme dans l'ordre de la Légion d'honneur, les insignes changeraient avec les distinctions hiérarchiques et honorifiques de chevalier, officier, commandeur, grand-officier et grand'croix de la *légion des bienfaiteurs du peuple.* Il y aurait tout lieu d'espérer qu'une organisation pareille réussirait parfaitement et n'inspirerait même pas la crainte de déception qui a été contemporaine de la fondation de la Légion d'honneur.

Lorsque la *légion* serait formée, ses escouades auraient pour mission de familiariser les populations avec l'usage qui peut être très utilement fait de toutes les institutions de prévoyance, d'épargne, d'aléa viager, de secours mutuels et d'accumulation d'intérêts composés ; elles leur apprendraient, sur tous ces points, des choses dont en immense majorité elles ne se doutent pas, alors que tant de philanthropes les représentent comme toujours prêtes à s'insurger, pour avoir été oubliées et négligées, contre l'autorité qui, de son côté, croit avoir fait tout ce qui lui incombait en promulguant et placardant des textes de lois à peine lus, en toute la France, par dix mille individus. En donnant des renseignements verbaux et désintéressés à leurs concitoyens sur la sécurité des institutions et sur les résultats de leurs opérations, les *bienfaiteurs* feraient plus et mieux que tous les écrits et commentaires qui se répandent pour en propager les règles et les conditions. La légion, qui ne manquerait pas de recueillir dans ses escouades, sections, compagnies et bataillons, sur tous les points du territoire, les hommes les plus versés dans la trituration des affaires, serait d'une action et d'une utilité incomparables pour exercer des patronages d'enfants ou de familles ; pour installer chez l'ouvrier tout métier mécanique et toute force domestique découverte pour un bon travail individuel ; pour exciter aux associations coopératives et fournir un concours à leur formation ; pour obtenir des majorations de salaires ; pour fonder, soit dans les villes, soit à la campagne, et diriger des écoles professionnelles ; pour décider les grands industriels et les grands entrepreneurs à accepter les ouvriers en participation et pour leur offrir au besoin d'excellents comptables ; pour déterminer les hommes riches, prudents et capables à gérer des associations ouvrières ; pour propager l'usage des *coupons commerciaux* ou tous autres bons émis par des sociétés rivales, dans le but hautement avoué de le faire tourner au profit de l'avenir des pauvres.

Elle répandrait à profusion les livres et les bonnes doctrines des économistes pour faire au moins contrepoids aux idées les plus antisociales et les plus propres à causer et entretenir la pauvreté ; elle ne s'arrêterait ni à montrer les misères que tout le monde connaît, ni à lire les écrits qui les signalent, ni à s'occuper de discussions stériles, mais aux actes de nature à guérir ces plaies sociales ou à les amoindrir ; elle demanderait que les commissions bureaucratiques et enquêteuses fussent changées en des œuvres gratuites, actives et durables ; elle favoriserait la passion d'économiser par tous les moyens possibles, et notamment par l'amour de devenir propriétaire ou capitaliste, qui est le stimulant le plus puissant de l'activité humaine et le meilleur inspirateur des vertus domestiques. A l'exemple des compagnies d'assurances qui s'implantent et vivent par les démarches de leurs inspecteurs, elle aurait des propagateurs qui s'enflammeraient pour le but de l'extinction du paupérisme et pour les pratiques qui conduiraient au moins à son décroissement. Sachant que la suppression de la vie de famille est le plus terrible générateur de la misère, elle attacherait une persévérance incessante à concentrer les forces et les espérances qui pourraient la reconstituer ; à faire pour la femme, qui en est l'âme, tout ce que commandent la pratique des vertus et l'accomplissement des devoirs qui en sont l'ornement ; n'ignorant point que l'épargne engendre l'ordre, la tempérance, l'assiduité au travail, elle chercherait à développer ce sentiment chez les enfants en utilisant à leur profit l'idée de M. Sella, consistant à les exciter à l'épargne par le don d'un franc à inscrire à chaque premier versement au livret, quand il s'agirait des enfants d'un père à relever de la misère ; elle saurait distinguer la femme qui cache sa misère par fierté de celle qui se pavane dans ses haillons, en demandant l'aumône ; celle sur laquelle les bons conseils ont encore prise de celle qui n'écoute que ses mauvais penchants. Sans laisser périr les malheureux en leur refusant des aumônes nécessaires, elle s'efforcerait de convertir les mendiants en ouvriers, en faisant renaître pour eux la moralité par un changement de conduite et le bien être par l'ordre et le travail ; elle chercherait par toutes les raisons les plus convaincantes à faire comprendre que les établissements dangereux, incommodes ou insalubres devraient être relégués loin des villes, non seulement à cause des exhalaisons délétères qui en sortent, mais parce que les ouvriers ainsi employés au milieu des terres pourraient, à l'imitation de beaucoup qui vivent de la sorte dans une modeste aisance, utiliser des heures de loisir sur des terrains cultivés et productifs pour les menues denrées de l'alimentation quotidienne, au grand avantage de leurs familles ; elle aurait la faculté de secourir des malheureux sous la condition de les voir demeurer à la campagne, de manière à les préserver de misères plus grandes qui les attendraient dans les villes ; elle aurait le bon sens de combattre cette idée ridicule qui fait que bon nombre d'administrateurs se toisent et s'estiment en raison des agglomérations populeuses des lieux qu'ils habitent, sans regretter que les impôts et les dépenses croissent à proportion et contribuent à diminuer le budget des pauvres, et sans prendre de sérieuses mesures contre les flots envahisseurs de tous les fainéants des campagnes à la recherche des secours qui s'y distribuent ; elle demanderait avec instance au pouvoir législatif le vote des dispositions qui, à la lecture du présent mémoire, lui paraîtraient nécessaires, ou de celles qui seraient de nature à favoriser le but de son institution ; elle saurait encourager à propos ou accroître toutes les institutions ou œuvres charitables, sans avoir à se préoccuper d'aucune transformation des institutions actuelles d'assistance publique ou privée qui sont des mieux consacrées par l'expérience d'un long passé.

La *légion des bienfaiteurs du peuple* aurait partout à la tête de ses divisions, régiments, bataillons et compagnies, des dignitaires s'étant distingués par un grand zèle ou une éclatante générosité ; ils administreraient gratuitement en conformité de statuts généraux qui seraient sérieusement étudiés et dressés, après avoir admis le principe de l'institution, et qui seraient modifiés au contact des épreuves. Il y aurait des membres militants et des membres actifs honoraires. Les femmes en feraient partie dans les mêmes conditions que les hommes et formeraient une armée à part. Contrairement à ce qui existe pour la Légion d'honneur qui est une milice entièrement d'élite et par conséquent fermée à l'immense majorité de la nation pourvue de l'honneur sans éclat, la *légion des bienfaiteurs du peuple* serait ouverte au plus grand nombre possible de *simples bienfaiteurs*, et convierait à se distinguer à la recherche des douceurs ineffables de cette carrière (1).

L'écueil d'une fondation si importante serait qu'on y fît pénétrer, au grand détriment des pauvres, des idées politiques dont, avec la pensée du contraire, ces derniers sont les perpétuelles victimes ; ce serait d'autant plus inconsidéré que les personnes naturellement secourables sont précisément celles qui s'occupent le moins ou

(1) En créant la *Légion* ou, autrement dit, en organisant les agents volontaires, actifs et imbus des bonnes et saines idées philanthropiques, on empêcherait ces idées d'entrer dans l'amas des théories confuses avec lesquelles on entretient à la fois les misères, les haines et les fausses espérances du peuple. On montrerait combien ces dernières sont trompeuses et impossibles à réaliser. Cette *légion* accomplirait en quelque sorte un rêve, c'est-à-dire au delà de l'espoir conçu dans le temps présent ; si bien, comme le dit M. A. Fougerousse, dans son ouvrage souvent cité, p. 203, que, « poussé au capital, à l'épargne, à l'ordre, à la tempérance et à l'amour du travail, l'ouvrier verra rapidement s'améliorer son sort, s'élever sa situation ; il y rencontrera peu à peu le bonheur, l'espérance et un sentiment plus complet de sa dignité d'homme ; puis, insensiblement, il cessera de voir dans le travail une chaîne, dans le patron un exploiteur, dans le capital un ennemi. Voilà donc le bien-être qui s'installe au foyer de l'ouvrier et, à sa suite, les vertus morales qui pénètrent son cœur, en même temps que renaissent, au sein de la société, la concorde et la paix. »

même nullement de politique ; parce qu'elles font passer le bien du peuple, le soulagement des misères sociales, avant l'ambition de faire prévaloir des opinions qui, pour la plupart, seraient entièrement platoniques ou dénuées de tout intérêt de places à obtenir pour soi ou pour d'autres. Il serait permis de croire qu'en une telle occurrence la grande voix du paupérisme réclamant parlerait assez haut pour se faire entendre et pour faire taire celles qui vanteraient les générosités de circonstances, les sources tarissables de secours, les vertus d'emprunt, l'excellence des charités faites avec l'argent d'autrui ou du Trésor public et par des personnes indifférentes par elles-mêmes aux misères et souffrances des prolétaires.

Dans le cours du présent mémoire et l'exposé des idées qui y sont contenues, nous avons eu sans cesse sous les yeux la règle suivante que nous avons toujours jugée bonne à mettre en application : « Nos situations diverses, dit le philosophe de Genève, déterminent et changent malgré nous les affections de nos cœurs. Nous serons vicieux et méchants tant que nous aurons intérêt à l'être, et malheureusement les chaînes dont nous sommes chargés multiplient cet intérêt autour de nous. L'effort de corriger le désordre de nos désirs est presque toujours vain et rarement il est vrai. Ce qu'il faut changer, c'est moins nos désirs que les situations qui les produisent ; si nous voulons devenir bons, ôtons les rapports qui nous empêchent de l'être ; il n'y a pas d'autre moyen ».

Nous n'avons pas cru pouvoir mieux faire que d'observer une telle prescription en obligeant, par des procédés simples et par l'intérêt personnel, les hommes à fuir les sirènes et les tentations de la débauche, et à aimer au contraire les satisfactions et habitudes des pères et mères de famille sensés et honnêtes ; les plaisirs de l'instruction, du travail et de l'économie, se traduisant par des épargnes et des succès, et entraînant l'extermination individuelle de l'indigence et de la pauvreté.

TABLE DES MATIÈRES

I.

II.

III.

IV.

V.

VI.

§ 1.

§ 2.

§ 3.

§ 4.

§ 5.

§ 6.

§ 7.

§ 8.

§ 9.

§ 10.

VII.

VIII.

IX.

X.

XI.

XII.

XIII.

XIV.

POITIERS. — TYPOGRAPHIE OUDIN.

www.ingramcontent.com/pod-product-compliance
Ingram Content Group UK Ltd.
Pitfield, Milton Keynes, MK11 3LW, UK
UKHW020213250726
13967UKWH00003B/1445

9 782013 245579